道善人与经典文库

先秦易学史

易学史 卷一

高怀民 著

华龄出版社
HUALING PRESS

图书在版编目（CIP）数据

易学史．卷一，先秦易学史 / 高怀民著．-- 北京：华龄出版社，2025．3．-- ISBN 978-7-5169-2927-8

Ⅰ．B221.5

中国国家版本馆 CIP 数据核字第 2025NC2641 号

责任编辑 董　巍　　**责任印制** 李未圻

责任校对 张春燕

书　名	易学史．卷一，先秦易学史	**作　者**	高怀民
出　版 发　行	华龄出版社 HUALING PRESS		
社　址	北京市东城区安定门外大街甲 57 号	**邮　编**	100011
发　行	（010）58122255	**传　真**	（010）84049572
承　印	固安兰星球彩色印刷有限公司		
版　次	2025 年 3 月第 1 版	**印　次**	2025 年 3 月第 1 次印刷
规　格	880mm × 1230mm	**开　本**	1/32
印　张	12.75	**字　数**	225 千字
书　号	ISBN 978-7-5169-2927-8		
定　价	178.00 元（全三卷）		

序

本书在笔者深感歉疚下出版。当两汉易学史出版时，已曾在该书序文中声明，本书将于数月后付梓，未料话声甫落，即因胃病剧作住院。出院后，又有出国之行，一去数年，延搁至今。从事学术的人失信于学术，是件亏于本分的大事，敢不自责？尤应向来函询问本书出版日期的读者致歉。

我所去之国是希腊，这要感谢好友杭纪东君，是他力主我出去“见见世面”的。果然，地中海干燥清爽的气候，功愈药石，第一年便治好了我胃病的大半，于是乃在海外开始本书的修正工作，动大手脚，把原来写好了的，几乎全翻动了。去岁冬，定稿，乃送请中华学术著作奖助委员会评审，幸允奖助出版。过去两汉易学史是该会奖助出版的，此次又蒙允助，实深感激。

先秦易学，是中国易学的真精神所在。伏羲氏、周文王、孔子、老子四位圣哲，间世而兴，踵事增华，合作经营此一大学术至于博大精微，然而迄今无一先秦易学史问世，《汉志》云：“易道深矣，人更三圣，事历三古。”（按《汉志》不言老子，以孔子之儒门易学乃顺承伏羲、文王，为易学之主流故。）究竟三圣之易如何“更”？三古之易如何“历”？后人无从得知。当然，这件事做起来不是件容易的事，主要阻碍在于古史考证之不足，资料缺乏，孔子的事迹尚明确，周文王便只能得其大略，至如伏羲氏，则隐约于神话传说之间，难以透过可靠史料而认识；前代易家不敢着笔写先秦易学史，原因即在此。可是，时至今日，我们发现，像过去一样地拖延下去，不是妥当的办法。缺少一部先秦易学史所产生的不利影响，越来越严重。今日我们的知识青年仅能够叫出“易学”的名称，而易学究竟是怎样一门学术？它的思想渊源和演变怎样？思想系统如何？人们有时称它为“大易”，何以故？这些问题看起来应该是不难回答的，然而今日竟然失却了答案。但这种情形，青年人是无辜的，他们实在无处去认识这一门学术。放眼我们今日的易学界，所有的是易训诂学、易算命学、易史料考据学、易物理学、易天文学、易数学等，而纯粹而精的哲学思想的易学到哪里去了呢？不要忘记易之被称为“博大精微”，是指它的哲学思想而言呀！笔者认为主要原因之一是缺少了一部先秦易学史。更要紧的，我们今日又面临着中国文化生死一线的时代，如果再像以往那样拖下去，等待、等待、等待，我们的历史考古工作终有一天会发现伏羲氏的头盖骨或伏羲氏手画八卦的真迹后，再据以写先秦易学史，学术良心容许我们再等待下去吗？

笔者不敢妄议前人，也不敢妄言知易，只是以一个学易者的立场，深深感到一部先秦易学史的重要。六十年前，我们的前辈知识青年越洋外求，希望认识西方文化以收中西融合之效，六十年后的今日，我们对西方文化大体上已有了认识。可是回头一看，却发现对自家的珍藏一无所知；知自己不知人家，不能融合，知人家不知自己，也不能。老实说，我们今日欲认识西方哲学思想不是难事，因为人家的哲学史和哲学思想体系的书都整理得好好的，摆在那里，有心人只要去阅读、去领会就是。而我们呢？人人知道有一门博大精微的易学，却苦于说不出究竟、道不出底蕴，使人问津无由，真是成了“蚊子叮铁牛”，下不得口。今日我们的学者们，一味嚷嚷着要中西融合，试问如果不从实际处着手把中国文化作透彻的认识，只是整天地嚷嚷有什么用处呢？笔者所以撰写先秦易学史的理由无他，希望做一点实际工作，使后来的中国人认识我们的博大精微的易学在先秦一段是如是一个面貌罢了。

本书是“史”，在性质上只算是对旧学的整理，但由于以往没有这样一本易学史之故，由于笔者冒学术界之大不韪而敢于执笔之故，由于心有微志，不愿轻率成书之故，是以在写作上煞费心力。初稿写成于1967年，修正补添二次改写于1969年，1972年秋至1973年冬在希腊的改写，已是第三次了。虽然，仍觉缺陷不少，俟后日改版时再作修正。

笔者预测，本书在内容上可能会遭遇一些学者的反对。因为许多处，尤其在一些大问题上，是不合于传统说法的，但不合传统之处并非由于笔者太“主观”，乃由于太“客观”之故。以前易学家因不论易学史，多以现代思想去理解古圣思想，是以失去了时代思想递变的理路，弄得古今混淆。以前易学家讨论易学问题，多以《周易》一书中的字句为对象，是以各人紧紧地抱着几句话或几个字，官司打不清。笔者现在是设身处地运思，尽量做到以历史上伏羲氏的时代论伏羲氏的思想，以历史上周文王的时代论周文王的思想，以历史上孔子的时代论孔子的思想。《周易》一书中的字句当然是主要根据，同样主要的，是大的历史思潮的演变，将《周易》中所言投入历史思潮的演变中，印证它的出处渊源。这样一来，就旁涉到当时的政治、社会、信仰等方面，也由此产生了和传统见解不同的结果，还发现了一些史学上从未发现到的问题。我把上面所说的这些较大的问题写在下面，如：

> 八卦的发展程序是由太极而两仪、而四象、而八卦，其哲学思想自汉以下都附会到五行之说上。

笔者认为这是以后起思想劫掠古圣之意，故不取。

重卦的问题、卦爻辞作者的问题、三易差别的问题，自孔颖达提出后，聚讼千载，成为易学上悬而不决的大案。本书则置此数问题于筮术下，纲举目张，了如指掌，豁然疑问全消。

“易”字入易学及其含义演变的问题，从来未见前人讨论过。然此事实关重要，不仅是易学史中大事之一，也是整个上古学术史中一件大事。

周文王创制筮术一事，关系整个殷周之际。前人于此少有触及，故本书论此特详，也甚望史学家于此再探究，必有新发现。

易学至孔、老时，分为儒、道两家易，为传统主张，近代学者熊十力即承此说（见万澍辰《周易变通解熊氏序》)。然就易史而观，筮术易一支不当遗业，此三支易学自汉以下，同样重要，互相竞逐交错，演成整个中国易学史。

本书特指出老子为易家，《老子》书为易书，初闻似为过言，然由先秦易学史的演变看来，厘然分明。老子之玄学思想为一大哲学创发，而根则源于易，由易视老，句句自然，字字真切。本书因非专论老学之书，故简要以一章篇幅论述，来日有机会时再细论。

以上大端，其他如原始八卦排列问题、八卦初象来历问题、《说卦传》之内容、易简之义、孔子纳易入儒门的时代因素等，对有心于易学的人来说，均可能有不同的意见，笔者诚心希望各方指教。

又，本书写来或失于烦琐，并非为充篇幅而为此。笔者希望易学今后不再仅为高级知识分子研究而设，或视之为特殊学问而为一部分特殊分子去研究。易学的本来面目原是朴质实用的哲学思想，这一大哲学思想的理则、效用和演变情形，是每一个中国人都应该了解的。有了这样的存心，所以在写的时候，我的想法是：宁失于过繁而明白，不失于过简而晦涩。这一点，甚望读者谅解。

这本书之成，十分感激我的一群好友：杭纪东、吕汉魂、周志鲲、高诱荣、牛光景、沈光崇等，他们从不同方面帮了我的忙。也感谢高明教授、李辰冬教授、刘世纶教授、刘苍霖先生、杨光沼先生等给予我的鼓励。

高怀民于华冈

（本书将出版前，得中国台湾故宫博物院珍藏伏羲、文王、孔子、老子四幅图像，刘荡平先生热心帮助，是一大欣喜事。）

伏羲氏像

周文王像

孔子像

老子像

先秦易学圣哲年表

姓名、字号	生卒年代	易学创建	生平大事
易学首圣 伏羲氏，风姓	约当公元前4700百年	始画八卦	中国哲学创始者，中国历史上第一位王。开创畜牧时代
演易之圣 周文王，姬姓，名昌	公元前1232—前1135年（依《辞海·年表》）	创制筮术 重八卦为六十四卦 作卦、爻辞 定“易”名称	殷纣时为西伯。演易以神道设教
赞易之圣 孔子，名丘，字仲尼	公元前551年—前479年	发扬十翼义理。建立儒门易哲学思想体系	集中国古代文化之大成，赞《周易》，删《诗》《书》，定《礼》《乐》，作《春秋》。首倡民间兴学。宣扬仁道
道家之祖 老子，姓李，名耳，字伯阳，谥曰聃	同孔子时，较孔子年长；或言稍后于孔子	创建道家易玄学思想体系	为周守藏室之史。著《老子》书五千言

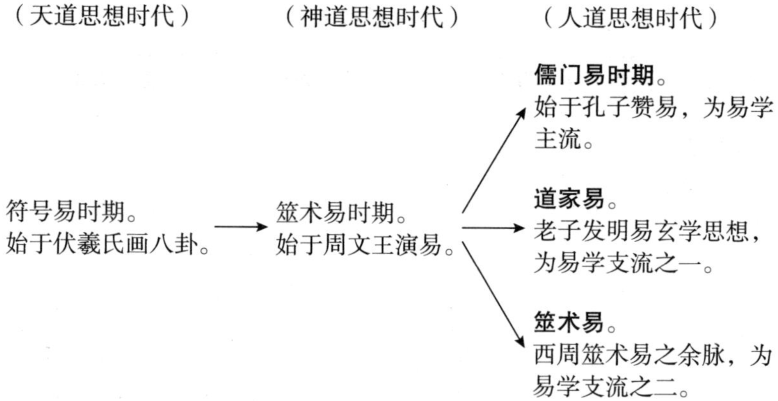
（天道思想时代）
（神道思想时代）
（人道思想时代）
符号易时期。
始于伏羲氏画八卦。
筮术易时期。
始于周文王演易。
儒门易时期。
始于孔子赞易，为易学主流。
道家易。
老子发明易玄学思想，为易学支流之一。
筮术易。
西周筮术易之余脉，为易学支流之二。

先秦易学演变简图

目录

第一章 “易”名义辨释

本书之决定从辨释名义开始，主要原因有二。

一、“易”一名含义过于广泛

易字非起源于易学，乃半途中被采用为代表卦象这一门学术的名称，在它未入易学之前，有其文字学上的本义；既入易学之后，由于易学包罗繁富及时代演变之故，义向不一。古人学尚大体，文贵简约，易道也好，易象也好，易筮术也好，统用一“易”字概括。然后世学演越细，如不明古人言“易”之不同义向，便常觉文义扞格不入；勉强索解，又与他处文义相矛盾或相隔离，甚至于完全失却原义。举例来说，如《系辞传》:“易无思也、无为也，寂然不动，感而遂通天下之故。”其中“易”字，原指筮术而言，而不少人径以易道作解。这样一来，成了易道有一个“寂然不动”的体，与易之“为道也屡迁，变动不居，周流六虚，上下无常，刚柔相易”之变动义相矛盾。再如《汉书·儒林传》言：“及秦焚书，易为卜筮之书，独不禁。”其中“易”字，指不包括儒门十翼在内的《周易》上下经，即六十四卦象及卦爻解而言，乃纯粹用于筮术占断的书，后人也多有误解为指儒门《易经》者，由此遂产生儒门十翼在秦火中未被禁的错误认识。凡此，均由未辨明“易”一名之不同义向所致，故笔者认为在本书之开始，先做名义辨释，实属必要。

二、“易”字既是半途被采用为代表卦象这一门学术的名称，其所以被采用，必非无故

寻出这件事的原因，是易学发展中的一件大事，对本书来说，不容有丝毫轻忽。而实际上这件事不止是易学上的大事，也是整个中国古代学术上的一桩大事。以往因少有人专门研究易学史之故，未见有人深入讨论此一问题，今细理这件事的来龙去脉，乃知是整个历史潮流演变中的必然趋向，牵涉到殷周之际的社会、政治、信仰等方面。而要说明这一些，又不得不从“易”字本义上着手。

这两项理由都非常重要，可以说是已限定了本书非从辨释“易”之名义落笔不可，甚至于无法减缩地必须以相当长的篇幅来叙述它，以“易”一名内涵太繁太广之故。

以下第一节为探求“易”字在未被采用为易学名称之前的本义，第二节乃作为易学名称之后主要四方面的义向。前者为后文第四章述易学名称缘起之根据；后者则相当于对易学之范围和内容，先向读者作一撮要之介绍。

第一节　从文字学中看“易”字的本义

一、《说文解字》中“易”字义

许慎《说文解字》一书，是我国最早的字书，自东汉以降，为文字学家所宗，中言“易”字有三种不同的解释，今分述于下。

（一）易为蜥易

《说文》“易”字下云：

> “易，蜥易、蝘蜓、守宫也。象形。”段玉裁注：“上象首，下象四足，尾甚微，故不象。”

“蜥易”“蝘蜓”与“守宫”为同类动物。这一义是说易字为象形字，上“Θ”像蜥蜴的头，下“勿”像蜥蜴的四足。许氏此说，当是从金文上来，因为由今日所见部分金文中，如“”“”“”等字，就形象上看，确有某种程度和蜥蜴相似。因而，这一义也最为后人所接受，以往学术界对于“易”字的本义，多采此说。

不过，许氏并未将此一义关系到易学。根据许氏此一义将“易”字牵入易学的，是后来人。宋陆佃《埤雅》中谓：

蜴善变，周易之名，盖本乎此。

至于“蜴善变”的证据，后来明李时珍《本草纲目》中曾有记载：

蜴即守宫之类，俗名十二时虫。《岭南异物志》言：其首随十二时变色。

由此，黄宗炎在其《周易寻门余论》中，遂提出进一步的说法：

易者，取变于虫，其色一时一变，一日十二时，改变十二色，即今之析易也，亦名十二时。因其倏忽变更，借移易、改易之用。易之为文，象其一首四足之形。周易卦次，俱一反一正，两两相对，每卦六爻，两卦十二爻，如析易之十二时。

陆佃与黄宗炎之说，均为后起，因为许慎《说文》中并未道及易为蜥蜴一义与卦象的关系。

（二）日月为易

《说文》“易”字下又引有第二义，云：

> 秘书说曰：日月为易，象阴阳也。

这一义是说，“易”字为上“日”下“月”的合体，取日月阴阳之义。今按“日月为易”一语，见于魏伯阳《参同契》一书中：

> 日月为易，刚柔相当。（坎离二用章）

陆德明《释文》引虞翻注此句云：“字从日下月。”魏伯阳为东汉桓帝时人，以纳甲月象之说，用易于丹道修炼，时代后于许慎。许慎既引此说出自“秘书”，可知魏伯阳“日月为易”之说，也是承自“秘书”。然而“秘书”者何？段玉裁注云“为纬书”，是对的。纬书乃西汉元、成帝以后兴起的一种学术，为当时流行的数术家思想与儒门经义合流的产物，汉象数易既由此出，笔者《两汉易学史》中对此有详细叙述。《后汉书·樊英传》言英“明七纬”（按七纬为《易》《诗》《书》《礼》《乐》《春秋》《孝经》七经纬书）；《马融传》“会融集诸生考论图纬”，《郑玄传》“时睹秘书纬术之奥”，都是指这种学术而言。许氏所引“秘书”，当是纬书中的《易纬》。

然而，以“日月为易，象阴阳也”解释“易”字，显然不是由“易”字的构造上来，而是从庄子“易以道阴阳”（《天下篇》）之义上来；取“易以道阴阳”之义，比附“易”字而成。因为“易”字上体虽为“日”，而下体实非“月”，虞翻“字从日下月”之言，乃似是而非。所以段玉裁在此一义下注云：“此虽近理，要非六书之所本，下体亦非月也。”

以日月阴阳解释易字，应为西汉季世兴起之象数易家之说。

（三）易字从勿

除上两义外，《说文》又云：“一日从勿。”段注：“又一说，从旗勿之勿。”按“勿”字，《说文》谓“三游之旗”。日下有三游之旗，从字形上看，也颇近似。从含义上推想，旗为动荡不息之物，取三游之旗之动荡不息，以象易道之变动不居，未始不近理。此一义也当是出于易家。

以上三说，并见于许氏《说文》“易”字下，可见在许氏当时，人们对“易”字已有多种解释。许氏列“易为蜥易”义于首，大概表示在比较上这一义较胜。

二、甲骨文中“易”字的含义

甲骨文的出土，是近代考古历史学上革命性的发现，对文字学的贡献尤大。甲文卜辞中有“易”字，而且不是一二见的冷僻字，而是属于常出现的相当活跃的字。其形象反正不拘，大同小异，如“”“”“”“”等形。从其用法上归纳，有两点可作为推断其含义的参考：第一，“易日”“不易日”常结成一个词语使用；第二，“易”字又常与天候有关的字如“雨”“雺”等同时出现。举例如下：

> □□卜出贞□翌丁酉□其易日不雨八月
>
> 甲辰卜巳乙巳易日不易日雨
>
> 丙申卜□贞翌庚□子易日庚□子星□
>
> 甲辰卜王于巳酉步易日　不易日　丁未卜戊申攼　不□攼
>
> （以上均录自李孝定编著《甲骨文字集释》）

但各家对“易”字的含义，解说不一致，或以为是“祭名”，或以为即“锡”字，或以为同“昜”字，笔者则以为孙贻让解释作“更”之义，最为合理。孙氏曰：

> 易日犹言更日。盖皆吉，则不易日；不吉，则

易日也。

古人行事，先预卜日期，日期卜定后，免不掉届时有受天候或其他因素上的阻碍。例如已卜定某日出猎，如果届时发生暴风雨或有浓雾，便不得不更改日期，另卜吉日。所谓“易日”，就是今天说的“改期”，“不易日”就是“不改期”，孙氏此说极与当时的时代背景相合。然孙氏尚只是推断文义，未论及字形构造。近代文字学家高鸿缙以甲骨文中“易”字形象为“倚日画云掩之象”（见高氏著《中国字例》），是从字形上提出其见解，甚有价值。今就甲骨文中“易”字的形象看来，分明画日为云所掩遮，而日光复透云而射出之象。日为云所掩，表示已卜定之日受到雨、雾等天候之阻碍，而阳光复透云而射出则表示更卜一好天气行事。以象形兼会意表现一个具有变动性的字义，简要而确切，我们不能不赞赏造字者脑筋之灵活。所以笔者认为“易”字的本义，当从孙诒让之说，为“更”。也就是说，在“易”字尚未作为易学之名称之前，它的本义是更换、改变、代替的意思。正因为它的本义如此，后来才被取用为易学的名称。

“易”字为更换、改变、代替的本义，见于古籍中者甚多，如《左传·襄公廿六年》“栾范易行以诱之”，《国语》“子常易之”，《礼记·乐记》“移风易俗，天下皆宁”，《易·系辞传》“日中为市，致天下之民，积天下之货，交易而退，各得其所”，等等都是，此一义至今仍被沿用。

由于甲骨文中“易”字的出现，自然否定了前述《说文解字》中的三种解释为本义之说，《说文解字》中的“易”字义均为后起。

第二节 易学中“易”字所指诸不同义

上节所述甲骨文中“易”字义，为“易”字未被采用为易学名称之前的本义，本节则述其被采用为易学名称以后，所含诸不同方面的意义。易学内容就大端而言，有道（哲学理论）、有象（思想符号）、有术（筮占方法）、有数、有文字。然古人立言简约，不论指向哪一方面义，都是只著一个“易”字。当然，不管是象也好，术也好，文字也好，无非在表现易之道，难能划分开来。然而应知“道”是无方所、超时空、常在遍在的，原不是任何有形迹的言语、符号、文字所可形容的，一落言诠，便义向不一。《系辞传》中“易”字出现六十余处。这六十余处“易”字，如以一义解，必然行不通。却又因为象与术等，均通于易道之故，行不通处仍隐约可通，于是遂产生了许多家分歧的解说，这情形尤其给初学易的人带来极大的困扰。笔者念及此，乃决定先将“易”字在先秦易学中的不同义向，做一扼要解说；相当于出门旅行之前，先将几条要走的道路弄清楚，庶几不至于迷失。如果依“易”字入易学后的初义而言，当时只是言筮术，后来才被用为代表道、数与全部易学的名称，但此处重在说明“易”字的诸不同义向，故依易学的内容，分为易道、易象、易术、易数、易文字五方面。至于“易”字入易学后之初义，请阅后文第四章第三节。

一、易谓易之道

易学为研究“易道”之学，故“道”为易学之生命、为易学之实质。“道”之一字，最早含义为“所行道也”（见《说文》），即眼前具体可见的道路；被引用为后来哲学思想上“可意会而不可言传”的抽象义，实由易学中来。易学当初之所以赋予“道”字这样一个新的抽象义，自然有其思想背景上的因素，读者当于本书后文叙述易学演变的历程中了然此一问题。不过，易学虽然赋予“道”字一个抽象义，却也难能为它下一个概念周全的定义。《系辞传》中的几处定义，只可以说从不同角度分别指出它的部分义，由这些不同角度的部分义中去认识它。概要说来，所谓“道”可从以下三方面认识。

（一）形而上的

《系辞传》为“道”下的定义之一是：“形而上者谓之道。”这是就其存在方面而言。可是，应该注意的，这个“形而上”并非是说在万物形体以外，有一个客观存在的“道”；也不是说“道”寄生在万物形体之内，像灵魂之于肉体一样，有时可以离却万物形体而去。易中之“道”是永远与物体为一的，物的变动即“道”的功用，二者一不存，则二俱亡。同时，在思想中也不可以设想“道”是一种休止状态的存在，它原是动态的作用的存在，所以《系辞传》言：“生生之谓易。”又言：“为道也屡迁，变动不居，周流六虚，上下无常，刚柔相易，不可为典要，唯变所适。”

（二）普遍的理路或法则

《系辞传》为“道”下的另一个定义是：“一阴一阳之谓道。”这是就其功能方面言。阴阳往复，万物化生。万物即为易道理则的表现，这一义指出了易道无限的涵摄性，其理则大而无外，细入无间。《系辞传》在这一方面发挥得最多，如：“夫易广矣大矣，以言乎远则不御，以言乎迩则静而正，以言乎天地之间则备矣。”“范围天地之化而不过，曲成万物而不遗，通乎昼夜之道而知，故神无方而易无体。”“仁者见之谓之仁，知者见之谓之知，百姓日用而不知。”等等，都无非在说明易道理则的普遍性。

（三）有易简、变易、不易三种特性

此即易学中所谓的“易有三义”之说，《系辞传》起首第一章完全在发挥这方面的含义，后来《易纬》乃正式提出“易有三义”之言。所谓“三义”，即指易道的三种属性，上第二言易道以一阴一阳往复为理则，“三义”则为对阴阳二作用的进一步观察分析。“易简”是就乾阳坤阴之动生处言，“变易”是就乾阳坤阴之起用上言，“不易”是就乾阳坤阴之表现于物的体位上言。“易简”“变易”“不易”为易哲学的要义，本书后文第五章将专节详细讨论，故此处暂置。

易学中有“道”，乃针对易之有“象”、有“术”做分别。“象”与“术”等均依于“道”而生，故“道”为“形而上”，“象”与“术”等为“形而下”。伏羲氏当初看到宇宙万物纷纷扰扰的现象，欲寻求万物所以生、所以长、所以成、所以毁、所以然、所以不然的原因，乃透过广泛的观察、深沉的思考、细心的推求，发现宇宙万物纷纭错杂的现象中，实有理路法则可循，于是画八卦以象之。至周文王，复创筮术以推广其用。至孔子，复申十翼之理以发扬光大其义。伏羲氏所发现的理路法则，便是易之“道”。所以“道”的被发现，便是易学的起源，也便是中国哲学的开始。

《系辞传》中“易”字，直指向“易道”一义之处，如

“易与天地准”，“天地设位，而易行乎其中矣”，“易穷则变，变则通”，“乾坤其易之蕴也，乾坤成列，而易立乎其中矣；乾坤毁则无以见易，易不可见，则乾坤或几乎息矣”，等等不尽举，读易者于此义不难分辨。

二、易谓易之象

易学与其他哲学殊不相同的面貌特点之一，是它的“象”。象就是符号，易学的创立是先有符号，筮术及文字均为倚象而后起。而且，象是直接表现易道，筮术则是透过一套设计方法求得象，再据象以演说易道；文字也是据象以阐释易道。所以在易学中，象的重要性远超过筮术及文字，可以说离开象便没有易学。

伏羲氏当初画成卦象时，因为彼时尚无文字，固由于不得已而用符号，但到了卦象符号发明成功以后，随着时间越久，越发觉以卦象符号表现易道，确是简捷而明确。后来到了文王演易时，更将伏羲氏的八卦增加为六十四卦。到了孔子赞易时，虽以十翼文字发挥易道，但仍是透过象而言。孔子可以舍弃筮术，而不能舍弃卦象，诚以卦象之表现易道，其直接性，其活变性，其玄奥幽隐的含藏性，有非文字所能及者。即就今日而言，哲学界尚无第二套如易象之最简单、最整齐、最具概括性以表现如易学之深广之哲学思想的符号。人类文化史上有卦象，实在代表着人类智慧的高度发皇。

易象的基本符号只有两个：⚊ 与 ⚋，由此组合成八卦：

☰（乾）、☷（坤）、☳（震）、☴（巽）、☵（坎）、☲（离）、☶（艮）、☱（兑）

更由此重为六十四卦：

䷀（乾）、䷁（坤）、䷂（屯）、䷃（蒙）、䷄（需）、䷅（讼）、䷆（师）、䷇（比）、䷈（小畜）、䷉（履）、䷊（泰）、䷋（否）、䷌（同人）、䷍（大有）、䷎（谦）、䷏（豫）、䷐（随）、䷑（蛊）、䷒（临）、䷓（观）、䷔（噬嗑）、䷕（贲）、䷖（剥）、䷗（复）、䷘（无妄）、䷙（大畜）、䷚（颐）、䷛（大过）、䷜（坎）、䷝（离）、䷞（咸）、䷟（恒）、䷠（遁）、䷡（大壮）、䷢（晋）、䷣（明夷）、䷤（家人）、䷥（睽）、䷦（蹇）、䷧（解）、䷨（损）、䷩（益）、䷪（夬）、䷫（姤）、䷬（萃）、䷭（升）、䷮（困）、䷯（井）、䷰（革）、䷱（鼎）、䷲（震）、䷳（艮）、䷴（渐）、䷵（归妹）、䷶（丰）、䷷（旅）、䷸（巽）、

䷹（兑）、䷺（涣）、䷻（节）、䷼（中孚）、䷽（小过）、
䷾（既济）、䷿（未济）

更由此演变出后世各种圆形、方形、菱形、长形的卦图，统称为“象”。《系辞传》中言易象之处，大多直接用“象”字，但仍有少数“易”字是指象而言，如：“易有太极，是生两仪，两仪生四象，四象生八卦。”这句话可以从易筮术上讲，也可以从易道上讲，但就此处句义所指而言，实为言易之象。《说卦传》中“故易六画而成卦，分阴分阳，迭用刚柔，故易六位而成章”，也是指易象而言。

三、易谓易之术

易之术谓筮术。乃以蓍策为工具，依据卦爻象变化以占断人事的一种方法，创于周文王，所谓“文王演易”，便是指创建筮术而言。西周初年，易字只做筮术讲。

易筮术在西周初年有三种，号为“三易”：一是《连山易》，二是《归藏易》，三是《周易》。《连山易》与《归藏易》很早被淘汰，东周以后，只有《周易》流传。所谓《周易》，便是今所见《周易》本中除去十翼部分；也就是只有六十四卦象及卦爻辞，原是用于筮术占断的。

筮术在先秦易学中占相当重要的地位，因为它的性质

虽然是占断吉凶，但完全以易道为根据。周文王并且将八卦增加为六十四卦，使伏羲氏的哲学理论发挥得更精微、更普遍；同时，由于筮术是用于占断人事的关系，也开始将易道与人事结合。所以筮术在易学发展史上，是上承伏羲氏之思想而发扬光大，下开孔子以人生哲学赞易的门户。我们绝不能以后人讲迷信的眼光去评论筮术，所谓"圣人以神道设教"，筮术只不过是周文王设教的一种方法；在筮术的创设及运用上，实在充满了智慧，充满了哲学思想。孔子后来承文王之绪，进一步为易学建立完整的思想体系，仍是根据筮术而立论。《彖传》《象传》《文言传》均依卦爻象及卦爻辞而立。《系辞传》虽单独成篇，然其中时刻扣紧着筮术，所以筮术与先秦易学是分不开的。读易的人不会筮术占断是可以的，但不能不懂筮术占断的方法。因为不懂，便失去了了解易学的条件。朱熹说"易为卜筮之书"，便是由于此。

《系辞传》中"易"字，言筮术之处特多，后世人因不知其所言为筮术，以致产生许多歧见异义，读者于此不得不留意。例如："易无思也，无为也，寂然不动，感而遂通天下之故。""夫易何为者？夫易开物成务，冒天下之道，如斯而已者也。""易之兴也，其当殷之末世，周之盛德邪？当文王与纣之事耶！"《说卦传》中如"昔者圣人之作易也，幽赞于神明而生蓍，参天两地而倚数，观变于阴阳而立卦”等都是。

四、易谓易之数

“数”之用，乃倚筮术而兴。虽然在伏羲氏画八卦之初，太极、两仪、四象、八卦之中已寓有数目之意在内，但那是自然随象而来，并未发挥其功用。数在易学中取得其地位，起于筮术的创建。筮术的目的，在于断决吉凶，而在命筮行术时必须经过的演蓍得卦的一套程序，完全依照计算蓍策数目的多寡进行，于是数就成了求得卦象的关键。换句话说，成了决断吉凶祸福的决定因素。由此观念开始，数遂逐渐被人视为一种渺冥的、不可把捉的力量，演变而成为如《庄子·天道篇》所云：“口不能言，有数存焉于其间。”

先秦以后，筮术与天文、历谱、五行、杂占、形法诸学合，《汉书·艺文志》统称之为“数术家”。在数术家心目中，数是一切事物的决定因，术是求得数的方法。东汉末年的管辂，是数术家打着易学招牌出现的佼佼者，他曾说：“术足数成”“数不妙不为术。”由此可见“数”与“术”的关系。及至到了宋代，易数一科大为发扬，河图、洛书之出现，无非数之推想；邵康节“元、会、运、世”之学，为易数发挥之极致。

先秦易学中之数，由《系辞传》中所见，可分三类。

（一）天地之数——即奇偶之数

以奇数配天，偶数配地，《系辞传》云："天一、地二、天三、地四、天五、地六、天七、地八、天九、地十。""天数五，地数五，五位相得而各有合。天数二十有五，地数三十，凡天地之数五十有五，此所以成变化而行鬼神也。"

（二）大衍之数——即演蓍之数

当演蓍求卦时，蓍策分合计算之数，《系辞传》云："大衍之数五十，其用四十有九，分为二以象两，挂一以象三，揲之以四以象四时，归奇于扐以象闰，五岁再闰，故再扐而后挂。""乾之策二百一十有六，坤之策百四十有四，凡三百有六十，当期之日。二篇之策，万有一千五百二十，当万物之数也。是故四营而成易，十有八变而成卦，八卦而小成，引而信（伸）之，触类而长之，天下之能事毕矣。"

（三）阴阳老少之数——谓七、九、八、六四数

七为少阳，九为老阳，八为少阴。六为老阴，此四数系由演蓍中过揲或揲余之策数而来，由此决定所求得卦象中，孰为变爻，孰为不变爻。

以上三种数，都是筮术中所用，后文第四章第三节中将详细叙述。

十翼文中言数，直用"数"字，仅说卦传有"易，逆数也"一处。然先秦以下则多有以"易"言数者，如《易纬乾凿度》："易变而为一，一变而为七，七变而为九。""易，

一阴一阳，合而为十五之谓道。阳变七之九，阴变八之六，亦合于十五。”宋易中以“易”言数者更多。

五、易谓易之文

易学中文字分为两大类。

第一，卦辞与爻辞部分，成于西周初年文王及武、成间卜官之手。

第二，十翼部分，成于孔子及其门下后学之手。

前者为筮占时吉、凶、悔、吝的断语，所以文句简截；后者为发挥易之哲学理论，所以理趣幽颐。前者合六十四卦象被称为“经”，后者为“传”。在先秦，周易是经传分离的，即经自经、传自传。至西汉末年费直始“以传解经”，后来经郑玄、王弼的提倡，乃成今日流行的以传附经的《周易》本。

后人引易之文字，有时候固然指明为某卦某爻或十翼中某部分之文字，但许多时候仅书一“易”字。例如《系辞传》中引孔子释咸卦九四爻辞、困卦六二爻辞、解卦上六爻辞等，均仅言“易曰”二字。后世如《史记·太史公自序》：“易大传：天下同归而殊途，一致而百虑。”乃引《系辞传》之文。自汉以降后人相沿成习，往往引易经传之文，只标“易曰”二字。

第二章　先秦易学的特色及其分期

第一节　先秦易学的特色

一、因时乘变的哲学

易学尚“变”，它讲的是变动不居的道，它有灵活变通的象，也有一套神变莫测的筮术，而它的全体大用在于教人乘易道之变以行事，教人变而不失其正。所谓“君子而时中”，所谓“动静不失其时”，所谓“时乘六龙以御天”。然而，这一些都算是易学的内容，一个成体系的哲学思想有它独特的思想内容，是必然的事，所以尚不是本节所要说的它的“因时乘变”的特色。本节所要说的，是着眼于整个易学的行径，看它乘历史演进的大浪而前进，因应时宜，分别以不同的面貌出现，貌异而质一。易学好像有无穷巧妙的应世法门，历史潮流的演变无法淘汰掉它；它又像现身说法，为它的尚变的学说做榜样。这一方面才是中外古今哲学之林中绝无仅有的特色。

综计先秦一段，易学的面貌凡经三变：最初是以纯卦象符号出现，后来一变而为筮术占断，再后来又变为文字义理。如果不着眼于历史时代，而仅就易学来看，它的三易其貌，殊令人生意外之感：从卦象符号变为筮术，何啻天渊之别？而十翼之发挥易学义理，竟又紧紧依附于筮术占断的卦爻解，宁非怪事？可是如将易学之变与历史思潮的演进相对照以观，就清楚的发现，易学之变实为历史时代所促成，由卦象到筮术，由筮术到文字义理，都是为了因应时代而生，为自然之势。

我中华民族的历史，自伏羲氏时代到孔子，历经三大思想阶段：

> 天道思想（或言自然思想）→神道思想（或言宗教思想）→人道思想（或言人文思想）。

伏羲氏生当远古牧畜时代之初，当时人们的思想意识，是以天道自然为主；风雨雷霆之灾，日月星辰之象，天地之玄远广厚，山川之神秘深藏，是主要的思想内容。因为这一切直接关系着人们的生存，也因而八卦的初象，是天、地、雷、风、水、火、山、泽八种自然现象。所以易学的第一副面貌——八卦所代表的，是历史演进中天道思想一阶段。

到了殷周之际，时代进入神道思想阶段。此时人们的意识活动，是以天神、地祇、人鬼为重心，听命于鬼神的思想笼罩着当时的社会。易学再兴于此时，乃换了另一副面貌，只见它一手把蓍策，一手理卦象，口念吉凶悔吝之辞，俨然以筮术占断的姿态出现，何以故？时代变了。

历史思潮再演进，到了东周以后，人智大兴，此时社会组织、国家制度、人事关系、文化意识等，各方面呈现以理智思考处理事情胜过听命于不可知的鬼神，人的地位在意识活动中逐渐取鬼神的地位而代之，于是人道思想时期来临。孔子生于此时，乃排除筮术占断，申十翼之义，以文字阐述易道，易学于此时也就顺势乘时，三易其貌，应孔圣之邀请，步上洙泗讲坛，向儒门弟子讲说哲理了。

所以，我们说易学之变，是与历史的演变一致的。但是貌变而质如一，筮术所依据的道，便是八卦当初所以画成的道；十翼所阐发的道，也仍是筮术所依据的道，变而不失其宗。

易学之所以有此等乘历史潮流而变更其貌的特色，当然是由于易道广大的缘故。易之道“范围天地之化而不过，曲成美物而不遗”，“有天道焉，有人道焉，有地道焉”。它涵摄宇宙间万事万物之理，因之可以在任何时候，借任何事物，以任何面目出现。历史时代改变，对它来说，也不过像是换了一个舞台，改妆易容，便再登场。先秦的情形固然如此，先秦以下也还是一样。我们看西汉季世，数术之风大昌，干支、五行、星历之学盛行，于是象数易兴起，以卦气、纳甲、爻辰、卦变之说，演说易道，是为易学之又一面貌。至宋代，时代思想又变了，于是河图洛书之学兴，先天后天之学兴，是为易学之又一面貌。时转世移而易学不衰，这真是易学最大特色之一。

由于易学之因应历史思潮而变，自然地，它本身便具有浓厚的历史性。一部《周易》，毋宁说是先秦伏羲氏以后中国文化思想史的缩影。就最粗略、最明显的方面来看，如：

从八卦之纯为符号，到筮术时代之符号与文字并重，到十翼时代之以文字为主，表示出文字之创造及运用过程。

从八卦之名称，比较六十四卦之名称，再比较十翼中之词汇，表现出社会生活、文化意识的演进历程。

从八卦的初象，比较《说卦传》中所载的象，可看出社会生活之由简而繁，由自然而人文的轨迹。

至于详细研究，则字里行间，史迹斑斑，在本书后文的各章叙述中，读者当可充分发觉易学的浓厚的历史性。所以然者，实由于它的“因时乘变”的特色有以致之。

二、朴质实用的哲学

言先秦易学以“朴质实用”为特色，也许多少与一般人对易学的观念有隔。因为在一般人心目中，易为“玄学”之一，神乎其用的几个卦象符号，感而遂通的一套筮术占断，极博大精微、难以言诠的易道，如此而言“朴质实用”，失之远矣。殊不知先秦易学的“朴质实用”，正在这里：易道虽博大精微、难以言诠，但注目于眼前事物，任何一事物上可以察见感知，它永远不离事物而存在。卦象虽是几笔横画，但这几笔横画描绘眼前事物之理，适切得当，绝无凭虚画空之弊；筮术看似迷信，然筮术占断乃以易道为据，吉凶悔吝均为事理之常，卦爻辞无一句非依理而判。正因此，孔子才据卦爻辞而发挥哲学义理。尤其易学的全体大用在于指向实际社会人生，在先秦易学中，找不到空中楼阁式的理论，找不到寓言神话，也不像其他哲学以天堂地狱为警为戒。易学是善世的哲学，它只是从天道人心的共同感应上立论，从人人可想到的道理上、人人可见到的现象上，告诉人应该如此、应该如彼，平实而切近。总一部《周易》，稍涉玄秘气息的话，只有一段，那便是《说卦传》中间“帝出乎震”一章。是因为《说卦传》成于战国中叶以后，那一章是在当时五行思想盛行之下而写成，乃两汉象数易将来临的一个风信；此外，便再也找不到一句不落实、不朴质的话。以下我们不妨分作几方面来一看易学的朴质实用性。

（一）从卦象起源方面看

易卦象起源于对现象界事物的观察，《系辞传》言伏羲氏之画八卦："仰则观象于天，俯则观法于地，观鸟兽之文与地之宜，远取诸物，近取诸身，于是始画八卦，以通神明之德，以类万物之情。"是伏羲氏之始画卦，不是从坐而空想，驰漫天之思而来，乃由仰观、俯察、远取、近取，由观察、归纳而得万物之"共相"。所谓卦象，乃象其"共相"罢了。何谓太极"—"？乃象万物之动，因为从现象上看，万物无不动。何谓两仪"—"与"--"？乃象动的阴阳二性，因为从现象上看，万物的动均不脱此阴阳二性。何谓四象？何谓八卦？乃象"—"与"--"的往返相交，化生事事物物，都是举目可以察见、可以得到证验的。不止如此，即八卦之取象于天、地、雷、风、水、火、山、泽八个自然现象，也非随意命名，均有必然的合理的依据（后文第三章有专节论及）。不止八卦的初象如此，即八卦后来所衍生的象，翻开《说卦传》，或就卦性上言，或就动物而言，或就人体而言，或就父母子女而言，以及《说卦传》最后一章许多繁衍的象，无不切合于实际，找不到一点玄虚义。后来人因习于文字说理，视卦象符号有玄虚意，实际上卦象符号在伏羲氏当时，全同于文字的作用，因为那时无文字。这些卦象符号朴质而切实地形容出伏羲氏由观察、归纳中所知的道，较之文字表达，尤觉适当真切。

（二）从思想发展方向看

易哲学的源头，起于乾元（就太极之动生处言），由乾元之始动，下落乾、坤之往复，下落万物之生成，从而归趋于人。整个思想的发展方向，是由乾元向形而下开展，向现实人生归趋，这便是易学的精神所在。它是一门实用的哲学，目的是要为现实人生服务。翻开十翼，凡是一提及“道”，下面立刻便落实到人生，如《乾卦·彖传》一开始是“大哉乾元，万物资始”，下面很快便落到“乾道变化，各正性命”。《坤卦·彖传》一开始是“至哉坤元，万物资生”，下面很快便落到“含弘光大，品物咸亨”。又如《系辞传》言“一阴一阳之谓道”，接下去便是“继之者善也，成之者性也。仁者见之谓之仁，知者见之谓之知，百姓日用而不知”。《系辞传》言“形而上者谓之道”，接下去便是“形而下者谓之器，化而裁之谓之变，推而行之谓之通，举而措之天下之民，谓之事业”。凡此，举不胜举。而《彖传》《象传》《文言》之处处以人事上法天道，都充分表现了易学之实用性。

（三）从重视“行”的精神上看

易学不是一门“为知识而求知识”的学问，乃是“为人生服务”的学问，所以它重“行”。易学之讲易道，不仅在告诉人什么是易道，主要目的在告诉人如何去效法易道，不背易道而行事。在筮术中，吉、凶、悔、吝、无咎之断，主要目的在于劝善改过，因此䷗复卦初九爻辞以“不远复，无祇悔”为“元吉”。“元吉”即“大吉”，迷途不远，知复于善，为吉之大者。䷅讼卦辞谓：“有孚窒；惕中，吉；终，凶。”[1]因为讼事非善事，能惕于中，知讼之非善，知有孚之窒，从而罢讼，则吉；如不惕于中，终其讼，则为凶。易学特别告诫人要“知几”，为什么要“知几”？因为“几者，动之微”。一切行为最后成为大善或大恶，都是从“几”出发，一个人如能从一几之动用心，端正其动向，即不会走入邪途，故《系辞传》说：“知几，其神乎！”“夫易，圣人之所以极深而研几也。”“忧悔吝者存乎介。”䷁坤卦初六爻辞言：“履霜，坚冰至。”䷃蒙卦初六爻辞言：“发蒙，利用刑人，用说（脱）桎梏；以往，吝。”都是从“行”上着眼，要人注意行之始。能真正体会到易学之辞义，自会感到其言之殷切诚恳，真是圣人之心！

以上三方面，只不过作为一个提示，说明易学朴质实用的特色，在本书后文的叙述中，读者自会有深切的感觉。如以先秦易学与汉以下易学比照，一为朴质实用，一为玄

---

① 讼卦卦辞断句，通常作：“有孚，窒惕，中吉，终凶。”与此处有异。但作者如此断句亦有道理，故从之。后文如出现同类问题，不一一加注说明。

虚奇巧，其分别是很明显的。

三、赞颂生命的哲学

> 大哉乾元，万物资始！（《乾卦·彖传》）
>
> 至哉坤元，万物资生！（《坤卦·彖传》）
>
> 生生之谓易。（《系辞传》）
>
> 天地之大德曰生。（同上）

先秦易学另一个重要的特色，是对“生”的赞颂。读《周易》，明显的感受之一，是一片生命的乐趣溢于字里行间，绝无佛教那种视世界为痛苦场，或基督教那种视生命为罪恶的传递的感觉。易学是肯定生之为善，正视生命之存在，从而赞颂生命之意义之哲学。

乾元之“始”万物与坤元之“生”万物，为易哲学思想之起点。孔子在乾、坤二卦彖传中，一落笔便极赞乾元之德“大哉”与坤元之德“至哉”。易学对生命的重视，由此可见。乾卦卦辞：“元、亨、利、贞。”孔子解释第一个“元”字之义说：“元，善之长也……君子体仁足以长人。”孔子的解释乃承袭前人，早于孔子之生十三年，穆姜曾说：“元，体之长也……体人足以长人。”（《左传·襄公九年》）当孔子二十一岁时，子服惠伯也曾说过：“元，善之长也。”（《左传·昭公十二年》）孔子舍穆姜之“体之长”，取子服惠伯之“善之长”，此中大有意义。

今按“元”字的本义为“首”，甲骨文作“亓”，从人从上，义为“人之上”，穆姜言“元，体之长也”，是以元为身体之首比喻乾卦为六十四卦之首，在含义上只是泛然地表现了乾卦为首卦的重要性；然而“元，善之长也”，含义便迥然不同。何谓善？《系辞传》：“一阴一阳之谓道，继之者善也。”意谓阴阳往复，继续不断地生化万物，此之谓“善”，可见“善”字乃紧扣住“生”之义而来。所以孔子采用“善之长”释“元”之义后，不止表现出乾卦为六十四卦之首，而且表现出乾卦的生生之德，而于下文“体仁足以长人”中的“仁”，更照应得周到。此一字的差别，关系重大，由此可见孔子的精思深察。

易学之重“生”，还可以引《系辞传》的一段话来看：“乾坤其易之缊也，乾坤成列，而易立乎其中矣；乾坤毁，则无以见易，易不可见，则乾坤或几乎息矣。”这段话的意思就是说，如果没有乾坤往复以化生万物，则易道不可见，一切都归于乌有。这正是易学面对现实，肯定当前世界的精神。儒门易学的思想体系固然是由乾坤生生向下开展，即令向形上开展的道家易，讲“无”、讲“有”、讲“玄牝”、讲“玄德”，也仍然不脱这个“生”字（见后文第六章道家易）。

易学中对“生”之赞颂，如以例举证明，则随手撷取，举之不尽。今且略就以下三方面为例，本书后文中对这几方面均将更做详细论述。

（一）从卦象名称上看

凡是阴阳相交有“生”之义之卦，都是好名称，反之，则恶。如：䷊ 泰卦，☰ 天在下，☷ 地在上，天地相交而能生万物，故泰；反之，䷋ 否卦，☰ 天在上，☷ 地在下，天地不交，故否。䷖ 剥卦，一阳将尽，生机即失，故名剥；反之，䷗ 复卦，一阳来复，生机初现，故名复。䷞ 咸卦，上 ☱ 兑为少女，下 ☶ 艮为少男，男下女，交相感而悦，故卦辞言：“亨利贞，取女吉。”

（二）从卦象排列次序上看

八卦排列最古之方式为：☰ 乾、☷ 坤、☳ 震、☴ 巽、☵ 坎、☲ 离、☶ 艮、☱ 兑（见后文第三章第五节讨论）。后世称此排列方式为乾坤生六子，乾坤二卦象父母，故在前；震巽为长男长女，故居次；以下坎离为中男中女，艮兑为少男少女，完全以“生”为条件作排列。六十四卦之排列也是以“生”为条件，上下经的文王卦序，䷀ 乾、䷁ 坤二卦居首，以下 ䷂ 屯为物之初发生，䷃ 蒙为物之渐长，䷄ 需为物生长中之必要需求，䷅ 讼为在需求中起争端。一路下去，演变出一个生命在整个历程中所遭遇的穷通困达、升降起伏，而最后以 ䷾ 既济卦作终，再以 ䷿ 未济卦为生之始。

（三）从卦生次序上看

卦象的生成次序是依照“物由下生”的原则，画卦时由最下一爻开始，依次向上发展。故 ☳、☴ 为长男、长女，☵、☲ 为中男、中女，☶、☱ 为少男、少女。在筮术占断中，前三变所得之第一爻为初爻，依次得二爻、三爻、四爻、五爻、上爻。一个六画卦象，内卦是本，外卦是末，故内卦称“贞”，外卦称“悔”。也就是说，八卦为“贞”，重卦为“悔”。因八卦是本卦，六十四卦乃衍生。由一个六画卦变为另一卦象时，本卦为“贞”，之卦为“悔”，因之卦是衍生卦。凡此，都充分说明了易学重“生”之含义。

易学之赞颂“生”，尤见于十翼之言词中，如：“䷗ 复卦一阳之生。”孔子在《彖传》中赞道：“复其见天地之心乎！”䷞ 咸卦男女相感，《彖传》赞道：“天地之情见矣！”而对 ䷵ 归妹之卦名，则赞以“天地之大义也！”且言：“归妹，人之终始也。”因嫁娶之道，为人类生命终而复始、延续不衰之关键之故。孔子每言及“生”之义，常言及“天地”，实以所有人、所有万物都在“天地”此一大“生”字中，人、物各为小生命，宇宙则为一大生命，此一义在近世科学发展以来，尤见真切。据今日天文学家之推测，吾人现有之宇宙，为数十亿年以来不断膨胀扩大而成，即今日仍在发展长大中，故宇宙本身，即为一扩大发展成长中的生命。向精微处探寻的物理学家，也一样发现，在最微的电子、质子之中，含有生命之机。易学之赞颂生命，宁不伟乎！

四、鼓舞人性的哲学

由上文，易学视生命为可贵，肯定生之为善，已经是对人生的最大鼓舞了。然而尚不止此，它更明白地道出人生的意义，指点人生奋斗的途径，论定人生的价值，才真正显出它的一片用心。

首先，且从易学扩大了人对生命的认识领域说起。人类原是从芸芸众生物中脱颖而出。最早的时候，人兽混同，已不必论，即在数千年前氏族部落时代，人对生命的认识领域还局限于实际生活所及的直接感受中。那就是从生命的来源上说，人为父母所生；从生命的存在上说，人属于氏族中的一分子。由于易学的影响，人对生命的认识扩大了，父为天，母为地，人的生命不是那么浅近地始自父母，而是深远地植根于天地；同时，人与万物都是来自天地，隐然也萌生了万物与人同类的思想。这一新的认识论，经过伏羲氏、周文王，到了孔子，发挥得淋漓尽致，使人觉得一颗生命的诞生，不是简单的、偶然的现象，而是饶有意义的一桩事。《系辞传》："乾道成男，坤道成女。乾知大始，坤作成物。乾以易知，坤以简能。易则易知，简则易从。易知则有亲，易从则有功。有亲则可久，有功则可大。可久则贤人之德，可大则贤人之业。”“天地絪缊，万物化醇；男女构精，万物化生。”《序卦传》：“有天地，然后有万物；有万物，然后有男女；有男女，然后有夫妇；有夫妇，然后有父子……”将人的生命与天地万物紧紧联系在一起，不厌其烦地一再发挥申述，而最后更高悬一个“与天地合德”的大目标。这种新的对生命的认识领域的扩大，直接扫除了人的小我观念和自卑自贱心理，增长了人生的勇气。此其一。

易学不只指出人为天地所生，而且在地位上与天地鼎立而三。《系辞传》言：“六爻之动，三极之道也。”“易之为书也，广大悉备，有天道焉，有人道焉，有地道焉。”《说卦传》言：“是以立天之道，曰阴与阳；立地之道，曰柔与刚；立人之道，曰仁与义。”以天、地、人并列称“三极之道”，可见人的地位是多么神圣。儒家子思后来在《中庸》中，以人“可以赞天地之化育，与天地参”，便是由此来。关于人与天地并立而为“三极之道”一事，也许有人认为是人自抬身价，其实真正从理论上讲，一点也不是人要攀附天地，而是理应如此的事。试想：人与天地的关系，是“能生”与“所生”的关系，如果没有人这个“所生”物，则天地“能生”之意义便消失；天地失去其“能生”之性，意即天地不相交；天地不相交则无易道可言，则无天地之存在（此理为易学中要义，本书后文将细论）。今再以父母与子女作譬，也许更清楚些。父母为天地、为“能生”，子女为人、为“所生”。父母为生子女之因，固然重要，可是父母之所以为父母，乃由于有子女之故，如果没有子女则父母之名义均将消失。换句话说，如果没有子女，父母也将不存在。这是一种对待存在的关系，亡俱亡，存俱存，所以人与天地并立而三，是当然的，也是不得不然的。对人来说，这一义的揭示，试想是多么大的鼓舞？今日“顶天立地”之语，实由此起。此其二。

人在地位的重要性上，固与天地鼎立而三，但整个宇宙是一整体，天、地、人是三位一体的结合，而维持一体之存在，在于和谐一致。如果人的行事，与天地之道相背驰，那么天、地、人即失去了和谐一致性，宇宙也就不成一个整体，这便是不合易道。同时，人行事如果与天地之道相背驰，是根本行不通的，因为人虽然在地位上与天地同等重要，毕竟是天地所生，在天地之道的护卫下生存，所以必得与天地之道求合一，这就产生了人效法天地之道的必然结果。人之效法天地之道，是自然的，不是勉强的，因为人之生，是来自天地，人从生命的来源处即具备了天地之道的因子在心身性命之中，只要依照内心性命之正去行事，也就与天地之道相合了。这也就是儒家要人行事求心之所安的原因。孟子告诉公都子说：“乃若其情，则可以为善矣，乃所谓善也。”（《告子章上》）即此义。所以人效法天地之道而行事，从理论上讲，是内有性命中之助力，外有可察见的法则，是很容易做到的。

然而，天地之道是一个空泛的名词，哪些是具体可把握而能够为人效法的呢？易学在这里实在费了太多的心思，整部《周易》可以说随处都在揭示人法天地之道，例多不胜举，兹举《象传》中大象之辞为例。六十四卦大象之辞，全部是采用对待方式，上句言天地之道，下句言人应当如何效法，而且哪些是一般人应该效法的，哪些是治国者应该效法的，都明确指示出来，例如：

> 《䷀乾卦·大象》："天行健，君子以自强不息。"
>
> 《䷁坤卦·大象》："地势坤，君子以厚德载物。"
>
> 《䷇比卦·大象》："地上有水，比，先王以建万国，亲诸侯。"
>
> 《䷊泰卦·大象》："天地交，泰，后以财成天地之道，辅相天地之宜，以左右民。"
>
> 《䷓观卦·大象》："风行地上，观，先王以省方观民设教。"
>
> 《䷖剥卦·大象》："山附于地，剥，上以厚下安宅。"

这些例子是随意摘取的，其中或言君子、或言先王、或言后、或言上，无非在指明各种人都应法天地之道。于是，人在易学的指引下，有了具体的人生可遵循的途径。此其三。

人明白应该效法天地，也明白了如何效法天地之道，可是天地之道，终究是原则性的，人在日常行事中，难以随时随地把握得住；况且人事纷杂，人往往在欲念、环境的影响下，失去正途，误人歧路。对于这方面，易学便要人勉力“补过”。从易学角度看来，人是时常犯过的，所以犯过不是大恶事，问题在于犯过之后的“补”与“不补”。筮术占断的卦爻辞中，将人的行为分为五类：吉、凶、悔、吝、无咎。《系辞传》对这五个名称的解释是：

> 吉、凶者，言乎其得失也；悔、吝者，言乎其小疵也；无咎者，善补过者也。

吉与凶是行事中的一是一非；即一为合于易道，一为违背易道。悔与吝均为犯了小过失。无咎则是犯过以后，善补其过而归于无过。这五类可以说包括了所有人的行事情状，在这五类中，吉仅居其一；也就是说，人行事合易道不犯过的时候，只有五分之一，而五分之四的时候是在犯过中。易学便是在指示人如何可以不犯过和犯过后如何补过，尤特别嘉奖那些犯了过以后，回头向善的人，以䷗复卦初爻之“不远复，无祇悔”为“元吉”，便是特为嘉勉之意。易学对于一些犯了过而不补过的人，主张施以惩罚，《系辞传》引孔子释䷔噬嗑初九爻辞云：

> 小人不耻不仁，不畏不义，不见利不劝，不威不惩，小惩而大诫，此小人之福也。易曰：屦校灭趾，无咎。此之谓也。

对不补过的小人施以惩罚，是为了“小惩而大诫”，是为了“小人之福”，这便是圣人爱民如子之心。所以清代易学家李道平在上引《系辞传》“无咎者，善补过者也”句下，疏云：

> 是《周易》为补过之书，而补过之道在乎无咎，无咎之道存乎能悔，悔则咎之所由无，而过之所由补者也。三百八十四爻，一言以蔽之，曰：善补过。（《周易集解纂疏》）

此其四。

以上四点，约略说明了易学对现实人生的贡献，它不但从精神上、从心理上给人以鼓舞，而且指示出人生的途径，提供出具体可行而有效的方法。然而，这些还不够，更悬示了一个光明远大的目标，鼓舞人奔赴，那便是孔子在《乾卦·文言》中所揭示的“大人”之义：

> 夫大人者，与天地合其德，与日月合其明，与四时合其序，与鬼神合其吉凶，先天而天弗违，后天而奉天时，天且弗违，而况于人乎？况于鬼神乎？

易学对鼓舞人性之尽心尽力，于此可见了。

第二节　先秦易学的分期

本书自后面第三章开始，将依照分期的先后次序，叙述先秦易学的发展情形。因前人迄无先秦易学史可供参考，故有关分期上的种种问题，有预先说明之必要。本节拟先声明所以如此分期的理由，次说明各期大要。兹先从与分期密切相关的两个问题说起：一为易学的源头问题；二为年代问题。

易学源起于伏羲氏画卦，这话如在百多年以前提出来，是无问题的。但自近代考古疑古之风盛行后，史学界对以往，尤其对先秦的史实，多推翻原案，重新估价。估价的标准是以直接史料为凭证，如无直接史料作证据，一概不予承认。如此一来，在易学方面，伏羲氏竟被人断为西汉初年学者捏造的名字，从而画卦的事，自然也是附会之说了。笔者不准备、也不容许在此处花费许多笔墨来讨论这事，只是在此提出本书的观点。笔者认为研究古史，直接史料当然重要，然而直接史料的倚仗，有其限度。古史年代久远，且中国古文化多寄身木质器物，几乎全部已腐化湮灭，如必欲以直接史料为肯定历史之条件，那便有失公道了。其次，笔者认为在研究古史上，传说与神话有其价值。传说是口传的历史，神话是传说既久以后必然失实的后果。这两者虽然明知道与本来的史实有隔，然而研究文字发明以前的远古史，欲求蛛丝马迹的文化遗迹为辅助而说明历史，不得忽略它们，问题是我们应该如何以慎审的态度来处理那些传说与神话。笔者认为应该在历史演进的时代背景下，将传说与神话纳入当时的时代，参照地理上的遗迹及形势，参照自然及人文的条件，参照各古籍中的线索，然后从传说及神话的不可靠的故事中，寻出可靠的部分。如伏羲氏，从历史的演进上言，他在神农氏以上，为畜牧时代初期的人。吾人如必欲看到他的头盖骨化石，才肯相信他曾存在，必欲看到他的手刻八卦骨片，才肯相信八卦为他所画成，那岂不是为自己设下无法解决的难题，以斩断中华民族历史文化的根源吗？诚如《古史辨》中顾颉刚的考证，自禹以上，舜、尧、帝喾、颛顼、黄帝、神农、伏羲等，并是后人捏造的人物，从而判为“东周以上只好说无史”。就古史考证上说，这种态度当然最谨严，但这种截根断源的方式，是不通的。我们只好说顾氏有史学家的勇气，而缺乏史学家的眼光。因为这种论断不是在情感上使中华民族受到伤害，而是整个人类的古文化，不当用这种截根断源的方式处理。所以，笔者认为直接史料对近古史自然可作为主要凭据，而对无法获得直接史料的远古，当从直接史料以外去判定，因为其“有史”，是必然的。

基于上述，笔者在先秦易学源头这一问题上，宁相信以下的两个假定与一项事实。两个假定是：

> 第一，历史上传留下来的八卦，必有其最初画成的“人”。不然，何来此物？
>
> 第二，从八卦的整一性上，及其发展程序上，及其所含之哲学思想上看，应为“一人”所画成，难以想像是你画一笔“**—**”，我又画一笔“**--**”，杂凑而成。

一项事实是：

第三，历史上传说下来的画卦的人，众口一词，只有伏羲氏一人，更无他人。

以上三条，我想不会有人否认。既如此，试问除了承认伏羲氏画八卦以外，还到哪里去找第二个更适当的画卦者？是以本书肯定伏羲氏其人，肯定伏羲氏画八卦其事，而以之为先秦易学之源头。

其次，说到年代问题，这一方面是先秦易学中无法解决的问题。文王演易之年，虽不能详知，然羑里之囚，尚有诸书之不同记载以供推定，约数可得而言。至于伏羲氏画卦，根本失去了推定年代的可靠依据，只好依照历史演变的潮流，舍“年”而言“时代”了。不过，年代的事，知其详固佳，不知其详也无大碍。因为从易学的思想内容及形态的表现，印证于历史时代的演进，其发展历程已经是段落分明，次第井然，个别事件发生的确定年代，也就非至要了；何况，易学是哲学思想，它的分期无须像政治史一样依各朝代事件逐年排列。

现在来看先秦易学的发展梗概。自伏羲氏画八卦以后，重为六十四卦及增加卦爻辞，显然是一变；到十翼之作，显然又是一变。从人物上言，自伏羲氏画卦以后，文王演易是一变，孔子赞易又是一变。我们参照历史时代的演变及易学本身的蜕变情状，证明出文王演易与重卦及作卦爻辞是一回事，孔子赞易与十翼思想之兴是一回事，于是先秦易学的三个发展阶段，也就明白地放在眼前。

其实，前人虽无先秦易学史之作，却已站在“史”的立场上替先秦易学做过了分期。班固在《汉书·艺文志》中说：“易道深矣，人更三圣，事历三古。”不是明白道出了先秦易学发展的三阶段吗？比班固更早一点，有《易纬》之书,《易纬·乾凿度》中言:“垂皇策者牺，卦道演德者文，成命者孔。”《易纬·通卦验》中言:“苍牙通灵，昌之成，孔演命，明道经。”郑康成注“苍牙”指伏羲；“昌”为文王之名。这些都足以证明在两汉之时，当时人已认为先秦易学的发展分三大阶段。今我们以此三大阶段分期，外证历史潮流，内证易学本身，若合符节，从而又发现过去许多易学上未获解决的古老问题，实在都是由于未曾着意于研究易史之故。例如，自孔颖达提出重卦之人的问题以后，一直到现在，此问题仍为易学界争议未决。前人如早做先秦易学史的研究，此一问题实不必悬案千载至于今。还有些重要的学术史上的问题，迄未有人论及过，如“易”字何时作为易学名称的问题便是。凡此种种，均在先秦易学史的研究中呈现出来。以下是本书对先秦易学划分三个时期的大要说明。

一、第一期自伏羲氏画卦至周文王
——符号易时期

称名为“符号易时期”，是因为这一期的易学没有文字，也未被用于筮术占断，但有八组卦象符号。这一期为易学的始创期，虽是只有八组卦象，然从这八组卦象的组合中已充分表现出其为哲学思想的本质，而且这八组卦象所代表的哲学思想，成为后来博大精深的大易哲学思想体系的根本。文王演易由此出发，孔子赞易也由此。这一期在先秦易学三时期中，历时最久，约为三千五百年，但有关八卦的资料奇缺，近代发现的甲骨文中，不见八卦迹象，后人为弥补这一段学术思想上的空缺，有以《系辞传》中一章所谓“观象制器”的文字为依据，解释伏羲氏以后易学的演变者，兹录该章文字如下：

> 古者包牺氏之王天下也，仰则观象于天，俯则观法于地，观鸟兽之文与地之宜，近取诸身，远取诸物，于是始作八卦，以通神明之德，以类万物之情。作结绳而为网罟，以佃以渔，盖取诸离。包牺氏没，神农氏作，斫木为耜，揉木为耒，耒耨之利，以教天下，盖取诸益。日中为市，致天下之民，聚天下之货，交易而退，各得其所，盖取诸噬嗑。神

农氏没，黄帝、尧、舜氏作，通其变，使民不倦，神而化之，使民宜之。易穷则变，变则通，通则久，是以自天佑之，吉无不利。黄帝、尧、舜垂衣裳而天下治，盖取诸乾坤。刳木为舟、剡木为楫，舟楫之利，以济不通，致远以利天下，盖取诸涣。服牛乘马，引重致远，以利天下，盖取诸随。重门击柝，以待暴客，盖取诸豫。断木为杵，掘地为臼，臼杵之利，万民以济，盖取诸小过。弦木为弧，剡木为矢，弧矢之利，以威天下，盖取诸睽。上古穴居而野处，后世圣人易之以宫室，上栋下宇，以待风雨，盖取大壮。古之葬者，厚衣之以薪，葬之中野，不封不树，丧期无数，后世圣人易之以棺椁，盖取诸大过。上古结绳而治，后世圣人易之以书契，百官以治，万民以察，盖取诸夬。

孔颖达《周易正义》论重卦之人，列四家之不同主张："王辅嗣等以为伏羲重卦，郑玄之徒以为神农重卦，孙盛以为夏禹重卦，史迁等以为文王重卦。"前二说王、郑之主张，便是由上引这段文字来。然而，笔者以为《系辞传》这段文字并非记载史实，而是儒门学者在讲授易学时，举古代圣王的一些伟大创制比附卦象，以说明该卦象之含义。故甚至在黄帝、尧、舜之下，引有大有卦上九之爻辞："自天佑之，吉无不利。”（按卦爻辞作于周初。）顾颉刚说这段话是“比喻教学”，倒是对的。所以这一段话根本不能作为伏羲氏以后，易学演变的依据。

伏羲氏以后，周文王以前，易学演变之迹，在《说卦传》中尚保留着一些，那便是八卦的排列方式及卦象衍生的记载，是《说卦传》作者辑录前代易学的遗迹，弥足珍贵。下一章中将详细述及，此姑不论。另外一点蛛丝马迹，是《礼记·礼运篇》载孔子之于宋得“坤乾”。“坤乾”乃八卦以坤为首的一种排列，宋为商后，可知八卦在商时有此一排列方式，也将在本书第四章再述及。

自伏羲氏以后，易学一直停留在八卦阶段，到周文王演易时，才重为六十四卦，是确定无疑的。也许有人觉得奇怪：何以亘三千五百年之久，八卦停滞不前？这其间另有因素，因为中国文化在西周以上，主流是政治一脉，即《尚书》所载自尧、舜、禹、汤以迄西周的一大系统，中国古代的文化精神集中在治国理民上，历史上所谓上古圣王都是因其在治国理民上有贡献，才被后世尊敬。就伏羲氏而言，也主要是由于他的“王天下”，开创畜牧时代、制嫁娶之道等利国利民之事而扬名后世，并非主要是由于画八卦。八卦思想的越演越盛，是因为后来人智越进步越发达，学术思想日渐重要的结果。古代治国理民之学是用世之学，而伏羲氏的八卦，乃是纯粹哲学思想的符号。伏羲氏是以其超时代的智慧而创发八卦，当时对治国理民而言，并无积极的助益，所以历神农、黄帝、尧、舜等世，八卦并无大发展。然而，这一套高度智慧结晶的符号，毕竟为人所珍惜，所以也就世世代代传留下来。随着历史的演进，它的价值渐渐被人发现，由天、地、雷、风……八种自然现象，渐发展为象八种动物，象人体上的八种部位，象家庭中父母子女，这便证明它渐渐由纯哲学思想向用世之学这一边接近。到了殷周之际，由于时代的要求，周文王乃发现它的实用价值，把它从冷落已久中提拔出来，增演为六十四卦，益以卦爻辞，变成“以神道设教”的筮术，易学乃由纯粹哲学思想一变而也加入用世之学的行列。所以，从中国文化的整个情势上看，周文王是合古代政治与哲学两支文化思想系统于一的人。

二、第二期自周文王演易至孔子
——筮术易时期

本期上起周文王演易创造筮术，下迄孔子以十翼义理赞易，历时约为六百年，包括整个西周及东周春秋时代。易学在此期间，完全以筮术占断为用，故笔者称之为“筮术易时期”。

八卦原来是一套纯粹哲学思想符号，如不着眼于历史潮流，只就易学本身的变化来看，八卦一变而为筮术，真是一件不可思议的意外事，因为八卦的原义与筮术真是风马牛不相及。可是我们如果从历史潮流的发展来看这事，那就毫不奇怪，却是自然顺理的变化。第一，就八卦本身方面言，它原起于对宇宙万物的观察，具备了说明宇宙万物变化的思想理则。第二，它有富于变化的卦爻象符号以表达其思想理则。第三，就客观环境方面言，当时卜法遭遇到难题，社会正要求着有一种变通的新方式以传达神意（详见后文第四章）。在这种情况下，文王应时而兴，脑筋遂动在八卦身上，为它更装易容。一方面“因而重之”，使它变成六十四卦；另一方面在符号之外，增加了卦爻辞，再教它一付五十支蓍策的魔术戏法；尤其是为它正式起了一个寓变化之义的名字，叫作“易”。这样一来，易学等于脱胎换骨一般，一变过去韬光养晦、深藏不露的作风，精神抖擞，打着筮术的旗帜，大大地活跃起来。

从伏羲氏到周文王的时代差距，可以一眼从八卦与六十四卦的名称比较上看出来。八卦初象的名称天、地、雷、风、水、火、山、泽完全是八种自然现象，六十四卦的名称便大不相同，完全在人事中打转。需、讼、师、比等为人事关系；谦、豫等为个人修养；剥、复等为人对事物现象的观察；咸、姤等谈到男女情感；家人、归妹等谈到家庭婚姻；革、鼎等言及国家兴替。这自然是因为历史时代的不同，影响人们的思想意识也不同，因而表现在学术文化上也就不同了。

八卦最初的哲学思想，尽管粗略，但它由纯粹的哲学思想，一变而为筮术，从理论上说，岂不是走下坡路吗？不然。应知八卦的卦象符号，原只是易道借以现形的象，与筮术的性质相同。而且八卦之表现易道，只表现了天道思想一面，今在筮术推行下，使天道与人事发生了关系。尤其在卦与卦的关系上，爻与爻的关系上，纵横隐显，变通消长，充分表现出易道的性能。这正是学术思想发展中“后学转精”的具体表现。

筮术易发展之盛，称得上光辉灿烂，可惜的是西周一代用筮的实例无存。从《周礼》卜筮之官制上及《尚书》所载用筮的庄重情形上推想，西周卜筮之官，必然保存着不少筮术占断的实例。笔者倒希望有一天这些筮例会像甲骨文一样被发现，以弥补此一历史学术上的缺陷。到了春秋时代，筮术已衰微，幸而《左传》《国语》二书中，尚保存有少数则筮例，后人才能从而得知有关筮术的一些情形。这些筮例，本书将引述于后文第四章中。

三、第三期自孔子赞易以下
——儒门易时期

筮术易历时约六百年后，到了孔子时代，此时历史潮流又进入一新阶段，人智勃兴，人道思想取代神道思想而成为时代思潮的主流；人由听命于不可知的神谕，渐转变为宁愿信赖理智的判断。此时，社会上普遍呈现着一种景象，许许多多才智之士，像三春枝头芽苞一样，跃跃欲冒出，这是人智已进步到饱和状态，到了非表现不可的征象，于是孔子兴。孔子似是预为发扬人道思想的历史使命而来，自少年时代始，便把目标指向“人”。他先从明“礼”出发，以身为倡，讲求礼化一个人的视听言动，然后再在内心中建立起一个“仁”的高尚思想，在“礼”与“仁”的外内规范下，决定一个人的品格。孔子的这一做法，对整个历史潮流而言，正是适时之举。在人智方兴之际，提出“做人的规范”，无疑地在防止人智泛滥方面发生了作用（事实上，由于孔子门下弟子遍及当时各国及他周游列国的影响，他虽未实现自己的理想，而他的学说已经对社会人心发生了相当大的感应）。

孔子的学说得易学而更发皇，《论语》中孔子尝言：“五十以学易，可以无大过矣。”又言：“五十而知天命。”忖度孔子的语气，并非五十始学易，而是早已学易，但到五十岁时，对易学生大领悟，乃有“无大过”之言，“知天命”可以想见其与对易学的大领悟有关。五十之年是孔子为中都宰为大司寇之前不久，此时他已经以“仁”为中心，建立起他的人道思想体系，只是这个体系是以“推及”为方法的平面的开展，由于对易学有新领悟及知天命的关系，他的思想乃变作纵的开展，贯通天人，为他的人道思想找到了天道上的依据。他也由此决定了晚年“赞易”的工作，将断事决疑的筮术，一变而为哲学理论，集伏羲、文王以来易学发展之大成；为易学建立起一个庞大而完整的天人思想体系，从而把易学纳入儒门以教学。自此，易学又换了一副新面貌。

从孔子赞易以后，《周易》由筮术之书变为哲理之书。孔子及其门下、后学所作的十翼文字，与卦象、卦爻辞并列，易学乃成为儒门六学之一。这种演变从整个历史潮流及易学本身而言，是顺势的演变，依“天道思想→神道思想→人道思想”的自然趋向；同时，孔子的赞易，除舍弃命蓍行术一部分外，其他如卦象、卦爻辞、易名称等，均承袭筮术易之旧，故为易学之正统，本书乃称其为“儒门易时期”。儒门易时期的开始，也是易学分裂的开始。因为一方面原来筮术易旧势力仍存；另一方面老子独树一帜，向易之形而上方面开展，与孔子之向形而下开展的儒门易学，适成对比映照。但因老子之道家易，完全舍筮术易之旧制，从整个历史潮流及易学本身演变而言，非为顺势的演变，故只能说是易学的别派。论起顺承易学之正统，自为孔子的儒门易学。

第三章　符号易时期

第一节　易学首圣伏羲氏

我们后世人看远古传说中的圣人，很像向远处天边遥望一片大山，苍苍茫茫，群峰参差。溯自黄帝而上，最有名的几位圣王，神农氏、伏羲氏、燧人氏、有巢氏，各象征着我中华民族历史演进中的一大阶段。他们每一位都是高插云表的大峰，其他女娲、葛天、无怀、防风、共工等，高下错落，远近重叠，煞是热闹。而伏羲氏这一座山峰，尤其雄奇。伏羲氏与其他古圣们不同之处有二：一是后世有关他的传说特别盛行；一是他独留传下来一套绝高智慧的哲学思想的创作——八卦。前者意味着他对后世的影响格外深切，而后者则表示他不但像其他古圣样是一位治世的“王”，同时又是王中的“哲人”。《诗经》中说：“世有哲王。”称他为“哲王”，真是最确当的称呼。

可是，我们今日如想对这位哲王作一明确的介绍，殆不可能。原因是有关他的传说虽盛，都是零星麟爪，支离破碎，不能构成一个完整的传略，而且这些传说多变成了荒诞不经的神话，我们当然不能听信这些神话去描写他。因此笔者乃决定采取重点介绍的方式，提出他的姓氏、时代、活动地区等方面，采传说中有根据、可相信者，分别叙述，这样也可便利于必要的征引和必要的讨论说明。圣踪玄远，可得其大概而不能知其细节，甚望将来在历史考古学上有新的发现，使我们对这位中国哲学的始祖，远古文化中的重镇，有更进一步的认识。

一、姓氏与时代

伏羲氏，风姓。“伏羲”一名当是他的身号，沿用日久，成为氏称。在古代，姓与氏的含义不同，姓就“所从生”方面言，凡血统相同者为同姓；氏则为姓中的支系。伏羲氏姓风的来历，后人解说不一，最重要的有两说：一谓风即凤，伏羲氏的族姓系以凤鸟为标识（即图腾 Totem），故姓风，此一说流行较普遍；另一说谓风字从虫，伏羲氏的族姓以蚼（一头两身之蛇）为图腾，故名。

女娲氏传说为伏羲氏之后，且曾继伏羲氏为王，古籍记载如《汉书·古今人表》、《风俗通》引《春秋运斗枢》、司马贞《三皇本纪》、《罗泌路史》等，均将女娲氏排名于次伏羲氏为王。东汉武梁祠壁画中，有伏羲女娲像，两像对立，下体均作麟身相结，于两人臂间悬一小儿，是汉人已相信女娲氏为伏羲氏之后之明证。自伏羲、女娲以后，风姓为王历十余代，然后姜姓的神农氏兴。伏羲氏之后，在黄帝时有大臣风后，今陕西潼关黄河渡口名风陵渡，即为风后之陵所在地。春秋时，风姓国在者，据《左传·僖公二十一年》："任、宿、须句、颛臾，风姓也，实司大皞与有济之祀。"大皞即伏羲氏。

至于伏羲氏的称名，古籍中记载极不一致，今且归纳为四类列举如下：

第一类：伏羲氏（《淮南子》） 虙戲氏（《管子》）
伏羲氏（《史记》）
伏希氏（《风俗通》） 虙羲氏（《汉书》）
宓牺氏（《尸子》）

第二类：庖牺氏（《帝王世纪》） 包牺氏（《易·系辞传》） 炮牺氏（《易纬》）

第三类：太昊（《帝王世纪》） 大昊（《汉书》）
大皞（《左传》）

第四类：苍精（《武梁祠石刻题词》） 苍牙（《易纬》）

此外，尚有“羲皇”（如陶渊明诗）、“人祖”（今淮阳人祖庙即伏羲庙）。伪古《三坟》甚至把许多名字连在一起，称之为“天皇太昊伏牺有庖升龙氏”。

上第一类应以“伏牺”一名为正写，牺字从牛，伏牺即驯服野牛之义。即此名称已说明了伏羲开创畜牧时代、教导人民驯养牛羊牲畜的大功大德。今通用“伏羲”一名为省写。第二类应以“庖牺”一名为正写，庖义为庖厨，即驯服畜牲以供庖厨，与“伏牺”义同。第三类为极赞伏羲氏的功德，“昊”字上日下天，日照中天，观字形可明其义。第四类也许是传说中由伏羲氏体貌而起的名称：郑玄注“苍牙”一名谓“苍精牙肩之人”。伏羲氏究竟何如人？有关他的直接史料虽然不可得，但只须看这些称号，非感人至深者，何能如此令后人敬服？东汉名史学家服虔曾说：“自少皞以上，天子之号以其德。”伏羲氏德在人心，才能赢得后世如此尊敬，笔者认为这才是历史的最公平的评价，而综合这许多名号给我们的信念，应不逊于直接史料的凭证。

其次，说到伏羲氏的时代。中华民族自黄帝以上，曾历经渔猎、畜牧、农业几个重要阶段，已为历史学上所深信不疑。开创农业时代的是神农氏，伏羲氏则为农业时代之前一个时代——畜牧时代的开创者，后世尊称他为“伏羲”，正是纪念他这方面的大功德。在畜牧时代以前，人们完全以奔走追逐野物维生，所谓“饥则求食，饱则弃余”（《白虎通》），是一种完全不安定的生活。伏羲氏教民畜牧，人民生活初步进入安定，畜牧时代的意义即在此。然而，这个时代究竟历若干年，甚不易作确切估计，古籍荒诞，如《易纬·辨终备》与《列子·杨朱篇》数十万年之记载，固然无丝毫可信之征，其他有关年代的推算，也都无法印证。清齐召南编《历代帝王年表》起伏羲氏，仅云：“在位百十五年崩，葬于陈。或曰传十五世。”其载风姓为王终于公元前 3267 年，何年始起则阙疑。今世史学家讲远古史，多不作年代之推断，间有作推断者，如张其昀《中华五千年史》中谓：“自伏羲至无怀，十六主，历一千二百六十年。”其在位当公元前 4754 年。然也正如张氏称：“此种传说，尚无准据之可寻，只可作为一种参考而已。”大概说来，伏羲氏约生于公元前 4700 年之时，即距今六千七百多年。

二、活动地区

比较起来，伏羲氏事迹最真实可信的部分，是地理方面留下来的几处遗迹。

（一）太昊之墟

史称“太昊之墟”，古名陈，即今淮阳，为当初伏羲氏建都之地。其地有伏羲庙（当地称人祖庙）及太昊陵。

（二）伏牛山

伏牛山之名，自古相沿，不知起于何时，指秦岭东段，即今豫西山区一带。“伏牛”之名与“伏牺”同义，此山区近太昊之墟，或即为伏羲氏遗迹之一。

（三）春秋时之任、宿、须句、颛臾四国

《左传》所载伏羲氏之后的任、宿、须句、颛臾四国（见上文引），于今日为：

任——山东省济宁县。

宿——山东省东平县东。

须句——山东省东平县西北。

颛臾——山东省费县。

以上三处遗迹，陈在平原之中，靠近淮水，由陈溯淮水而上，有两支流，一为汝水，一为颍水，均发源于伏牛山。伏牛山区距陈都不过百公里左右，东西贯通，至为便利。伏羲氏建都于平原地区之陈，而以伏牛山区为游猎场所，真是理想的环境。由陈向东，淮水的另一支流泗水由西北来，泗水上源有汶、泗二支，出自泰山西南侧，任、宿、须句、颛臾四国便分布在这一带，也是在山区与平原交接处。整个看起来，伏羲氏的遗迹西起伏牛山区，东达泰山山区，中间便是所谓的淮河平原。伏羲氏的活动地区，便在这一带。

于是，我们发现一个值得注意的现象，伏羲氏都陈，

是在伏牛山区附近，而任、宿、须句、颛臾四国是在泰山山区附近，这些遗迹都在平原与山区的交接处，不正是畜牧时代所需要的理想的地理环境吗？入山猎野物，出山事牧畜，历史时代与人类生活条件一致相合，密切相关，求证古史，不当忽视这方面。

三、赫赫龙征

班固在《汉书》中言伏羲氏“为百王先”，证诸历史演进及许多传说，这话是可信的。古籍中记载上古称王的圣人，最早是伏羲氏。伏羲氏之前如燧人氏、有巢氏，只载其名，不言其称王。依历史演进而言，伏羲氏之前为渔猎时代，人们生活是流散的，不获定居的。自伏羲氏教民畜牧，人们生活得以初步安定，于是初步的社会组织形成，所以我们有理由相信他是历史上第一个“王”。这更使我们想到了《左传·昭公十七年》郯子的一段话：

> 秋，郯子来朝，公与之宴，昭子问焉，曰：少皞氏以鸟名官，何故也？郯子曰：吾祖也，我知之，昔者黄帝以云纪，故为云师而云名；炎帝以火纪，故为火师而火名；共工氏以水纪，故为水师而水名；大皞氏以龙纪，故为龙师而龙名。……仲尼闻之，

见于郯子而学之。既而告人曰：吾闻之，天子失官，学在四夷，犹信。

郯子由黄帝向上推，到大皞氏而止，也可见伏羲氏是最早的王。而由孔子向郯子学官制后的谈话，更可以证明郯子的话非虚，乃为孔子所相信。

那么，我们现在要讨论到上面郯子“大皞氏以龙纪”的事。服虔曾注上引《左传》之文云：

自少皞以上，天子之号以其德，百官之号以其征；自颛顼以来，天子之号以其地，百官之号以其事。（《礼记·月令》疏引）

郯子在前面所说的云、火、水、龙等，服虔称之为“征”。征字，《说文》：“召也。”段玉裁注：“云征者，证也、验也，有证验斯有感召，有感召而事以成。”换句话说，前面郯子所说的几种物象，为古圣王取来作为百官的名号，目的是用作证验及由是而生感召作用的。伏羲氏当初称王时，他是以“龙”为征的。

由于郯子说伏羲氏以龙为征，这就说明了为什么在后世传说中龙与伏羲氏关系特别密切的缘故，且举出以下几事来看。

第一，《易》乾卦六爻取象于龙。卦爻辞作于周文王，乾卦取象于龙，当然出于文王。但我们看乾卦中的龙象，初爻言“潜”，二爻言“见在田”，四爻言“跃在渊”、五爻则言“飞”而“在天”。这龙显然不是古代生物的龙，而是经过长期传说神化以后的龙。文王承伏羲氏之绪而演易，取笼以象六十四卦之首的乾卦，这中间岂非隐约透出了龙与伏羲氏的关系？

第二，东汉武梁祠石壁画像之伏羲女娲像，两人下体为麟身相结（古人以龙、蛇同为麟虫）。

第三，其他传说记载：

《帝王世纪》：“生伏羲于成纪，蛇身人首。”

王嘉《拾遗记》：“蛇身之神，即羲皇也。”

王延寿《鲁灵光殿赋》：“伏羲麟身，女娲蛇躯。”

龙原为远古时代一种极凶悍的巨形爬虫动物，已为今日历史学界所公认。这种动物活跃在地质年代上的中生代（Mosozoic），后来在历史演进中逐渐消灭，其时代在一亿年以上，自然更远早于伏羲氏。我们可以想见伏羲氏以其大功大德被各氏族部落拥戴为王之际，他是前所未有的第一个王，气象之雄，自不寻常，乃选择传说中古代最强悍的动物——龙为征以名百官。龙原是爬虫动物，也许可以水陆两栖，但不能飞翔于天空，但由于伏羲氏以龙为征，乃使其脱离了动物界龙的观念，而成了风姓为王的权力象征。

伏羲氏功业鼎盛，遂有“飞龙在天”的神化思想。换句话说，龙的神化，正代表了伏羲氏为王时的煊赫。自伏羲氏以后，龙也就成为王者的象征。我国历代帝王均以龙自命，以龙象饰衣冠器物，都应源于此。

我们自然又想到社会上古来相沿流传的龙凤呈样的图案。龙之于凤，一兽一禽，一笨重一轻巧，放在一处，原是不协调的，此二物竟然安排在一起代表祥瑞，也应当是由伏羲氏之故。因为伏羲氏姓风，风即凤，他的氏族标识是凤；现在他又以龙为王者之征，龙凤交辉的思想自然产生。从此，这个代表吉祥的图像也就在中国社会中流传下来。

四、远古文化之光

综上所述，我们虽未能具体勾绘出伏羲氏的一生，但无疑可看出他是中华民族远古历史上一位最重要的人物。滔滔岁月，毕竟是公平的，历经数千年之久而能活于后人心中，必然是独立挺拔，有其不朽的德业在。至于一些其他有关伏羲的传说，我们当然不能轻信，不过，如果对照着他所开拓的畜牧时代推想，有些传说也都是情理中事，非必为后人所捏造，举如下。

第一，由于畜牧时代为人们带来了较安定的生活，从而传说他始制嫁娶之道。

《礼记·月令》疏引世本："大昊始制嫁娶，以俪皮为礼。"

《拾遗记》："（伏羲）始嫁娶以修人道。"

《白虎通》："于是伏羲仰观象于天，俯察法于地，因夫妇，正五行，始立人道。"

第二，人们生活较安定，乃有较多时间享受闲暇娱乐的生活，从而传说他发明乐器。

《史记·封禅书》："大帝（《正义》注：大昊伏羲氏）使素女鼓五十弦瑟。"

马啸《绎史》引《世本》："庖牺作瑟，五十弦。"

又《礼记·明堂记》及《世本》也有女娲做笙的记载。

第三，由于人们生活趋于安定，规划计算之学兴，故传说他发明数学及基本计量工具规与矩。

《管子·轻重篇》："虙戏造作六峜以迎阴阳，作九九之数以合天道，而天下化。"

汉石刻及新疆吐鲁番出土之唐代绢画伏羲女娲像，均为一执规，一执矩。

第四，还有如《通历》《诸史会编》《历代通鉴》等书又言他造甲历、定岁时。

这些，都是文化上的重要创制，我们虽无法肯定，但他开拓一个新的历史时代，社会必因而起重大的变动，是必然的事。当然，最主要的还是他的画卦，这件事代表着中华民族哲学思想内在活动的成熟，第一次以具体符号表现抽象思想于外。八卦实际上也是文字创造之始，如水流地中为☵，风行天下为☴，明照空中为☲，高耸地表为☶（见本章后文八卦的取象一节），含义直截了当，毋宁说就是文字。

1933年北京人的发现，证实我中华民族的祖先在距今五十万年以前，已知道用火及石器谋生（按知道用火及石器，表示已是原人阶段），故伏羲氏在文化上的创制，实代表着中华民族前此五十万年的文化蓄积。伏羲氏画八卦，虽然成于他个人的超绝智慧，其实是民族智慧的发露。中华民族的智慧已发展到“要表达”的成熟阶段，伏羲氏乃应运生，以其天赋胜智，执行此一伟大的历史使命。这犹如枝头春暖，万花含苞，伏羲氏乃“东风第一枝”耳。所以他是我中华民族远古历史演进中的一块里程巨碑，是我中华民族远古文化之光。

第二节　八卦的画成

关于画卦的源起一事，过去曾有许多人做过推测，也公开讨论过。有人以为“⚊”起源于象天之浑然一体，“⚋”

起源于象地之有丘山壑谷；有人以为“⚊”源为阳数之奇，“⚋”源于阴数之偶；有人以为“⚊”与“⚋”源于象男女之生殖器官，或“⚋”象女性之乳房。凡此种种，都不无道理。可是，我们不能忽略《系辞传》告诉我们伏羲氏画卦是源于观察天、地、鸟、兽、物、我众象，而不是从观察某一物之象上来。如果谓“⚊”与“⚋”由天地或由男女上起，则是局限其起源于某一物象上，如此则与《系辞传》之言相违。而且，卦象的起源如果从某一物上来，由于物物殊相之故，也就不能通于他物，那么易学也就不能发展成为涵摄“三极之道”的学术了。所以笔者认为，说“⚊”与“⚋”象天地或男女是可以的，却不可以说是从天地或男女上起。因为伏羲氏是观察天地、男女、万物，取其“共相”而画出“⚊”与“⚋”；“⚊”与“⚋”可以象万物中之任何物，而不是从某一物上起。至于以奇偶之数言“⚊”与“⚋”之起源者，乃易学发展至第二期筮术易之思想（见后文第四章），为后起义。因此之故，本书述画卦的源起，首重伏羲氏乃“透过观察万物而画成”这一点。这样看“⚊”与“⚋”，便不单单是两个象，而是两个经过哲学思考所产生的符号。这是《系辞传》的本义，也是易学后来发展得极博大精微的关键。同时，由“⚊”与“⚋”发展到☰、☷、☵等八卦，中间也必然有其思想上的过程。因为组合排列的方式不一，伏羲氏不可能信手一划，便成今日的八卦形式。他当是经过相当思考、多次安排而成，所以这中间也是一连串的哲学思考。简要说来，本书所持立场，乃认为八卦起源于哲学思考，而非起源于“—”与“--”两个符号形态的似此类彼。主要根据是《系辞传》中的两段文字：

古者包牺氏之王天下也，仰则观象于天，俯则观法于地，观鸟兽之文与地之宜，近取诸身，远取诸物，于是始作八卦，以通神明之德，以类万物之情。

易有太极，是生两仪，两仪生四象，四象生八卦。

笔者极不赞成后世有些易学家将易学后来的发展，一股脑儿上在伏羲氏的账上；也不同意另一部分学者过于低估了古圣的智慧，认为在伏羲氏那样遥远的时代，卦象符号中不可能含有什么哲学思想。客观，应理，以远古的时代背景作为推测中的思想活动范围，为笔者的理想。那么，让我们且振起思想之翼，飞回遥远的远古伏羲氏时代。

一、太 极

长林丰草，古野荒原，人逐兽奔，时见围猎。这时候约为公元前 4700 年，中国历史上第一个王伏羲氏在位之时。伏羲氏开前古未有之创例，为各氏族部落拥戴为王，不是轻易得来的，主要是由于他教导各氏族部落推行一种新的以畜牧谋生的方法——将捕获得来的牛、羊、马、鹿等野物，驯服牧养，使之繁殖生息，以供食用。这真是为人民造了大福利，自此以后，人们便可不必冒着严寒酷热、狂风淫雨的天候出去渔猎了。只要食物来源有了部分保障，日常生活也就轻松得多了。

说起天候来，真是当时人们最受威胁、最感恐惧、又最不了解的事。疾雷骤雨，水火灾害，忽然而来，忽然而去。有时候像天要塌、地将陷，过一会儿又天晴气爽，使人心旷神怡。这种天候上的变化与深山大泽中珍禽异兽的伏藏，几乎便是当时人们全部的思想活动，因为这些直接关系着他们的生活。但由于人的能力实在太渺小了，没有人能解答这些谜，也少有人想到去解答这些谜，大家只是感到眼前的世界中有这么多不可思议的谜存在着。

伏羲氏何以会对这些谜发生了研究的兴趣？没有人知道。不过，从他教民畜牧这件事看来，他是一个具有特别敏锐的观察能力的人。他看出了凶猛的野牛可以驯服养育，这就不是一件寻常的事。伏羲氏将他对牛、羊、马等动物的观察，扩大到所有动物，再扩大到观察草木虫鱼及大自然一切现象。他观察的兴趣越来越浓厚，越观察越不能罢休，似乎在观察中发现了什么东西。他发现眼前世界中万物的千差万殊，只是外形，而在物性上，实有共通之处。如果用现在的话说，他便是一个有哲学思想的人，他沉醉到他的思想中了。这时候，伴随着他的观察，在他脑海中兴起一大堆千百万年以来少有人去想的疑问：日月经天，为什么会转动？昼夜四时，为什么会代换？人兽生死、草木荣枯，为什么有此等变化？山峙泉涌、云飞风起，为什么有这些景象？雌雄为什么相悦？幼小的生命为什么生机旺盛？……许多以往潜藏在脑海中，连他自己也从未觉察过的问题，此刻一起迸发出来。伏羲氏从天上观察到地下，从万物观察到自身。终于，他虽然仍不能解答那些“为什么”，但为他的观察得到一个结论：一切万物都在变动不息，宇宙间没有一物不在变动，这个“动”是万物共具的通性。

万物为什么动？他想不出究竟。有谁使万物动？他也想不出。但他敢于肯定在万物的形象之后——不，就是万物本身，有一种大作用、大动能，在驱使万物变动。这种大作用、大动能的存在，像是与万物为一体，又不像是一体。他反省自己，连他自己也说不上来为什么他会生、会长，为什么他会喜爱女娲氏，要娶她为后。由此可知其他生物也不知道它们为什么会生长，其他动物也不知道它们为什么要雌雄相悦了。可是，显然有那么一种作用、一种能力在促使着它们去动。他想把他的思想表达出来，但他无法表达，因为那时候尚没有文字。最后，他只好在地上画一个符号，来记下他思想中的那个大作用、大动能。他画的符号便是：“⚊”。对于当时的伏羲氏来说，这个最简单不过的符号，也算是产生不易了，但他并没有想到这便是我中华民族哲学思想放射出来的第一道曙光，后来发展得枝繁叶茂的易学便由此诞生。伏羲氏当时如何称呼这个称号“⚊”，我们不敢妄言。到后来，人们渐渐发现这个符号的重要性后，便称呼它为“太极”。太之义为“至大”，极之义为“穷尽”。太极的意思是说“⚊”所代表的大作用、大动能，涵摄宇宙万物，动生宇宙万物，为至大的、至根本的动源，而称赞伏羲氏这一笔为“一画开天”。

二、两　仪

太极“⚊”尚表现得不够清楚，因为伏羲氏发现万物的动，并不是一往不返地动下去，而是在动中有规律可循。日月从东天升起，慢慢移动，到中天以后便下降于西方。春天来了，天气变暖，至炎夏最热时便转变为冷爽；然后至严冬最寒冷时再回到春天。草木从地上发芽了，生机蓬勃，长到最茂盛时便转变为枯黄，和人的生长老死一样。万物的变动都好像在往复兜圈子，作“圆道周流式”的律动。而造成这种律动的原因，实由于伴随着上面那个“—”而起的，尚有另一个大作用、大动能。这另一个大作用、大动能，总是跟随在“—”之后，而和“—”作相反的动：“—”使日月上升，它便使日月下降；“—”使事物前进，它便使事物后退；“—”使生物生长，它便使生物衰老。如此一升一降、一往一复的两种大作用、大动能，交替不停地推动万物，实为万物动动不休的根源。伏羲氏为了记下来这个大作用、大动能，于是画下另一个符号：“--”。前面那个太极“—”，是一横，代表第一个大作用、大动能；这个“--”是两短横，意为“第二”，代表第二个大作用或动能。“—”与“--”是一体的两面，但它们表现的作用相反，所以要用两个符号表示。而“--”永远跟随在“—”之后发生，所以伏羲氏便把它们排在一起：“—--”。后人称这两个符号为“两仪”。仪是“法式”“法则”，意思是说“—”与“--”是宇宙万物变动的两大法则。“—”的作用又称为“阳”，“--”的作用又称为“阴”，所以“—”又称“阳仪”，“--”又称“阴仪”。于是，万物中凡显示发动、刚健、进取性质的，都称“阳性”；凡显示承随、柔顺、反退性质的，都称“阴性”。阳性和阴性虽相反而实相成，反复变动，生化万物，这便是易哲学的根本原理。《系辞传》名此为“道”，所谓“一阴一阳之谓道”“反复道也”。

然而，这里应该注意：两仪“—”与“--”在相对待的往复运动中，地位是平等的，而太极“—”则无对待而为唯一的。所以“—”在思想中是第一层次，“—”与“--”是第二层次；易学是一元论哲学。古人立“太极”“两仪”两个名称之故在此。

三、四　象

“—”与“--”是两个代表形上思想的符号，它们所代表的乃是超乎物体形象的抽象作用或动能。所以，如果只是这两个符号，尚不能看出它们与物体的关系来。尤其是这两个符号在象上各自独立，也不能表现出它们共同的作用，而事实上它们是共同作用于每一物体上的。欲表现出它们的共同作用，便要将它们组合在一起，伏羲氏于是想到如何将二者组合在一起的问题。他做了多次试验，发现将二者组合在一起的方式，有三种。

第一种：正交＋或＋。

第二种：斜交✕或✕。

第三种：平行 ⚏ 或 ⚌。

前两种正交与斜交的方式，虽然表现两仪相交错为一体颇为确切，但到了后来更进一步画三画卦的八卦时，发现不能适用。例如八卦中的“☳”“☵”“☶”三个象，如用正交和斜交的方式，便分辨不出彼此。所以伏羲氏决定采用第三种平行方式组合，即把两仪平放在一起，成为“⚎”和“⚍”两个象，代表“⚊”与“⚋”共同作用于一物体。至于原来的两仪“⚊”与“⚋”，为了配合这两个新生的象，使之整齐一致，也各自重上一笔，成“⚌”与“⚏”，仍代表两大作用的本身。如此，便产生下面四个符号：“⚌”“⚏”“⚎”“⚍”。这四个符号便是“四象”，《系辞传》说：“象者，像也。”“⚌”与“⚏”象宇宙两大作用、大动能，“⚎”与“⚍”则象两大作用之共同作用于一物。

四、八　卦

从两仪发展到四象，在含义上讲，已经从形上思想落到物体上，照理说伏羲氏应该罢手了。可是，他并未罢手，继续在四象上再重一笔，使两画的象变成三画的象。这样一来，新产生的象就成了八个。由两画的象变成三画的象的理由，古籍中也同样未载，但我们可以合理地推测出来，因为万物虽然都有阴阳二性，但二性的多寡却不同，没有任何一物是保持着二性平衡相等的；当然在变动过程中有平衡的时候，但那个时候转瞬即逝，因为上面说过阴阳二作用的消长是变动不休的。例如：同是雄性，有刚健轻重之别；同是春生草木，有迟速发生之分。宇宙万物之千差万殊，各具姿态，实由于所具阴阳二性之多寡不同及变动不休而来。那么由此看来，四象虽然表现出宇宙两大作用或动能已共同落到物体上，却仍未能确切如实地达到“以通神明之德，以类万物之情”。最好的办法，是将两画的四象，再加一画，使变成三画的象；因为“三”是奇数，无法使之阴阳平衡，自然也就显示出多寡消长之势。此一用心，确实表现出伏羲氏不平凡的智慧，他画成三画的八个象是：“☰”“☷”“☳”“☴”“☵”“☲”“☶”“☱”。这八个象便是所谓的“八卦”。卦字音义同“挂”，以上八个象如悬挂而示于人，故名八卦。依《说文》卦字：“从卜，圭声。”则卦字之产生从卜来，卜时灼甲骨成兆，视所成兆以论断吉凶；卦象在筮术中类于卜时的兆，故名卦。由此可知卦字在文王演易为筮术以后方有，甲骨文中不见有卦字可证。而伏羲氏画成八个象时，自然不以“八卦”称名了。

以上自太极至八卦，是本书推测伏羲氏画卦的经过情形，我们玩索这一连串卦象符号的发展，不得不承认八卦的画成是哲学思想的促动。至于近代学者中，有一些人不肯相信远在畜牧时代之初的伏羲氏，竟有如此的思考能力，发明一套如此简而能赅的符号以代表抽象的思想，那是受了“齐头并进的历史观”的影响。要知道，历史的进化并非如想象那样各时代的人都与各时代思潮齐头并进。历史的进化从大体上看，有其渐进的层次，但层次与层次之间，人智错落参差，非齐头并进。每当一新文化时代之将至，往往是一二灵智卓绝之士，得风气之先，起而首倡。此时如当时时代思潮跟不上，则此一二卓绝之智士孤灯自照，其学说思想便不能在当代发扬，须俟后日时代之来。历史上此等现象，见于艺术、文学、政治、宗教各领域中，为史家所不可否认者。伏羲氏以其卓绝之灵智，首启我中华民族哲学思想之门，其发明八卦正兆示着我中华民族大理智时代之将临，只是他太领先于当时的时代了，八卦思想因而不能为同时代人或死后之近时代人所接受，乃被搁置达三千五百年之久。待周文王兴而后承其绪，这情形实为历史演进中之常态。明乎此，便知道伏羲氏之画八卦，乃无足置疑的了。

第三节　八卦的取象

——天、地、雷、风、水、火、山、泽

八卦是八个象，《系辞传》：“八卦以象告。”又言：“象也者，像也。”“圣人有以见天下之赜，而拟诸其形容，象其物宜，是故谓之象。”八个卦象，对上言是象易道，对下言又象个别事物。八卦最初所象的八种个别物体，是天、地、雷、风、水、火、山、泽，笔者称此八者为八卦的“初象”。八卦的初象是八种自然现象，这表示伏羲氏画成八卦之当时是天道思想时代，人们的思想活动以自然现象为主。

循着前述“⚊”与“⚋”的本义和以天道思想为范围的原则，来看八卦与其八种初象的关系，使我们惊奇于当时伏羲氏在取象上实花费过一番相当的思考。因为八种初象在八卦符号上的含义都表现得非常明确、非常恰当。这使我们更确定不移地相信八卦是起源于哲学思想，同时也可相信伏羲氏当初画成八卦之后，是以这八种初象——天、地、雷、风、水、火、山、泽来分别称呼八组符号的；至于乾、坤、震、巽、坎、离、艮、兑八个名称，则为文字发明以后才有（见下节）。现在分别解释八卦初象的含义如下。

☰ 天　☰ 即“⚊”，为配合其他卦象，求整齐一致而重写三画，本义是动宇宙万物的大作用，它的功能表现在日月上升、草木发荣、人兽生长等现象上。它有向天上冒进的趋势，故以 ☰ 象天。

☷ 地　☷ 即“⚋”，为配合其他卦象，求整齐一致而重为三画，本义是继 ☰ 而兴的反作用。它的功能表现在当日月上升到中天后，即开始反归地下，当动植物生长到极盛时，即开始衰落老枯。它有向地下降落反退的趋势，故以 ☷ 象地。

（☰象天，☷象地，为八卦取象之根本，以下六卦均由此二象来：⚌为☰之省，⚏为☷之省，“—”与“--”则本其动能之含义，为动象，无一例外。）

☳雷　春雷发声，蛰虫起伏于地下，二月节“惊蛰”之名即由此来。☳卦，上⚏为☷地之省，下“—”为动象，动于地之下，故以之象雷。

☴风　风行无踪，由吹动天空云烟，摇动枝头树叶以见形迹。☴卦，上⚌为☰天之省，下“--”为动象，动于天之下，即动于空中地上，故以之象风。

☵水　水流地中，伏羲氏的活动地区是淮河平源，河流均陷入地面下甚深。☵卦，上下⚏为☷地之省，中“—”为动象，动于地之中，故以之象水。

☲火　光明照耀，在天空为日月，《系辞传》：“悬象著明，莫大乎日月。”《离卦·彖传》：“日月丽乎天。”☲卦，上下⚌为☰天之省，中“--”为动象，日月动转天中，故以之象火。

☶山　山高于地面，危峰耸峙，仰视峰巅以见其高。☶卦，下⚏为☷地之省，上“—”为动象，动于地之上，故以之象山。

☱泽　水著于地面，天空景象，倒映水中，故立身泽边，下视水中而见云天月影；泽水浮动，犹如动于天象之上。☱卦，下⚌为☰天之省，上“--”为动象，动于天之上，故以之象泽（笔者认为此象饶有意义，形义真切，足见古圣思想之灵活，而古来易家竟无人见此义，是未设身处地运思之故）。

上释八卦初象之义，笔者所持原则是力求以古人其时其地为依据。观其卦象与所取象间含义之真切，真使人叹服。史载我国文字发明于黄帝时之仓颉，今观八卦之取象，知文字之发明，实始于伏羲氏。至仓颉之时，乃文字之制作已臻成熟时期，开始应用。

上述八卦之初象，应为伏羲氏画卦后所自取无疑。自伏羲氏以后八卦渐渐衍生他象，然均不离本义，《说卦传》今本第七、八、九、十四章，所载之卦象，当为伏羲以后，文王以前之衍生象，今录如下，也可由此察见易学由伏羲氏时代之天道思想，逐渐降落到物界、人事界之迹：

> “乾，健也；坤，顺也；震，动也；巽，入也；坎，陷也；离，丽也；艮，止也；兑，说也。”——《说卦传》第七章，以卦性为象。
>
> “乾为马，坤为牛，震为龙，巽为鸡，坎为豕，离为雉，艮为狗，兑为羊。”——《说卦传》第八章，取动物为象。
>
> “乾为首，坤为腹，震为足，巽为股，坎为耳，离为目，艮为手，兑为口。”——《说卦传》第九章，

取人体为象。

“乾，天也，故称乎父；坤，地也，故称乎母；震一索而得男，故谓之长男；巽一索而得女；故谓之长女；坎再索而得男，故谓之中男；离再索而得女，故谓之中女；艮三索而得男，故谓之少男；兑三索而得女，故谓之少女。”——《说卦传》第十章，以父母子女为象。

至于这些衍生象所以然之故，均由“⚊”与“⚋”之本义引申而来，读者可思索得之，此不复赘。这些衍生象应是伏羲氏至文王间三千五百年易学发展的残迹。以“史”的立场看，有非常珍贵的思想价值，不可仅以之为“象”而忽略过去。

应该在此一提的是，有人讲易学，将八卦初象比拟印度古代哲学中地、水、火、风四种宇宙生成的元素，那是错误的。天、地、雷、风等八者，只是八种自然现象，其本身不含宇宙生成义。易学的宇宙论是一开始即落在抽象思想上，太极“⚊”象宇宙根源的动，两仪“⚊”与“⚋”象动之两大法则，四象“⚌”“⚏”“⚎”与“⚍”象两仪之相交，八卦“☰”“☷”“☳”“☴”“☵”“☲”“☶”“☱”则象宇宙间任何现象、任何事物均具有不同成分之二性。所以天、地、雷、风、水、火、山、泽八个现象，只是宇宙间无数事物的代表，切不可以古希腊哲学之以宇宙本质是水，或印度吠陀时代哲学之以宇宙本质是地、水、火、气四者来比况易学八卦的初象，那是完全不同的。这是中国哲学高明之处，笔者现正写一本大易哲学论的书，专论易哲学思想的内容体系及其与印、希哲学之差别，将对此详细说明。

第四节　八卦的名称

——乾、坤、震、巽、坎、离、艮、兑

八卦有其正式的名称，即 ☰ 为乾、☷ 为坤、☳ 为震、☴ 为巽、☵ 为坎、☲ 为离、☶ 为艮、☱ 为兑。这名称确实起于何时？不得而知，但起于文字发明以后则无疑，因为每一个名称都可以从文字构造上看出其符合于八卦根本思想的含义。《礼记·礼运篇》载有孔子在宋见“坤乾”之言，宋为商后，而有坤乾之名，则可推测八卦名称定立于商之前，即在黄帝臣仓颉造字以后至商代中间。所以这八个名称的产生，也是伏羲氏到文王三千五百年间易学发展的遗迹之一。以下且分别解释八个名称的含义。

☰ 乾《说卦传》:“乾，健也。”《杂卦传》:“乾，刚。”今按《说文》:“乾，上出也，从乙。乙，物之达也；倝

声。”“乾”字取“倝”之声，取“乙”之形与义。乙为“物之达”，《说文》言：“象春草木冤曲而出，含气尚强，其出乙乙也。”“乙”为象形字，象草木始生时冤曲之状，故《史记·律书》说：“乙者，言万物生轧轧也。”☰由“⚊”来，其本义为宇宙间之大作用、大动能，有发动万物向上生长的势能，故☰与“乙”字的含义相同，所不同者，☰是符号而乙是文字。《说卦传》之“健也”与《杂卦传》之“刚”，均从☰的性质上立言。

☷坤《说卦传》：“坤，顺也。”《杂卦传》：“坤，柔。”《说文》中“坤”字以“土位在申”作解，则是取五行干支之义，为后起，非本义。今按“坤”字应从“申”来，“申”义为舒展、放松，与“屈”字义相对待。《系辞传》：“尺蠖之屈，以求信（按即申）也。”尺蠖古称“屈申虫”，行进时，一屈一申。屈为收缩身体，蓄力作势，申为放松身体，舒展申布。古人生活在大自然中，屈申虫为常见之物，故取其行进之屈申以比喻☰与☷之义，由《系辞传》“往者屈也，来者信也，屈信相感而利生焉”可证。☷由“⚋”来，象与☰相反之大作用、大动能，故取“申”以言；从土，乃因☷象地之故，《说卦传》之“顺也”与《杂卦传》之“柔”，均从☷的性质上言。

（按甲文中有“申”字，作象，闪电之形，其含义也当是舒散、放松。天空中密云四合，蓄势将雨，忽然电闪

雷鸣，大雨下降，继而云散天晴。是天空之闪电现象，为密云将雨之状态之舒散松弛，与尺蠖虫之一屈一申义正同，一取自然天象，一取地面动物，均古人生活中最切近之景象。）

☳ 震《说卦传》：“震，动也。”《杂卦传》：“震，起也。”《说文》：“劈历振物者。”三者义同。☳ 卦象为雷，春雷发声，振动蛰虫起伏于地下，故为动，为起。乃名 ☳ 为震。

☴ 巽《说卦传》：“巽，入也。”《杂卦传》：“巽，伏也。”《说文》则据篆文“巺”字，义为“具也”。今按“巽”字，依罗振玉、林义光二氏，乃从甲骨文之“𢁉”字来，其义为顺。《论语》：“巽与之言，能无说乎？绎之为贵。”巽即柔顺委婉之义。巽又有逊让义，《尚书·尧典》：“汝能庸命，巽朕位。”即“逊朕位”。☴ 卦象为风，风之所向，天空云烟顺之而往，地面草木均顺其来势而偃伏逊让，《杂卦传》之“伏也”，即取此义。《说文》之“具也”，也由伏之义上来，因“具”为伏于地之物。至于《说卦传》之“入也”，则取风之无孔不入义。故名 ☴ 为巽。

☵ 坎《说卦传》：“坎，陷也。”《杂卦传》：“坎，下也。”《说文》也言“陷也”。☵ 卦象为水，河流均陷于地面之下，故名 ☵ 为坎。又涉水有险，故《坎卦·彖传》言：“习坎，重险也。”

☲ 离《说卦传》：“离，丽也。”《杂卦传》：“离，上。”

按“离”为“丽”之假借字，篆文作“丽”。《说文》：“丽，旅行也。”段注云：“此丽之本义，其字本作丽，旅行之象也，后乃加鹿耳。《周礼》：丽马一圉，八丽一师。注曰：丽，耦也。《礼》之俪皮，《左传》之伉俪，《说文》之骊马，皆其义也。”可见“丽”字有两义：一为旅行；二为耦。《离卦·彖传》言：“离，丽也，日月丽乎天。”《象传》言：“明两作，离。”均同时具上二义，指日月二者运行于天。由日月起义，离又为光明之义，故《说卦传》言：“离也者，明也。”日月高悬天空，故《杂卦传》言：“离，上。”☲卦象为火，火为光明，日月光明，古称双璧。《系辞传》：“悬象著明，莫大乎日月。”故名☲为离。

☶艮《说卦传》：“艮，止也。”《杂卦传》同。八卦名称中，以“艮”之名最难解释，此字历来释义不同，《说文》云：“艮，很也。”姚文田、严可均据艮卦九三爻辞“艮其限”，即以“限”训艮。唐兰据甲骨文中“艮”字“”，释“艮”为“回顾”。这些解释都觉不够畅顺。其实，“艮”字义仍应从《说文》“很也”上来，《说文》“很”字有两义：“很，不听从也。一曰行难也；一曰盭也。”艮义应为“行难”。☶象为山，山行难。由山行难，故生“止”义，《艮卦·彖传》：“时止则止，时行则行，动静不失其时，其道光明。”古代山行，最易遇险，戒慎之甚，故言“时止则止，时行则行”。因有止义，故又有“限”义，《艮卦·象传》：“兼山艮，君子思不出其位。”即限义。同时，也可以推想到因山行难，易遇险，故常于行进时回顾，甲文“艮”字作回顾状者，以此。总之，艮义为止、为限、为回顾等，应都是从“山行难”上来，文义虽多端，会而通之，也就了然了。☶ 象为山，故名 ☶ 为艮。

☱ 兑《说卦传》：“兑，说也。”《杂卦传》：“兑，见。”按“说”字即今“悦”字。☱ 象为泽，由天空景象反映入泽中（已见上节八卦的取象），泽映天光为使人喜悦之景象，故名 ☱ 为兑。《杂卦传》释为“见”，即由此生义。

第五节　八卦的排列

——其一：☰、☷、☳、☴、☵、☲、☶、☱

其二：☰、☱、☲、☳、☴、☵、☶、☷

卦象排列的问题，是易学中的大问题。从易学史上看，一个新学说的创立，十有八九是先推出一个卦象排列的新方式，其重要性可知。我们从周初说起，西周初年有所谓《连山易》《归藏易》《周易》，称“三易”。三易的不同，实际上也就是卦象排列的不同（见下章第三节）。《周易》的卦象排列即今日《易经》中乾、坤、屯、蒙……的卦序，创立于文王，孔子承之，故孔子继文王而为易学之正统。汉代以下，卦象排列的新方式迭兴，因而新易说也层出不穷。孟喜的卦气、焦延寿的变占、京房的八宫、虞翻的卦变，无不是先推出一套新的卦象排列方式，然后依之创立新易说。下至宋代，邵雍一派易学盛极一时，究其实，乃是由于他先把握到了一套新的卦象排列方式。宋代易图之风大兴，六十四卦象颠来倒去，花样翻新，或圆形，或长形，或方形，或菱形，排列方式多多，新易说也就林立了。如问何以卦象排列有如此重要性？理由很明显，易学是一门外貌最简单、内容最广博的学术，卦象符号不过是有限的那么多，而它们却涵摄着天地万物之理，所以每一卦每一爻，不管是位置的前后或上下更动，都牵一发而动全体；卦象一动，理论跟着变动，新学说也就跟着产生。

然而，一件很奇怪的事，历代易学家都务于自己创立新的卦象排列方式，而对于最早伏羲氏八卦的如何排列，却少有讨论。直到宋邵雍，才推出几个“先天图”，说是伏羲氏所传。而易学家们也不问邵雍的先天图乃是为自己的一套新易说作张本，借伏羲氏之名以立据，同声赞成，不求是与非。考其原因，当是由于历史上对伏羲氏八卦如何排列一事，无明文记载，而最主要的还是没有人从事易学史的研究，以至于对如此重要的问题，忽略了过去。

其实，伏羲氏画成八卦后的排列次序，并非渺无信息，信息就在《周易》书中。由易学发展史的立场看，《说卦传》中所透露的三种卦象排列方式，其一为先秦易学的末期——战国中叶所生，其二为伏羲氏以后至文王之间所生，其三则可信为伏羲氏八卦的原排列方式，今述于下。

《说卦传》中载有三种卦序排列，依今朱熹《周易》本，它们是：

第一种，第三章“天地定位……”所载。

第二种，第五章“帝出乎震……”所载。

第三种，第七、八、九、十、十一章所载。

第三章与第五章的两种卦序排列，是《说卦传》作者有意记载下来的；第七、八、九、十、十一章的一种，则是无意间透露出来的，因为这几章的主旨是言“象”，在言象间表现出卦序排列。第五章“帝出乎震……”的一种排列，是战国中叶，易学受了五行思想的影响而产生的圆图排列方式，本书后文第五章第三节中再论及。第三章“天地定位……”的一种排列，不能确定必为伏羲氏的原排列方式，推理当是伏羲氏至文王中间所产生，且放在后面叙述。现在先来看第七章以下诸章所透露的一种排列。

首先我们应当知道：《说卦传》一篇文字的内容，是杂辑古今易说而成；其第一、二两章为一部分，第三、四、五、六四章为一部分，最后第七、八、九、十、十一五章为一部分。现在论及的后一部分为言“象”部分，又分为两个段落：第七、八、九、十四章为一段落，所言之卦象为文王以前、筮术未兴起时八卦的衍生象；第十一章自为一段落，所言之卦象为文王创筮术以后新衍生之象（也录有八卦初象在内）。《说卦传》最后言象的这几章原文，本书在前一节八卦的取象中已引录，兹不复赘，我们看这几章都是在同一种卦序排列下言象，那就是：

☰乾、☷坤、☳震、☴巽、☵坎、☲离、☶艮、☱兑

这一种排列次序，使我们想到以下几方面：

第一，《说卦传》第七、八、九、十四章所言之象，从其内容看来，为文王以前所已有，而此数章之卦序排列同如上式，无一例外；即第十一章后起之卦象，其排列也仍依上式，足证此排列次序也应为文王以前所已有。

第二，此一排列以乾、坤二卦为首，正与伏羲氏画卦之先“⚊”次“⚋”之次序同。其他六卦，震与巽，坎与离，艮与兑，均为先“⚊”后“⚋”，由初爻向上发展。

第三，第十章“乾，天也，故称乎父……”以天地配父母，以雷、风、水、火、山、泽配子女。此观念必起源甚早，虽非起于伏羲氏当时，也必在文王以前，而传说中伏羲氏制嫁娶之礼，倡婚姻之道（已见本章第一节）。

第四，史载《易》成于三圣：孔子承文王，文王承伏羲。今文王之卦序排列以乾、坤为序，孔子承之，可推想文王

也最可能是承伏羲氏以乾、坤为序之排列而来。

以上四项理由，足以使我们相信《说卦传》中此一无意间透露出来的卦序排列，乃是文王以前古代留传下来的八卦卦序，而我们对照前章所述伏羲氏画卦先“—”次“--”的思想次第，敢于确定这一排列方式为伏羲氏画成八卦时的原排列方式。即：

☰、☷、☳、☴、☵、☲、☶、☱

其次，说到《说卦传》第三章的排列方式，即前面所说的第二种方式，这一章的原文是：

> 天地定位，山泽通气，雷风相薄，水火不相射，八卦相错。数往者顺，知来者逆，是故易，逆数也。

宋代邵雍后来推出来的“先天伏羲八卦方位图”，声称是根据这一章文字。邵氏的方位图如图 3-1 所示。

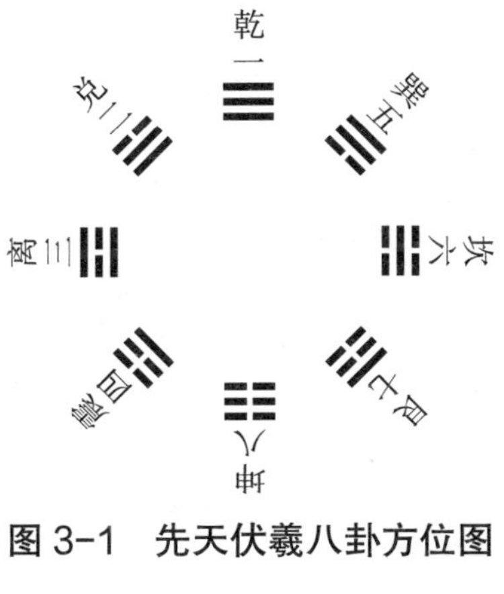

图 3-1　先天伏羲八卦方位图

邵氏曰：“天地定位，乾与坤对也；山泽通气，艮与兑对也；雷风相薄，震与巽对也；水火不相射，离与坎对

也。此伏羲之易也。”(《性理大全·皇极经世书·八卦正位图》)

其实，邵雍这个图的八卦次序——乾一、兑二、离三、震四、巽五、坎六、艮七、坤八，是根据他自己的一套方法排列成的（将述于《宋易史》中)。不过，邵氏这个卦序排列的确不失为一个高明的创见，其托言出于伏羲，也有可信的理由，但他将卦图绘成圆形而以“方位”名，便显见是他自己的新易说了。

今就上引《说卦传》原文来看，“天地定位”，此“位”自是指上下之位，言天在上、地在下。“山泽通气”则谓山虽地属，然高而近天，可通地气于天；泽虽着于地面，然反映天光，可通天气于地，故山与泽可沟通天地之气（传统解释谓山与泽自相通气，虽然可通，但义不切当)。“雷风相薄”，薄义同“迫”，近也；疾风迅雷，在自然天候上相近，且雷发于空中，风行于空中，故二者相迫近。“水火不相射”，射字，《说文》:“弓弩发于身而中于远也。”即发矢及物之义，故义为“及”；日月在天空，河川在地面，故二者不相及。这几句话的含义非常朴质实在，毫无玄虚处，而依照这个含义，显然是一个八卦直图，绝无圆图方位的含义在其中。今将邵雍的圆图依其卦序排列次第变成直图（见图 3-2）来看：

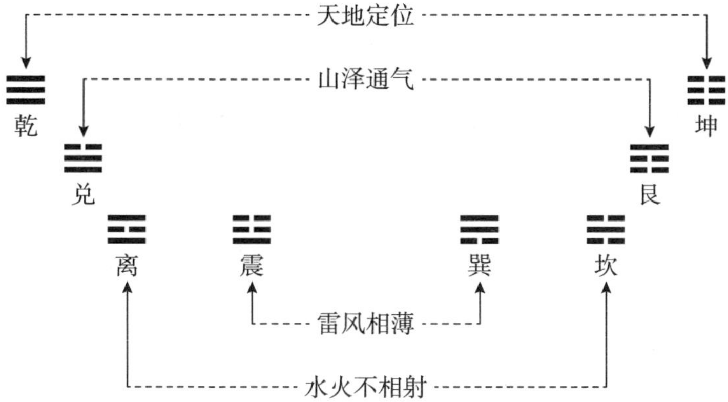

图 3-2　八卦直图

文句的含义与八卦位置都一致相合，☰ 乾天在上，☷ 坤地在下；☱ 兑泽映天光，故卦近乾天，☶ 艮山为地属，故近坤地；☲ 离火为日月，在上，☵ 坎水为河川，在下，二者中隔震巽二卦，故不相及；☳ 震雷与 ☴ 巽风二卦则相迫近。上面乾天所领四卦与下面坤地所领四卦，阴阳交相错，合“八卦相错”之文。这种朴质无华的思想，岂不正是古代人的思想吗？相较之下，邵雍的圆图便为奇巧的设计，而其解说（见上引）更失古人朴质之意，其说之详，待于以后《宋易学史》一书中讨论。

虽然，这第二式排列终未若前述第一式“☰、☷、☳、☴、☵、☲、☶、☱”之较切合伏羲氏创卦之意。这一排列重在卦之象，而前一排列重在卦之哲学思想，以八卦产生之实情推测，自以前述之第一种排列方式为伏羲氏八卦之原排列方式为宜。但此一排列也当是文王之前所有则无疑。

第四章　筮术易时期

第一节　演易之圣周文王

一、农业世家

周文王，姬姓，名昌，其先世出自后稷。后稷名弃，尧时举为农师，与皋陶、契、益诸人，同辅尧、舜，天下大治。后稷以后，世代为稷官。传到夏太康时，因国乱失官，流亡戎狄间，所至推行农事。在流亡期间，曾出了一位很有名的人物，叫作公刘，《史记·周本纪》称他："虽在戎狄之间，复修后稷之业，务耕种，行地宜，自漆沮渡渭取材用，行者有资，居者有畜积，民赖其庆，百姓怀之，多徙而保归焉，周道之兴，自此始。"《诗经·大雅》有《公刘篇》，即盛赞其兴建农业之事。自公刘得民心后，迁居于豳（今陕西彬县），传九世，至古公亶父。古公即文王的祖父，有大德，《周本纪》载："古公亶父复修后稷、公刘之业，积德行义，国人皆戴之。薰育戎狄攻之，欲得财物，予之。已，复攻，欲得地与民。民皆怒，欲战，古公曰：有民立君，将以利之，今戎狄所为攻战，以吾地与民，民之在我与其在彼，何异？民欲以我故，战，杀人父子而君之，予不忍为。乃与私属遂去豳，渡漆沮，止于岐下。豳人举国扶老携弱，尽复归古公于岐下。及他旁国闻古公仁，亦多归之。"岐即今陕西岐山县。古公迁岐以后，看到人民如此拥护他，遂在那里营建城郭宫室，设官治理，立国号为"周"，岐周之名由此来。所以论周代建国，当自此始。古公亶父后来被追尊为太王，也由此故。"周"字，甲骨文作、，象田中有种植之形，正说明周代以农立国之本义。岐山一带为黄土台地，适于农耕，在古公领导之下，农事大兴。后来史称这一带为"周原"，《大雅·绵篇》云"周原膴膴"，指此；《绵》一诗即为追述古公经营岐周之诗。

古公亶父生有三子，长泰伯，次仲雍，三季历。季历娶挚任氏女大任为妃，生子名昌，即文王。文王自幼时便聪颖不凡，古公看这个小孙儿将来能成大器，便有心传位于季历，冀他日可以传到昌。泰伯和仲雍看出父亲的心意，乃相偕出奔荆蛮，而且随当地风俗，断发文身，表示不再回来。泰伯和仲雍逃国让位的故事，是中国历史上脍炙人口的故事之一，不止是表面上淡泊名位，且其中包含着对父亲的孝心，对兄弟子侄的爱心，对家庭和睦及国家前途的一片爱心。所以后来司马迁作《史记》，以吴泰伯冠世家之首，并在赞文中引孔子的话说："太伯可谓至德矣。"

季历即位后，更扩大开拓古公经营下的周，在位四十六年。在他死之前数年，殷帝任命他为西伯，即西方诸侯之长。死后，文王昌乃嗣位为西伯，依《辞海》年表，这一年为公元前1185年。

二、德化西陲

周自古公亶父、季历两代经营之后，已为西陲人心的归向，殷帝命季历为西伯，即表示周在西方的强大势力。文王嗣位后，德望更隆，《史记》上说他："笃仁，敬老，慈少，礼下贤者，日中不暇食以待士，士以此多归之。"他以西方诸侯之长的身份，躬行仁义，与当时穷奢极欲、务于荒淫享乐的殷帝辛纣适成鲜明的对比，于是西伯的盛名更远播。最明显的一个现象，便是四方仁贤才智之士竞相归周，真所谓"趋之者如归市"。其中最有名者，如辛甲，原为纣臣，屡次谏纣不听，来归；如伯夷、叔齐，原为纣所属诸侯之子，因慕文王之仁，来归；如吕尚，为一七十多岁不得志的老人，文王出猎时遇于渭滨，与语，知为贤才，迎归，拜为军师。其他如鬻子、泰颠、闳夭、散宜生、南宫适等，都是才德兼备的人，所以《诗·大雅》文王有“济济多士，文王以宁”之语。《周易·坤卦》卦辞中有两句话：“西南得朋，东北丧朋。”后世易学家以为即指当时人心背向而言，因为殷与周在地理形势上，正是东北与西南的方位，不无道理。

为了形容文王的德化，司马迁在《史记》中特地记载了一个小故事，今录如下，以见周地当时的善良社会风气竟至感化他国人民自动迁善改过的情形：

> 西伯阴行善，诸侯皆来决平。于是虞芮之人有狱不能决，乃如周。入界，耕者皆让畔，民俗皆让长，虞芮之人未见西伯，皆惭，相谓曰：吾所争，周人所耻，何往为？只取辱耳。遂还，俱让而去。

这虽是一个小故事，却说明了文王德化之隆。后来我国文化中一直强调“德化”的重要，文王的立身行事是极重要的原因之一。

文王以德治国，造成人才汇聚的景象，在上古史上与尧、舜时代人才之盛，前后辉映。武王后来剪商，便是这一班人才的功劳。但相形之下，殷帝纣却越趋荒淫。后来，纣竟将文王囚于羑里，思欲加害，终又释放。文王获释后，知殷纣天下已不可为，乃兴师征讨其他诸侯，积极扩充国土，于最后数年间，伐犬戎、伐密、伐黎、伐邗、伐崇。当他伐黎得胜时，殷朝廷震动，因为黎在今山西黎城县，距殷都已不远。殷大臣祖伊慌忙将此一消息奔告于纣，纣反而说："我生不有命在天？"淫戏如故。《尚书·西伯戡黎》一篇即记载此事。自文王完成上述这些征伐后，无论民心也好，土地也好，殷商天下已大半归周，然文王仍奉事殷纣为帝，《论语·泰伯篇》孔子曾称赞文王说："三分天下有其二以服事殷，周之德可谓至德也已矣。"

三、羑里演易

关于文王被纣囚于羑里之事，有两种不同的说法。

一谓被囚三年。

《历代帝王年表·纣辛》下："十一祀囚西伯于羑里"，"十三祀释之"。

今《辞海·历代大事年表》也主此说。

一谓被囚七年。

《左传·襄公三十一年》："纣囚文王七年，诸侯皆从之囚，纣于是惧而归之。"

今本《竹书纪年·帝辛纪》下："二十三年囚西伯于羑里"，"二十九年释西伯，诸侯逆西伯归于程"。

《史记》则未言年数，仅载被囚事。

《殷本纪》:“以西伯昌、九侯、鄂侯为三公。九侯有好女，入之纣。九侯女不憙淫，纣怒杀之，而醢九侯。鄂侯争之强，辩之疾，并脯鄂侯。西伯昌闻之，窃叹，崇侯虎知之，以告纣，纣囚西伯羑里。西伯之臣闳夭之徒，求美女、奇物、善马以献纣，纣乃释西伯。”

又《周本纪》:“崇侯虎譖西伯于殷纣曰：西伯积善累德，诸侯皆向之，将不利于帝，帝纣乃囚西伯于羑里。闳夭之徒患之，乃求有莘氏美女、骊戎之文马、有熊九驷、他奇怪物因纣嬖臣费仲而献之纣。纣大悦曰：此一物足以释西伯，况其多乎。乃赦西伯。”

究竟是三年？是七年？已无从查考，但文王被囚于羑里一事，是不可否认的。羑里即河南省汤阴县北的牖城，在今殷墟之南。文王被囚于羑里后，却利用这段时间，从事“演易”的工作。

《史记·周本纪》:“其囚羑里，盖益易之八卦为六十四卦。”《日者列传》:“周文王演三百八十四爻而天下治。”《自序》:“西伯拘羑里，演周易。”

《汉书·艺文志》:“至于殷周之际，纣在上位，逆天暴物，文王以诸侯，顺命而行道，天人之占可得而效，于是重易六爻，作上下篇。”

《五行志》:“昔殷道弛，文王演周易。”

《历代帝王年表·纣辛》下：“十一祀囚西伯于羑里，西伯演周易。”

历史上所说的“文王演易”，便是指文王在羑里被囚中所做的事；“演易”二字包括重八卦为六十四卦、做卦辞与爻辞、设计筮占法及取“易”为筮术之名称等事项。上引诸书均言文王演《周易》。《周易》是“三易”之一，其他二易《连山易》与《归藏易》早被淘汰，唯《周易》传留。故谓演《周易》，其实三易均出于文王，本书此后诸节即将详细讨论。

就文王当时所处的情势而论，他的“羑里演易”乃是环境使然。我们当然也可以说他平时已有了“演易”的心意，然而如果不是羑里之囚的数年闲暇，他将整日忙于治理国事，忙于应人接物，恐怕也不会拨出数年的时光去专心一意于易学的研究。殷纣囚他，《史记》言是由于崇侯虎的谮言，想来那只是借口，实际上当是想加害于他，因为此时西周的国力已严重威胁到殷纣的天下，纣想除去他，是意料中事。可是当纣囚了他之后，西周国内臣民愤慨，上下一心请求营救。纣见此情形，怕因此惹起西周叛乱，乃不敢杀他，终于释放回国。但文王却在这一场危难中，彻底看透了殷天下的必趋崩溃，坚定了代殷而有天下的决心。因为事实摆在眼前，他不谋纣，纣终将灭周。“演易”之事也就在这种情势下做了决定。

八卦是一套哲学思想符号，自伏羲氏画成以后以迄文王之时，虽然其间在象方面也稍有发展，在排列方面也略有变化（已见上章），然而大体上言，仍局限于八卦及其原哲学思想之园地中，无大开展。至是，文王欲代殷而有天命，乃思及这一套思想符号的实用价值。殷商社会原盛行卜法，文王意欲另创一种占断方法以代卜，遂以伏羲氏的八卦及其哲学思想为根据，设计出一套新的卜法——筮术。羑里囚中的“演易”，换言之，也就是筮术的设计创制工作，一部分原因是“天命更新”的心理的促动。所以，如就文王当时所处的情势推断其“演易”的动机，他并非是以纯学术的立场继承光大伏羲氏的哲学思想，但由于筮术的建立是依据于易哲学思想和卦象故，文王乃就此精研易学，结果借筮术而达成了对伏羲氏易学的发扬光大。说起来，人世间祸福是非，往往非常识所及。羑里之囚原是一桩祸事，而对文王来说，毋宁是天赐良机使之完成此一学术文化之伟业。易道“曲成”之义，其在此乎？

四、上古两大思想系统之融合者

文王为西伯五十年而卒，这一年为公元前 1135 年，享寿九十七岁。

综观文王一生，贯穿在他一切行事中的，自然是他的道德。他树立下一个道德人格，这道德人格给人的概念是浑圆的，是通体的，无棱无角，却放射出最感人的光和热。唯此人格，才感化当时四方的济济多士归向西周；唯此人格，才能逆来顺受，在羑里囚中安于“演易”之事；孔子以“至德”称赞他，是有道理的。虽然，文王的“德”不是后世那种虚弱的、斯文的形式，他虽在死后被追尊为“文”，但他同样重视武事。《左传·襄公三十一年》引《逸周书》之文云：“《周书》数文王之德，曰：大国畏其力，小国怀其德。”可见他是一手握德，一手操力，力与德并重，文与武合一。孔子后来的六艺之教，直接继承此精神。

不过，在三千余年后的今日，我们来看周文王对中华民族的最大贡献，仍当数到他的“演易”。“演易”一事对中国文化的不朽之功有二：一是继承发扬了伏羲氏所创发的八卦哲学思想；二是将纯粹哲学思想的易学与中国古代另一思想系统的政治学术融合为一。前者是本章后文所叙述的，后者则将就此处略作说明。

中国文化在西周以上，可以说是两个系统并立：政治思想一脉是文化主流，精神在于治国理民、务实用，《尚书·洪范篇》箕子所陈自禹以来之“洪范九畴”是哲学思想一脉即伏羲氏之八卦，非文化主流。此两支文化系统均为治国者所把握，代代流传。但由于古代社会对治国理民之事，要求迫切故，政治思想一脉几独擅胜场，发展得辉煌光耀，而八卦哲学一脉则局促一隅，未得大发展（按《系辞传》中观象制器一章，乃后世儒门之比喻教学，已见前第二章第二节）。可是随着时代的渐降、人智的渐醒，哲学思想一脉逐渐为人所领会接受。殷周之际，神道思想已成强弩之末，人道思想跃跃然欲兴，文王乃应时而出，执行这一历史任务。“演易”一事的本身含义即在于表示人智的一大迈进，以筮术与卜法相较，显然不同（本章下节即将论及）。

文王以治国者的立场，积其为西伯五十年治国理民的长久经验，出而继承发扬伏羲氏之哲学，其融通政治思想于哲学思想中是必然的事。于是我们看文王将八卦重为六十四卦后，即卦名之有同人、大有、谦、豫、临、观、革、鼎等已知易学之与治道合一。再按之卦爻辞更不胜枚举，如屯卦辞之“利建侯”，蒙初六之“发蒙，利用刑人”，师上六之“开国承家，小人勿用”等等，而乾卦六爻则完全借“位”之高低以阐明卦象之含义。“位”的观念，“时”的观念，“中”的观念，都是政治思想一脉中古圣早经强调重视的。而今文王都将之融合到易学中，借卦象以表现出来，这些观念也都成了易哲学的中心思想。同样地，易学的根本哲学理论也变成了治国理民的政治学术的依据：阴阳之相交，由天地引申为天子与人民之和谐；易道之化生万物与“利用厚生”之思想结合；易道之盈虚消长发为守谦戒亢之教。总之，有了文王的“演易”，中国上古文化中的两大并立的系统乃合而为一，今所流传下来的《周易》一书，不只是筮术占断的书，也是哲学理论的书；不只是哲学理论的书，也是政治思想的书，这才是文王的千古不朽之业，值得后人特别认识的。

第二节　筮术易兴起的历史背景

一、筮术的前身：卜

论及筮术，不得不先及于卜法。卜为筮的前身，二者有血缘相通的关系，兹从《左传·僖公四年》的一段文字说起，文如下：

> 初，晋献公欲以骊姬为夫人，卜之不吉，筮之吉。公曰：从筮。卜人曰：筮短龟长，不如从长；且其繇曰：专之渝，攘公之羭，一薰一莸，十年尚犹有臭。必不可。弗听，立之。

文中“筮短龟长”四字，极为重要，然自来注释家均未得正解。杜预注此四字谓：

物生而后有象，象而后有滋，滋而后有数，龟象，筮数，故象长数短。

杜氏此注是引僖公十五年韩简子之言，将龟与筮牵到象与数上，从象数上立义，是不明原义而后绕圈子的说法。

《孔颖达疏》不同意杜氏之注，说：

案《易·系辞传》云：蓍之德圆而神，卦之德方以知，神以知来，知以藏往。然则知来藏往，是为极妙，虽龟之长无以加此。圣人演筮以为易，所知岂短于卜？卜人欲令公舍筮从卜，故云筮短龟长，非是龟能实长，杜欲成筮短龟长之意，故引传文以证之。若至理而言，卜筮实无长短。

孔氏指责杜预“欲成筮短龟长之意，故引传文以证之”，而不知他的“至理而言”，却错到沾不着边。杜氏虽不明“筮短龟长”的所以然，引韩简子之言，以传解传，不失注释家之正确态度。孔氏则引《系辞传》之文，把“长”“短”之义拉到知来藏往之能上讲，结论是“卜筮实无长短”，这叫作劫杀原文义，如卜筮无长短，卜人何言“筮短龟长”？

顾炎武后来也认为杜、孔二人之说不当，另引《周礼》

之文解释：

> 太卜掌三兆之法，其经兆之体皆百有二十，其颂皆千有二百，故传曰：筮短龟长。（《日知录》卷三）

顾氏将“长”“短”当作“多”“寡”解，也是错误的。

说起来，也难怪前人不明白这四字的含义，因为那时候甲骨文未出土，不知道龟卜之法早在商代已盛行，而筮术到殷周之际才出现；以筮比卜，自然卜所行的时间长，筮所行的时间短，“筮短龟长”实指二者已推行的时间言。《左传》中卜人言于献公“筮短龟长，不如从长”，乃据实情而言，意思是说筮术晚兴，推行的时间短，龟卜之法则早于筮而有，为古法，故不如听从龟卜之断。

关于卜先兴、筮后起的事，自近代甲骨文出土以后，为古籍作证，已成确定不疑。最明显的：第一，甲骨文中不见筮术的痕迹，不见卦象，且不见“筮”“蓍”“卦”三个字，而“卜”字所在皆有。第二，由甲骨文印证《尚书》，则《尚书》中《商书》以上言及龟卜之处，均为卜字独用，无卜筮并用者，如所见之三处：一为《大禹谟》：“禹曰：枚卜功臣，惟吉之从。帝曰：禹，官占惟先蔽志，昆命于元龟，朕志先定，询谋佥同，鬼神其依，龟筮协从，卜不习吉。”（按这段话中显然只言卜，“龟筮”一处的“筮”字是《尚书》为周以后人所作，与龟成习惯用语之故。）一为《盘庚下》：“非敢违卜，用宏兹贲。”一为《西伯戡黎》：“格人元龟，罔敢知吉。”以上三处均卜法独用。然而相对照之下，西周开始，卜与筮便并行出现，如《洪范》中“建立卜筮人，乃命卜筮”“龟从筮从”“龟筮共违于人”等。又如《周礼》中春官太卜同时掌“三兆之法”与“三易之法”。第三，由甲骨文也印证了《易·系辞传》之言为正确，《系辞传》：“易之兴也，其当殷之末世，周之盛德邪？当文王与纣之事耶！”“易之兴也，其于中古乎！作易者其有忧患乎！”（按此“易”字同于《周礼》“三易”之“易”，指筮术。）种种迹象，均证明殷商以上有卜无筮，筮术乃兴起于西周之初。这一方面下文将详述，现在需要说明的，是卜究竟是怎么一回事呢？

“卜”字是象形字，象卜时甲骨上所现之兆纹之大略形状，即以为字。关于卜法，罗振玉在《殷墟书契考释》中曾述及：

> 卜以龟，亦以兽骨。龟用腹甲而弃其背甲（背甲厚，不易作兆，且甲面不平，故用腹甲），兽骨用肩胛骨及胫骨（胫骨皆刮而用之）。凡卜祀者用龟，卜它事者皆以骨。田猎则用胫骨，其用肩胛骨

> 者，则强征伐之事为多，故殷墟所出，兽骨什九，龟甲什一而已。其卜法，则削治甲骨甚平滑，于此或凿焉、或钻焉、或既钻更凿焉，龟皆凿，骨则钻者什一二，凿者什八九，既钻而又凿者二十之一耳，此即《诗》与《礼》所谓契也（凿迹皆椭圆，如；钻则正圆，如；既钻更凿者则外圆而内椭，如。大抵甲骨薄者，或凿或钻，其钻而复凿者，皆厚骨不易致坼者也）。既契，乃灼于契处以致坼，灼于里则坼见于表，先为直坼，而后出歧坼，此即所谓兆矣。

甲骨厚薄不一，质地也不能精确相同，灼时火势热度也有差别，因而所成的兆也必然不同；古人即根据所成兆象的不同，决定吉凶。《周礼·春官太卜》："掌三兆之法：一日玉兆，二日瓦兆，三日原兆。其经兆之体皆百有二十，其颂皆千有二百。"是知古人将兆分类至精细，每兆且有颂（或称繇）。颂当然就是指示吉凶的文字，视所成兆，根据其颂，以断吉凶。

卜究竟兴起于何时？殷墟甲骨只证明自殷盘庚时已行卜法无疑，至于盘庚以上，度其已有为必然，而迟早不能确定。近代名甲骨学者董作宾在《新获卜辞写本·后纪》文中曾谓："占卜之事，初本完全用龟，龟甲不敷用，然后取牛肩胛骨以代之。”这话说得极有见地。据笔者推想，古人初用龟卜的原因，当与相信“天圆地方”的概念有关。古人信天圆地方之说，而龟之形上有圆甲，四脚方立，具备天地之象，故选用龟为卜以示吉凶之判自天地（传说中“断鳌足以立四极”，即为古人此一观念的明证，《淮南子·览冥训》及《史记·补三皇本纪》）。所以龟卜之兴必甚早，上所引《尚书·大禹谟》中已言卜之事，未尝不可信。同时，《史记·龟策列传》中也言：“自三代之兴，各据祯祥，涂山之兆从而夏启世，飞燕之卜顺故殷兴，百谷之筮吉故周王。”言涂山之兆即言当时已有龟卜，那么龟卜之法，当至少起源于夏代了。（由上太史公之言，夏殷言兆言卜，周则言筮，也可证明筮兴于周。）

二、卜与筮的本质

人类思想随着历史的进展而递变，不同的思想意识产生不同的行事，产生不同的创制，从而产生不同的社会形态。殷商时代是神道思想鼎盛的朝代，从甲骨卜辞得到证明。当时天神、地祇、人鬼的地位至高无上，人们对卜所示，毫无犹豫，唯是听命行事。可是到了殷代末期，显然神道思想在人心中已生动摇。殷纣的逆天暴物，不敬鬼神，不完全是个人的事，而是神道思想趋衰的表征。到了周兴，虽表面上仍打着天地鬼神的招牌，实际上人心中对鬼神信仰的热诚，已大不如殷人之强烈。此时人的地位逐渐升起，所以在《尚书·泰誓篇》，武王公开对会师于孟津的诸侯们说："惟天地万物父母，惟人万物之灵。"强调人为万物之灵，正是时代思想的渐变。虽然，西周一代仍是神道思想时期，只是其势渐衰罢了。但甲骨卜辞只告诉了我们盘庚以下，商代前半与夏代的思想又如何呢？这里使我们想起《礼记·表记篇》中孔子的一段话，不容忽略，今引录如下：

> 子曰：夏道尊命，事鬼敬神而远之，近人而忠焉，先禄而后威，先赏而后罚，亲而不尊，其民之敝：蠢而愚，乔而野，朴而不文。殷人尊神，率民以事神，先鬼而后礼，先罚而后赏，尊而不亲，其民之敝：荡而不静，胜而无耻。周人尊礼尚施，事鬼敬神而远之，近人而忠焉，其赏罚用爵列，亲而不尊，其民之敝：利而巧，文而不惭，贼而蔽。

孔子这一段话，在古史研究上非常重要。他言周人"尊礼尚施，事鬼敬神而远之"，我们知之甚稔；他言殷人"尊神，率民以事神"，由甲骨卜辞已得证明无误，那么他言夏人"尊命，事鬼敬神而远之"，自也有他确然的依据。今就孔子之言来看，夏人与周人同为“事鬼敬神而远之”，所不同者，夏人“尊命”而周人“尊礼尚施”，这中间正是夏、周二代的大差别。周时，人智萌生，礼法制度及人为设施兴起，然大而言仍为神道思想所笼罩；夏之时，则是神道思想始萌芽，人民犹循自然天命而行事（应注意此处孔子所言“命”字，乃自然天道之义，非谓天地鬼神之命）。所以夏、周两代，一为神道思想之初兴，一为神道思想之趋衰，而商一代则为神道思想之鼎盛时期。因此，夏、周两代同为“事鬼敬神而远之”，而商代则为“尊神，率民以事神”。换句话说，夏以前为天道思想时代，周以后为人道思想时代，而纵贯夏、商、周三代，则为神道思想之由兴、而盛、而衰。

明白了上述历史思想演进的情况，也就自然明白何以卜法盛于殷商的原因了。它是神道思想下的产物，人们借它来交通天地鬼神，借它来得到天地鬼神的启示，据以作为重要行事的指导原则。在这里，尚需对“天”和“鬼神”之含义略作解说，兹先说“天”。

天的含义，近代不少学者曾专文讨论，大多归纳古籍中“天”字，统计分类，以见其含义。笔者认为这种统计归纳的方法，在学术研究上固属重要，但往往只能得到“已然”之果，而不知“何以然”之因。我们尽管罗列《论语》《左传》《礼记》等书中所有“天”字，统计分类，知其有此义、有彼义，但何以会生彼义或此义，则仍不得而知。笔者认为根本办法，还是要洞悉历史时代思想的演变，从思想史上追查出“天”字何以会有彼义，何以会有此义的因素，才算解决了天的含义问题。

“天”字自东周以后，含义有多方面的原因，实由于经过长期时代思想演变的影响使然。大概言之，它的含义跟随着天道、神道、人道三个思想时代的递变而变。最早时，在天道思想下的天，其含义只是一个笼统的概念，头顶上一个苍苍茫茫的大圆盖，上有不可解释的日月星辰，为风雪所出、雨露所降，如此而已。八卦中 ☰ 乾卦所象的天，是这种天；《说文》中“天，颠也，至高无上，从一大”，也是指这种天，笔者称它为自然的天。时代演进，到了神道思想时代，人类自我意识增强，欲了解天而力尚不能，又为了求生存的心理，乃兴求助于天的念头。于是遂假想天也如人一般为有意志、有分别心的存在，祈天、祭天之事由此而生。《尚书·大禹谟》载禹将伐有苗，誓于师曰：“民弃不保，天降之咎。”《汤誓》载商汤伐桀，誓曰：“有夏多罪，天命殛之。”《泰誓》载武王伐纣，誓曰：“今商王受弗敬上天……皇天震怒。”天能降“咎”，天能“命”，天能“震怒”，都表示天有意志、有分别善恶之心；卜与筮中求吉凶悔吝之断，对象即是这种天，为神道思想的天。

时代再演进，到东周以后，人道思想时代来临，于是人智大兴，神道思想衰退，天也从神道思想中解放出来，一变而为代表自然的规律、代表人心共通的理念。春夏秋冬之运行，生长老死之次序，是一种自然规律；做一个人谦谦则吉，鸣豫则凶，是一种人心共通的理念。这种自然的规律与人心共通的理念，不能违背，违背则一切行不通，所以《左传》中说：“违天不祥。”春秋以下言天，多为此种天，如《易・系辞传》中言“天道”，《老子》书中言“人法地，地法天”都是。以上从三阶段的时代思想上论“天”字的含义，而“天”字的一切含义实包括在此三者中。

次言“鬼神”，鬼神是神道思想下的产物，而鬼与神所指不同。何谓鬼？《说文》：“人所归为鬼。”《礼记・祭法》：“人死曰鬼。”又《祭义》：“众生必死，死必归土，此之谓鬼。”也就是说，鬼是由人这方面而生。何谓神？《说文》：“天神，引出万物者也。”徐灏笺：“天地生万物，物有主之者曰神。”《说苑・修文篇》：“神者，天地之本，而为万物之始也。”也就是说，神之名是由天那方面而立。简要说来，鬼神是介于人与天中间之物，鬼近于人而神近于天；鬼为脱离肉体躯壳后的人，而神为比较具体化的天。鬼神与人天的关系如下。

天→神、鬼←人

由此可知，鬼神是人与天中间的桥梁，因为在神道思想的促使下，人想交通天，而天为苍苍茫茫的浑然大象，无由交通，鬼神之说遂而盛行。《尚书·金滕篇》载武王有疾，周公请以身代武王死，不直接请求天而请求太王、王季、文王三位死后的祖先，转请求于天，便是最好的例证。

天、鬼神与人三者的关系弄清楚后，也就了解了上面引孔子言殷人“尊神，率民以事神，先鬼而后礼”的意义了。因为神是天的代表，而鬼与神通，人尊敬鬼神，也就是尊敬天。卜与筮的真正意义也就在这里，二者都不过是一种工具、一种方法，或者说是一种途径。借此，人可以直接与鬼神相通。卜中之兆，筮中之象，都是鬼神所示，鬼神所示也就是天所示。《系辞传》“大衍之数”章中：“此所以成变化而行鬼神者也”，“成变化”是成天地之变化，“行鬼神”是行鬼神之命。天地与鬼神对人来说，名义虽非一，功能却无殊。

三、筮术易兴于殷周之际的原因

（一）原因之一——济骨之穷

殷商时代，有卜无筮，筮兴于殷周之际文王之演易。然而本书前文又说，殷周之际，神道思想已趋向衰微，人智方将萌兴，如此在情势上显见不相配合，因为神道思想既然正趋向于衰微，卜亦将寝衰，岂能再有新的筮术兴起之理？这是由于遭遇到一种特殊情况所致，说起来这一历史上的特殊情状，不只是易学史上的问题，也是研究古代社会史者一般应注意的问题。可是笔者迄未见有人道及，兹于此提出做一讨论，这一方面该是筮术兴起的主因。

在前文中，我们曾引董作宾的话，谓："占卜之事，初本完全用龟，龟甲不敷用，然后取牛肩胛骨以代之。"董氏自是根据他数十年研究甲骨的实地情况而言。对照在前文也引过的罗振玉的话："凡卜祀者用龟，卜它事者皆以骨。""故殷墟所出，兽骨什九，龟甲什一而已。"董氏的推论是非常正确的。因为龟甲之最早被用于卜，有其先天的条件，那就是龟之形象上圆下方，在古人心目中备天地之象，被视为"天生神物"，用于交通人与天地鬼神的卜法中是自然应理的事。但牛骨则不然，无与于天地鬼神相关的条件，所取者只是因为它是整片大块之骨。在兽骨中，牛骨又最易得，所以董氏推断在龟甲不敷用之后，古人乃以牛骨代替。虽然，龟甲仍保持其最神圣性，卜祀是最神圣庄严的事，故仍用龟。它事如卜打猎、卜行旅等，比较起来为次要，则用牛骨。这样一来，龟甲的用量大减，也就解除了龟甲不敷用的"危机"（此处以"危机"言，不为过言，因为在神道思想社会中，卜的问题是第一重要的问题）。所以董作宾的话，虽然是推断，毋宁说是可信的事实；这一次曾发生在古代历史中因龟甲不敷用而代以牛骨的情事，可视为卜法发展史中的第一次危机。

那么，现在我们要说的，是卜法所遭遇的第二次危机。这第二次危机非发生于龟甲不敷用，因为此时龟甲只用于卜祀，用量已甚少；也非发生于牛骨不敷用，因为殷末周初虽然文献残留不多，而征诸各古籍记载不见牛骨不敷用的迹象——这一次危机乃是发生在殷周的改朝易代上。

周族的兴起，我们已在上节文王略传中大概叙述过，乃靠发展农业而兴。我们今日虽缺乏资料以证明在殷周之际牛用于农耕的实情，可是自远古畜牧时代伏羲氏开始驯服牛，至文王时，已三千五百年之久，牛此时在农事上必已深受倚重；牛的负重致远、引车耐力，必为人民所珍视。殷人杀牛供祭，取骨行卜，固然是神道思想下最神圣的事，可是对周族而言，这件事则直接影响到人民的生活条件，违背以农立国的精神，何况由殷墟出土之“兽骨什九”来看，牛骨之用量相当大呢？此一问题在周族未兴起以前，自然不会有，但当殷纣天下溃亡之征象已露，周代殷之势已成的时候，周人便考虑到如何革除以牛骨行卜的问题。此为情势之必然，对周人是极重要的一项措施。在这里笔者且引《周易》之文，以见周人爱护牛的情形，《周易》䷾既济卦九五爻辞云：

东邻杀牛，不如西邻之禴祭，实受其福。

王弼注此句云：“牛，祭之盛者也；禴，祭之薄者也。居既济之时而处尊位，物皆盛矣，将何为焉？其所务者祭祀而已。祭祀之盛，莫盛修德，故沼址之毛，苹蘩之菜，可羞于鬼神，故黍稷非馨，明德惟馨。是以东邻杀牛，不如西邻之禴祭，实受其福也。”按王注：“牛，祭之盛者也；禴，祭之薄者也。”系从《礼记·坊记》郑玄注来。《礼记·坊记》引有既济卦九五之文，郑注云：“东邻，谓纣国中也；西邻，谓文王国中也。此辞在既济。既济 ☲ 离下 ☵ 坎上，离为牛，坎为豕，西邻禴祭则用豕，与言杀牛而凶，不如杀豕受福。喻奢而慢，不如俭而敬也。《春秋传》曰：黍稷非馨，明德惟馨。信矣。”从郑、王二人之注文中，已明显看出这是周人不赞成殷人之杀牛以供祭之言，但郑、王二人尚未体会“实受其福”四字之义。这四字的含义是说：殷人务于杀牛设盛祭，求不可见的鬼神的保佑，不如我周人不杀牛之薄祭，留下牛用于农事，人民“在实际生活上得到了好处”。不管怎样，这是一个有力的证据，证明周人之不愿杀牛。由此我们可以知道文王演易的真正根源在哪里了，他为了做到不杀牛，便不得不解决卜法中用牛骨的问题。因为此时神道思想虽是趋衰，而仍然是时代思想的主流，卜用牛骨是一个严重的社会问题，于是，他想到了伏羲氏的八卦，增其象、益以辞、辅以术、广而用，创出筮术以代卜。

筮的用途同于卜，毋宁说是一种新卜法，只是不用甲骨，而改用卦象和蓍策代替。卦象可以千古应用，而蓍策是一种植物的茎。在当时的周地，这种植物是非常普遍的，可轻易取得，无虞匮乏（下节将详述）。故文王这项改革是经过深思熟虑的。

筮术之兴，主因在于取消以牛骨行卜，而对龟卜仍然视为神圣，尊重如故。所以我们阅先秦古籍，凡记载周时卜筮之事，或言“龟卜”、或言“卜筮”、或言“龟筮”、或言“龟蓍”，总不见有“骨卜”“骨筮”的名词；骨卜之事，尽于殷代，至筮术兴而亡。

（二）原因之二——周代天命的革新措施

筮术之设计创制，即所谓“文王演易”，此事发生在文王被囚羑里之时。当时仍是殷纣的天下，所以由此事上可以看出文王在当时已下定了代殷而有天下的决心，也表示出后日有把握代殷的信心。那么由此而言，除上述原因外，我们自然也想到文王乃有心要为新兴的周朝制定一种新的天人交通的方法，这也是古代天命改易时自然产生的心理，笔者以之为原因之二。

前文在文王略传中，已叙述周自文王祖父古公亶父起，已从事于积极扩展，至文王之父季历时被殷帝命为西伯；文王时，更进位为三公。古公、季历、文王三代均长寿。据《辞海》年表古公由豳迁岐，改国号为周，在殷帝小乙在位之时，历九十六而卒；季历则在位四十六年；文王在西伯位五十年。自古公至文王，中历一百九十二年，在周仅三代，在殷已历小乙、武丁、祖庚、祖甲、廪辛、康丁、武乙、太丁、帝乙、辛纣十代。在此期间，殷的势力日落，周的势力日涨，殷代的一切政情，在他们祖孙三代心目中可以说了解得十分清楚了。尤其是文王继位为西伯后，眼见殷纣的逆天暴物，加速奔向溃亡之路，他虽想安于西伯之位，势不可能，因为殷纣已明白表示将加害于己。根据《辞海》年表，殷纣即位为天子在文王为西伯的第三十一年，第四十一年时他被纣囚于羑里，第四十三年获释，获释后七年文王卒。在获释后的七年中，文王的作风与以前大异。他得吕尚拜为军师在获释后的第二年，接着展开一连串的征伐，伐犬戎、伐密、伐黎、伐邘、伐崇都在这最后数年间。在他死去的前一年，将国都自岐迁于丰。丰在今陕西省西安西南，远在岐之东。换句话说，他将国势向东推进，更迫近殷了。由这些事实的表现，使我们意会到羑里之囚一事对文王的影响是多么大！在被囚以前的四十年为西伯期间，他只是树德，并未表现出积极图谋天下的样子。被囚以后才发现火已烧上眉睫，自己即便不图谋天下，纣也将害己；无已，那只有“争天下”一途了，因此他的治国方针豁然一变。《史记·齐太公世家》载文王得吕尚时的情形说：“遇太公于渭之阳，与语大悦，曰：吾先君太公曰：‘当有圣人适周，周以兴。’子真是邪！吾太公望子久矣。故号之曰太公望，载与俱归，立为师。”那种热望求得军师之情，溢于言表，正说明了文王此时的心情。

由上述这些历史事实，证明了文王被囚于羑里之时，是他下决心与纣争天下的开始。他在囚中下定决心后，即着手进行两件事：一方面命臣下闳夭之徒尽量投纣之所好，以美女、善马、财货等献于纣，求释放；一方面便乘在囚中之暇，从事于为新兴的周设计一套新的筮术。在古代，王者践位莅天下，意识中是受命于天，异姓受命，天命革新，大措施大制度都要变，所谓革旧鼎新。尤其是与天有关的一些事，如正朔，乃关于天道，必要改；何况求神问天的占断方法？当然也应在卜法之外，另立一种新周的自己的方式。八卦是古圣伏羲氏传下来的一套含义深远的符号，正可利用，于是文王潜心研究，增加卦象、卦爻辞，配以蓍策，制成了筮术这一套新设计。《系辞传》云：

易之兴也，其于中古乎！作易者其有忧患乎！

“忧患”二字的含义，实指羑里之囚，于此不言而喻了。

（三）原因之三——人智进步下的自然趋势

上述第一、二两原因，为筮术兴起的外在因素，也可说是历史演变中的后天因素。然而，却另有一项看不见的、内在的、为历史演变中必然趋势的先天因素，不容忽略，此一因素便是筮术之兴兆示着神道思想之衰而人智之抬头。在筮术方兴之际，此一历史因素尚不易观察得清楚，可是到了时代越降，至孔子后来大倡人道之时，回望来路，才恍然明白原来筮术之兴是历史演进的必然趋势所致。

筮与卜就本质上言，同为沟通人神间的桥梁，可是在内容和方法上，却有绝大的不同。比较二者的不同便看出此一历史因素所在，兹做扼要比较如下：

第一，从卜用龟与筮用蓍的观念来源上相较。卜用龟，源于龟形之上圆下方，备天地之象。以今日来说，便是完全建立在龟为“天生神物”的迷信上。筮用蓍，虽然蓍策也有“天生神物”的迷信之说（见下节），但筮时用蓍五十支，去一不用，象太极之动；分而为两，象两仪；挂一，象三才；四揲，象四时；归奇于扐以象闰，等等（俱见下节详述），已是以哲学思想为依据（虽然就今日而言，其思想为附会）。

第二，从灼龟得兆与数蓍得象的方法上相较。灼龟生兆，是天然的，人力无可参与，也许人在钻、凿方面，可以稍用脑筋，使兆象倾向于吉，但究竟无人为设计在其中。演蓍占断则不然，五十支蓍策，去一余四十九。四十九为奇数，以此奇数避免中分之平衡；以阴阳老少出现之机会不相等，避免变爻之过多；以揲余、过揲、蓍策数之巧妙配合，求得七、九、八、六四个易数等（俱见下节详述），完全是一套人为的精思设计。

第三，从兆象与卦象的内容上相较。《周礼》所言三兆之体："皆百有二十，其颂皆千有二百。"不过是区分各种不同的兆象，规定何为吉，何为凶；所谓颂，不过是先已规定好了的利、不利、有得、无得等断语（见甲骨卜辞）。卦象则不然，有着充足的道理为内容，从卦象上论吉凶，必经过一番相当的研判，从本卦到变卦，从此爻到彼爻，有着人心共通的道理在，卦爻辞中不止言吉、凶、悔、吝，且均说明所以然之故。卦爻象上所含的哲学思想的丰富内容，是卜兆的空洞所不能比的。

第四，从卜与筮的断事情形上相较。卜时灼龟成兆，兆成则吉凶立判。筮则不然，一方面固然根据卦爻象上的道理；一方面还要根据问占者的立场及所问事之性质，做综合判断。卦爻象上言吉，是依理当吉，而于事或凶；卦爻象上言凶，是于理当凶，而于事或吉。《左传·昭公十二年》，南蒯将叛，筮得䷁坤之䷇比，辞为"黄裳元吉"，而子服惠伯以凶断。《襄公九年》载穆姜始往东宫时，尝筮得䷳艮之八。筮史告以"是谓艮之䷐随"，于卦为吉，而穆姜以凶断。《国语·晋语》，公子重耳筮得晋国，得贞屯悔豫皆八，筮史皆言不吉，司空季子以为吉。凡此筮例，都足以说明卦爻象的吉凶，只是客观标准，而于事上之当吉当凶，尚有主观条件的因素在。所以卜法的论断吉凶是呆板的，而筮术的论断吉凶是活动的。

总之，卜与筮虽同为神道思想下的产物，但卜立足于神道思想之纯诚，而筮中则神权与人智参半，这是历史由神道演进到人道的自然趋势。此一大因素，虽然是表面上看不见的，却是最重要的。

第三节　筮术易的创建

本节筮术易的创建，即所谓“文王演易”，包括重八卦为六十四卦、作卦爻辞、选用蓍策、制定筮占法及取用“易”之名称五事。前人视此五事为不相关的个别事件，因而问题重重，无法解决，结果只好从古籍中寻字句、找牵连。于是你以古人此一句为根据，我以古人彼一句为根据，公婆各有理，官司至今打不清。本书现在以历史演进的大思想潮流来说明这些问题，在“史”的依据下，追求各问题所以然之因：重卦之事何以发生？卦爻辞因何而作？因何故在筮术中要选用蓍作策？“易”之名称由何而起？如此追求之下，乃发现上述五事之所以发生，都是伴随着筮术之兴而起，它们都是筮术中的必然条件，缺一不可。换句话说，它们是一整套的设计，乃创建于同时。

根本关键实在于“文王演易”这个“易”字上。“易”字进入易学以后，是指筮术而言，《周礼·春官太卜》“三易之法”，为“易”字之正义。“筮”字与“易”字的差别，“筮”是三易的总名，而“易”是指连山、归藏、周易三种个别筮术而言。“文王演易”中的“演”字，义为开演、增演、推演、创演。文王创建筮术系根据于伏羲氏的八卦符号及八卦哲理，增广开展，光大发挥，故古人用此“演”字。细味其含义，古人是经过相当思考而选用此字，这正是古人立言不苟的表现。所以，只要是真正把握到“文王演易”中“易”字的意义，问题便解决了。

以下分别讨论筮术中五事，以见文王这一套精心设计。

一、重八卦为六十四卦

《系辞传》：“因而重之，爻在其中矣。”言文王演八卦为六十四卦，乃取八卦两两相重而生，后世易家省称为“重卦”。

孔颖达《周易正义》举前人对重卦之人的不同主张有四说：

第一，王弼主张伏羲氏画卦又重卦。

第二，郑玄之徒主张神农氏重卦。

第三，孙盛主张夏禹重卦。

第四，司马迁主张文王重卦。

孔颖达则同意第一说。第一、第二说的主要依据，是《系辞传》述伏羲氏画卦以后，有论及十三卦“观象制器”的文字，本书前文第二章第二节中已曾引录，今为了明白起见，兹再将伏羲、神农观象制器的一小节抄录于下：

> （上言伏羲氏画八卦）作结绳而为网罟，以佃以渔，盖取诸离。包牺氏没，神农氏作，斫木为耜，揉木为耒，耒耨之利，以教天下，盖取诸益；日中为市，致天下之民，聚天下之货，交易而退，各得其所，盖取诸噬嗑。

据上文，王弼以为伏羲氏“盖取诸离”的离卦，是六十四卦的䷝重离卦，故主张伏羲氏画卦且重卦。郑玄则以为此离卦为八卦中的☲离卦，倒是神农氏的“取诸益”“取诸噬嗑”，为无可置疑的六十四卦，故主张神农氏重卦。如此立说，形同猜谜，使人兴儿戏学术之感。本书前文已说过这段文字为儒家后来讲易时，举前圣之行事以合卦象，目的在显明卦象的含义，朱熹也早已说过：“十三卦所谓‘盖取诸离者……’言结绳而为网罟，有离之象，非观离而始有此也。”（《朱子语类·易纲领》）试想：伏羲氏发明网罟，不是由民生日用上着想，而是从自己画的离卦卦象上来；神农氏发明耒耜及教民日中为市，也不是由民生日用上着想，而是从研究益卦及噬嗑卦的象上想来；天下之荒唐事，还有胜于此的吗？郑、王二说果如孔氏言如此，那就只好说是株守文人“钻故纸”之习至于不辨道理的地步，实不值一辩了。

第三说孙盛主张夏禹重卦，孙氏正义中未言其何所据，笔者推想当是根据西汉刘歆之说。按《汉书·五行志》中言：“刘歆以为虙羲氏继天而王，受河图则而画之，八卦是也。禹治洪水，赐雒书，法而陈之，《洪范》是也。”文中以伏羲氏与夏禹、八卦与《洪范》对举，而《洪范》九畴之第七畴言筮术，为六十四卦之用，《洪范》九畴据箕子说是出自夏禹，故孙盛由此立其新说，这更是以捕风捉影为标新立异。

至于第四说，司马迁主张文王重卦之说，本书前文已从筮术之兴于殷周之际的历史思潮演变上、从文王的个人遭遇上，并曾征引过不少古籍的记载，以证明此一说之必然性。实在说来，重卦的问题，不是一个孤立的易学上的问题，乃是有因有果的历史问题，司马迁之主张此说，正是由他的史学观点来，是正确的。

然而文王欲创建筮术，何以会想到伏羲氏的八卦呢？如果设身处地想文王当时的情况，也丝毫无怪异之处。筮由卜来，卜时视兆象而知吉凶，今文王从兆象上着想，也就自然想到了八卦。八卦本身就是象，而且远非兆象所及的，在卦象中尚含有幽颐广遍的哲学思想。唯一的不足，是八卦的象太少，但这不是难题，两两相重，卦象就增加到八倍。所以文王重卦，是由卜兆上想来。这一点我们只要将《周礼·春官太卜》下对二者的记载并列出来一看，立刻便明白了，《周礼》云：

> 太卜掌三兆之法，一曰玉兆，二曰瓦兆，三曰原兆。其经兆之体皆百有二十，其颂皆千有二百。
>
> 掌三易之法，一曰连山，二曰归藏，三曰周易。其经卦皆八，其别皆六十有四。

卜有三兆，筮有三易；卜有经兆，筮有经卦；兆有颂，卦有别。仿效之迹，不是历然在目吗？

不过，由于文王的重卦以及用卦象于筮术，六十四卦与八卦在形态和思想上都有了极大的改变。在形态上，八卦原只是八个三画的象，单纯地代表着天、地、雷、风、水、火、山、泽八种自然现象，彼此卦与卦间没有互变的关系，本卦中也不讲爻位上下。重卦以后，每卦成了六画的象，彼此卦与卦间有了贞悔变占之关系，相反相错之关系；本卦中也产生了爻位上下乘、承、比、应等关系、因而也有了时、位、中、应等要义。在思想上，八卦原只是纯粹思想理论，粗略地形容出宇宙万物变动的大纲。重卦以后，六十四卦用于筮术，筮术是用来占断人事的。因而理论的哲学思想一变而成用世之学，而文王以其圣智，引易道合人事，使理事相应，契合无间。这样一来，八卦所代表的粗略的哲学思想，遂发挥得更成系统、更精微了。所谓“文王演易”中“演”字的含义，实在于此。

如果对照上引《周礼》之文，也许会有人提出疑义：卜法三兆“其经兆之体皆百有二十，其颂皆千有二百”。而筮术三易则“其经卦皆八，其别皆六十有四”。在数目上岂不是筮反不如卜之精细繁多吗？实际上不然，因为兆是呆板的，灼龟成兆,兆成则吉凶已判，无他变化；卦象则是活变的，变占之用，一卦可变为六十四卦，故六十四卦变占，即是四千九十六卦之用，再加上每卦中内外卦之关系，六爻上下之变化，计算起来，将是天文数字了。所以论起卦象的灵活多变，卜兆是不能相比的。

六十四卦由八卦相重而生，为先秦易学中基本认识之一，先秦易学的哲学思想乃建立在这一基础上，翻开十翼来看，《彖传》之辞，多以内外卦为依据解说义理。后世宋邵雍有所谓伏羲氏六十四卦方位图，采逐画增加而成六十四卦的方式，乃邵氏易学的新创。其托伏羲氏之名，乃借以宣扬己说，不可视为先秦之易学。六十四卦由重卦而生之具体证明，可从最明显的两件事上看出来：其一，在筮术中，内卦称“贞”，外卦称“悔”。贞之义为正、为本，悔之义同晦，为终、为末。换句话说，即六十四卦的外卦为内卦之衍生，重卦之含义已在其中。其二，由六十四卦名称上，也显然可以看到。六十四卦的名称，除原来八卦依旧不变外，其他五十六卦中有四十余卦，其名称含义显然来自内外卦象之相互关系。例如：比卦象为䷇，取义于水地之亲比；谦卦象为䷎，取义于山卑于地以示谦逊；咸卦象为䷞，取义于少男少女相感；明夷卦象为䷣，取义于明入地中，等等。至于一少部分卦名起于全卦象者，乃因为该卦全象极为特殊之故。如颐之卦象为䷚，如口形，故名颐；噬嗑之卦象为䷔，如口中有物形，故名噬嗑；鼎之卦象䷱，如鼎；中孚之卦象䷼，重刚在外，内含柔质，如果核之中含生机之仁，故名；大过与小过之卦象为䷛与䷽，取义于阴阳爻之多寡。另有少数卦也是因为卦象特殊，其名称立义于某一爻，如剥之卦象䷖以上九为义，复之卦象䷗，以初九为义；小畜之卦象䷈，以六四一阴畜五阳为义等。

六十四卦之名称起于卦象，已如上述，但由于卦象之神用无方，故后人对卦名称之训释不一。十翼中《象传》《序卦传》《杂卦传》各有训释，义相通而指向有别。今为了明白起见，列为一表，上列六十四卦象及名称，下附《象传》《序卦传》《杂卦传》之释义，以供读者参考。《象传》言及全卦者唯大象之辞，非训释卦之名义；《文言传》仅乾、坤二卦，也非为训释卦名；《系辞传》中虽有三陈九卦之言，乃以反身修德为用心，也非意在训释卦名；《说卦传》则仅言八卦之象，其义已见本书前文第三章中，故此数翼不列。所列唯《彖传》《序卦传》《杂卦传》三者，表 4-1 如下：

表 4-1 《彖传》《序卦传》《杂卦传》卦名训释

卦　名	《彖传》	《序卦传》	《杂卦传》
䷀ 乾	大哉乾元		刚
䷁ 坤	至哉坤元		柔
䷂ 屯		盈也	见而不失其居
䷃ 蒙		蒙也，物之稺也	杂而著
䷄ 需	须也	饮食之道也	不进也
䷅ 讼			不亲也
䷆ 师	众也	众也	忧
䷇ 比	辅也，下顺从也	比也	乐
䷈ 小畜			寡也
䷉ 履		有礼	不处也
䷊ 泰		通也	反其类也
䷋ 否			（同上）
䷌ 同人			亲也
䷍ 大有			众也
䷎ 谦			轻
䷏ 豫			怠也
䷐ 随			无故也
䷑ 蛊		事也	饬也

续表

卦　名	《彖传》	《序卦传》	《杂卦传》
䷒临		大也	兴
䷓观			求
䷔噬嗑	颐中有物	合也	食也
䷕贲		饰也	无色也
䷖剥	剥也	剥也	烂也
䷗复			反也
䷘无妄			灾也
䷙大畜			时也
䷚颐		养也	养正也
䷛大过	大者过也		颠也
䷜坎	重险也	陷也	下也
䷝离	丽也	丽也	上也
䷞咸	感也		速也
䷟恒	久也	久也	久也
䷠遁		退也	退也
䷡大壮	大者壮也		止
䷢晋		进也	昼也
䷣明夷		伤也	诛也
䷤家人			内也
䷥睽		乖也	外也
䷦蹇	难也	难也	难也
䷧解		缓也	缓也
䷨损			盛衰之始也
䷩益			（同上）
䷪夬	决也	决也	决也
䷫姤	遇也	遇也	遇也
䷬萃	聚也	聚也	聚也
䷭升			不来也

续表

卦　名	《象传》	《序卦传》	《杂卦传》
䷮困			相遇也
䷯井			通
䷰革			去故也
䷱鼎			取新
䷲震	象也	动也	起也
䷳艮		止也	止也
䷴渐	止也	进也	女归待男行也
䷵归妹	进也		女之终也
䷶丰		大也	多故
䷷旅	大也		亲寡
䷸巽		入也	伏也
䷹兑		说也	见
䷺涣	小者过	离也	离也
䷻节			止也
䷼中孚			信也
䷽小过			过也
䷾既济			定也
䷿未济			男之穷也

二、作卦爻辞

卦爻辞是易学在筮术易时期的文字部分，这一部分文字虽主旨在于占断吉凶，但字里行间自然及于当时的人、事、物、地等，因之不止对易学的研究，对整个商周史来说，都是珍贵的资料。尤其是这一部分文字，产生于西周初期，除现已发现的甲骨文外，是最早期的文字，虽然免不掉有残缺谬误情事，大致说来仍算保存着相当完整的面目，这就更觉可贵了。

卦爻辞为沿袭卜法之颂而生，颂为明兆之文字，文王乃仿颂而作卦爻辞。卦辞又称彖辞，为六十四卦下面所系之辞，如乾卦下之“元亨利贞”是；爻辞又称象辞，为每卦中六爻下分别所系之辞，如乾卦初九爻下之“潜龙勿用”是。卦爻辞以其为文字及其内容涉及广泛之故，也最为后人热烈讨论。透过诸易家的讨论，使我们对筮术易有了更进一步明确的了解。诸家之说，连篇累牍，不容细述，兹综其不同意见为以下五说：

第一，卦爻辞并为文王所作（孔颖达《周易正义》引，郑玄所主张）。

第二，卦辞为文王作，爻辞为周公作（同上书引，马融所主张）。

第三，卦爻辞并为孔子作（皮锡瑞《易经通论》）。

第四，卦爻辞为周之卜官所作，成于周成王时（余永梁《易卦爻辞的时代及其作者》）。

第五，卦爻辞成于周武王时，为一人之作（屈万里《周易卦爻辞成于周武王时考》）。

第一说《正义》言为郑玄之说，实际上不自郑玄始，乃自《系辞传》以降传统之说，《系辞传》云：“易之兴也，其当殷之末世，周之盛德邪？当文王与纣之事耶！是故其辞危。”后来《易纬·乾凿度》中也说：“垂皇策者牺，卦道演德者文，成命者孔。”郑玄注解《易经》及《易纬》，故承袭此一主张。第二说马融之说，也为孔颖达所赞同，孔氏提出升卦六四爻辞：“王用亨于岐山。”明夷六五爻辞：“箕子之明夷。”既济九五爻辞：“东邻杀牛，不如西邻之禴祭。”谓此三处爻辞均出于文王后，而《左传》有韩宣子适鲁见易象而赞周公之德之言，故以卦辞属文王，以爻辞属周公。第三说以下为晚清以来之新说。晚清以来，对古史不信成为一时风尚。皮锡瑞、廖平、康有为诸人，均主张卦爻辞成于孔子，但此一说立论不切实际，已遭许多学者驳斥不取。第四说余永梁之文，见《古史辨》第三册，乃针对问题切实分析，并举卜辞与卦爻辞作比较研究，提出西周初年卜官为卦爻辞作者的新见解，弥足珍贵。第五说则为今世屈万里教授所提出，屈氏之考证，详细而深入，在其文中举出卦爻辞中之部分器用及习语，并解析晋卦卦辞：“康侯用锡马蕃庶，昼日三接。”随上六爻辞：“拘系之，乃从维之，王用亨于西山。”益六四爻辞：“中行，告公从，利用为依迁国。”等三处，证明卦爻辞之必成于武王之时；屈氏并以卦爻辞中“有其一致之专用字”及“有其一贯之体例”为理由，主张为一人之作。

以上五说，除第三说不取外，其他四说各有不容忽视的根据，然而归纳比较之下，问题并不复杂：第一，人物方面，不出文王、周公、卜官三者；第二，时间方面，不出武、成两代。先就人物方面而论，文王应是卦爻辞的创作人，因为他是筮术的创制者，而卦爻辞为筮术中主要部分之一。但卦爻辞中载有文王以后事，是确然的事实，今观辞中言及文王以后之事者甚少，而绝大多数事例均为文王时代，可知卦爻辞虽作于文王，而其中有后人的添补。至于添补之人，笔者认为卜官较合理。原因是卜官职司卜筮，筮辞为仿效卜颂而生，而卜官对卜颂最为熟习。我们不妨根据当时的实际情况来推想，文王创制设计筮术是在羑里囚中，这一庞大而周密的设计自然不是一时就创制完成的。而文王在出囚以后的数年间，又致力于积极扩张国势，展开一连串的征讨（见前文文王略传），所以他将未完成的设计交付卜官去做，是最自然合理的事。但卦爻辞之大部分必为文王所作，因为卦爻辞中吉凶之断，系本之于卦爻象，而卦爻象的背后是精深的哲学思想，以卦爻辞之有限文字，上揭易道之要，下应人事之繁，非有大思想、大眼光之人，不能为。所以笔者认为卦爻辞为文王所作，然后交由卜官作体例上之修正，或部分补充。卜官完成此项工作虽非一人一时，但卜筮之法有其统一的专用语及一贯之体例，故整个六十四卦之卦爻辞整然一致，俨然一人之作。至于以周公为爻辞作者，孔颖达举《左传·昭公二年》韩宣子于鲁见易象，赞周公之德，立论根本不适切，读者可参阅《左传》之文便知。且周公一生忙于制礼、作乐、辅政、东征，未有如文王被囚之一段长期闲暇时间，其作爻辞之机会极微。次再就时间方面而论，屈万里《周易卦爻辞成于周武王时考》一文所提出之三处例证，为不可否认之事实，故卦爻辞之成于武王时为可信。今依《辞海》年表，文王被囚羑里之年为公元前1144年，至成王之即位公元前1115年，也只有三十年时光，卦爻辞自创作至完成，当是这三十年间之事。

于是，我们由此可得到对筮术的进一步认识，即筮术虽由文王在羑里被囚时开始创制设计，但到整个完成，推行应用于占断，乃在文王死后的武王在位时期。这一方面，我们希望将来更能得到新的进一步的证明资料。

卦辞又称为“彖辞”,《系辞传》云:“彖者，材也。”“彖者，言乎象者也。”材即裁，可见彖辞是在于裁断卦象。裁断之依据，自然是卦象上所代表的易道，在文字上古人传统有以乾卦卦辞“元、亨、利、贞”四字为标准者，称之为四德。

六十四卦卦辞中具备四全德者七卦，它们是：

䷀乾:“元、亨、利、贞。”

䷁坤:“元、亨、利牝马之贞。”

䷂屯:“元、亨、利、贞。”

䷐随："元、亨、利、贞。"

䷒临："元、亨、利、贞。"

䷘无妄："元、亨、利、贞。"

䷰革："元、亨、利、贞。"

其余具备三德者十卦：䷃蒙、䷝离、䷞咸、䷟恒、䷠遁、䷬萃、䷹兑、䷺涣、䷽小过、䷾既济。

具备二德者十七卦：䷄需、䷇比、䷌同人、䷍大有、䷑蛊、䷙大畜、䷡大壮、䷣明夷、䷤家人、䷨损、䷭升、䷮困、䷱鼎、䷴渐、䷸巽、䷼中孚、䷷旅。

具备一德者也有十七卦：䷆师、䷈小畜、䷉履、䷊泰、䷋否；䷎谦、䷔噬嗑、䷕贲、䷗复、䷚颐、䷛大过、䷜坎、䷦蹇、䷩益、䷲震、䷻节、䷿未济。

四德俱无者凡十三卦：䷅讼、䷏豫、䷓观、䷖剥、䷢晋、䷥睽、䷧解、䷪夬、䷫姤、䷯井、䷳艮、䷵归妹、䷶丰。

观此上之统计各类别间并无严格之界限，可知文王作卦辞，倒不一定是以此四德为标准，不过是后人据此以分类罢了。卦象之吉凶，因时因地因事而不同，不能视为某卦必吉，某卦必凶。

爻辞也是言象，只是所言为爻之象。爻象与卦象不同，卦象为一组合体，而爻象只是卦象中的一个单体。爻象从本身形态上看，只有阴、阳二者之别，它的意义完全在于爻与卦间及彼此爻与爻间的变动关系上，所以爻辞是从爻的动象上立言。《系辞传》：“象者，言乎象者也，爻者，言乎变者也。”“爻也者，效天下之动者也。”“爻象动乎内，吉凶见乎外。”便是言此义。爻与卦及爻与爻间的关系即是个体与群体、个体与个体、人与人、人与物间的关系，所以非常繁多。爻之于卦，讲求得位不得位、合时不合时、居中不居中；爻之于爻，讲求乘、承、比、应等关系，这一些都将在本书后文详细解说。爻辞之作所依据的即是上面这些关系，其体例则可约为以下几点：

第一，凡阳爻称九，阴爻称六（理由见后文筮占法一节）。

第二，卦中六爻，由下起向上发展，象万物由下生长。故最下爻称“初”，最上爻称“上”。

第三，凡初爻称足、称趾、称屐、称屦、称借、称尾、称潜（十翼中，也称始、称下、称卑、称穷、称隐）。

第四，凡上爻称终、称尚、称高、称亢、称天、称首、称顶、称角、称荷（十翼中，也称上、称穷）。

第五，凡二五爻称中、称直、称黄（十翼中，也称中正、称正中、称正，称中直、称中道）。

第六，凡三四爻称或、称疑、称商、称进退、称往来、称次且（十翼中，也称内、称际）。

（按以上各所称之卦名，因过多，为节省篇幅计，不列，读者可自参阅《周易》书。)

卦爻辞之主要目的在于明断吉凶，《系辞传》言及此者甚多，如："圣人设卦观象，系辞焉而明吉凶。""系辞焉而命之，动在其中矣，吉凶悔吝生乎动者也。""夫易，彰往而察来，而微显阐幽，开而当名辨物，正言断辞，则备矣。其称名也小，其取类也大，其旨远，其辞文，其言曲而中，其事肆而隐，因贰以济民行，以明失得之报。"等等，可见明断吉凶为系辞之主要目的。吉凶之类别在卦爻辞中可分作五项，即吉、凶、悔、吝、无咎。《系辞传》解释此五者云："吉凶者，言乎其得失也；悔吝者，言乎其小疵也；无咎者，善补过者也。……辨吉凶者存乎辞，忧悔吝者存乎介，震无咎者存乎悔。"换句话说，吉是得，全无过失；凶是失，犯了大过失；悔与吝则是犯有小过失，悔近吉而吝近凶；由悔心改过而归于无过，则称无咎。除此五者以外，又有厉，厉义为危，濒临于失之边缘之谓。焦循《易通释》："凡未悔吝者，均为厉。"又有用、无用、可、不可、有攸往、无攸利等。但卦爻辞之明断吉凶，方式不一，有时候先示明象义，直接戒以吉凶，如：

䷎谦六二："鸣谦，吉。"

䷏豫初六："鸣豫，凶。"

有时候仅言象，让问占的人自己体会其吉凶，如

䷄需九三："需于泥，致寇至。"

䷐随六二："系小子，失丈夫。"

有时候并示明吉凶之道，从而告以趋吉避凶，如䷂屯六三："即鹿无虞，惟入于林中，君子几，不如舍。往，吝。"

䷅讼卦辞："有孚窒，惕中，吉。终，凶。"

总之，由卦爻辞中可看出文王"以神道设教"的一片苦心，吉凶悔吝之断，只是在神道思想之下的一种方法，经由此方法正人心，兴善俗，故吾人切不可固执于筮术易是一种迷信。《系辞传》引孔子之言对这一方面说得非常好，兹引录于下：

> 子曰：夫易何为者也？夫易，开物成务，冒天下之道，如斯而已者也。是故圣人以通天下之志，以定天下之业，以断天下之疑。是故蓍之德圆而神，卦之德方以知，六爻之义易以贡，圣人以此先心，退藏于密，吉凶与民同患，神以知来，知以藏往，其孰能与于此哉！古之聪明睿知神武而不杀者夫！是以明于天之道而察于民之故，是以兴神物以前民用，圣人以此齐戒，以神明其德夫！

三、选用蓍策

《说卦传》："昔者圣人之作易也，幽赞于神明而生蓍。"

蓍策为筮术中的另一个必要条件，相当于卜法中的甲骨。卜自西周以后，牛骨不用，只用龟甲，故自西周以下言卜筮，每以“龟蓍”或“蓍龟”并称；文王选用蓍，即为了代替牛骨之用。

龟在卜中被视为神物，同样蓍在筮中也被视为神物。由于蓍被视为神物之故，后世对蓍的解说，大多具神化色彩，例如《说文》：“蓍，蒿属，生千岁三百茎，易以为数。”还有些记载在解说蓍时，常与龟并提，例如《史记·龟策列传》太史公曰：“余至江南，观其行事，问其长老，云：龟千岁乃游莲叶之上；蓍百茎共一根，又其所生，兽无虎狼，草无毒螫。”同文褚先生曰：“闻蓍生满百茎者，其下必有神龟守之，其上常有青云覆之。”《易纬·乾凿度》引《万形经》之说，就更为神奇了，云：“蓍生地于殷，凋殒一千岁，一百岁方生四十九茎，足承天地数，五百岁形渐干实，七百岁无枝叶也，九百岁色紫如铁色，一千岁上有紫气，下有云龙神龟伏于下。”凡此等记载，都是不足信的神话，但由此我们可见蓍的身价之高，在神道思想时期它与龟的身价是相等的。

其实，蓍也不过是一种蒿属的植物，它的身价是文王设计筮术时一手提拔起来的。从植物学上看，《辞海》的解说是不错的：“蓍，植物名，菊科，多年生草本，高二三尺，叶互生，细长，羽状分裂如锯齿，秋月开花，白色或淡红，头状花序，古取其茎为占筮之用。”而且蓍也并非是一种珍贵难得的植物，《韩诗外传》中曾记载有一段故事云：“孔子出游少源之野，有妇人中泽而哭，孔子使弟子问焉，妇人曰：乡者刈蓍薪，亡吾蓍簪，吾是以哀也。孔子曰：刈蓍薪而亡蓍簪，有何悲焉？妇人曰：非伤亡簪也，盖不忘故也。”故事的主旨在于言“不忘故”，而以最普通、最不足贵的蓍与最可贵的故物之情相对比，由“刈蓍薪”一事看来，可知蓍是如何一种普通的植物了。但是，这样一种可以刈而作薪的蒿属植物，何以被文王选中，取来作神物看待与灵龟相比呢？这我们可以从王夫之《周易稗疏》对蓍的描述中得知，比较起来，王夫之对蓍的看法最为客观，也说得最扼要合理。文如下：

> 蓍，蒿属，一名因陈。凡蒿茎皆冬枯死，至春则发新苗，唯此蒿，宿梗不死。至春，因其旧茎而发枝叶，故名曰因陈。蓍，从草从耆，耆，高年之谓，亦因陈之意。宿茎不凋，则其枝条长而坚韧，故可用于筮策。今此草所在而有，其丛生而枝茎繁盛者，因地之肥泽耳。……圣人取以为筮策，以其条直，因乎自然，不假人之修治也。

从这段话中，我们可以知道文王选用蓍策的全部理由了，那是因为：

第一，蓍之宿梗冬日不枯死，异于其他蒿属植物。

第二，由于蓍之宿梗冬不枯死，故为久年植物，这一因素极为重要。古人对高年、长寿非常重视，年寿高长的人经验丰富，见事明达。龟当初被采用于卜，这也应当是因素之一，因为龟也长寿。李时珍《本草纲目》中曾引有三书之言以说明这一方面：“《白虎通》载孔子云：蓍之为言耆也，老人历年多，更事久，能尽知也。《埤雅》云：草之多寿者，故字从耆。《博物志》言蓍千岁而三百茎，故知吉凶。”

第三，蓍有“枝条长而坚韧”的茎，“因乎自然，不假人之修治”，可用为筮策。这一因素尤其重要。笔者在前文述及当初龟之用于卜时，曾言龟天生具备天圆地方之象为其主要原因，今蓍也具备了天然因素，故《系辞传》言：“探赜索隐，钩深致远，以定天下之吉凶，成天下之娓娓者，莫善乎蓍龟，是故天生神物，圣人则之。”蓍与龟在神道思想之下，都被视为“天生神物”。

第四，蓍为丛生，一株数十茎，筮术中用蓍策五十支，故此方面也是“天生神物”之一端。

第五，王夫之言蓍“所在而有”，《韩诗外传》言“刈蓍薪”，证明蓍之为物，容易取得。文王不用牛骨的原因是因为牛骨不易得，杀牛取骨又为周人所不愿为，且龟甲曾有因不敷用而以牛骨代卜之史事。故文王必思及须选取一不虞匮乏之物用于筮术，蓍的“所在而有”，正是它被选中的重要条件之一。

由上述，我们可知蓍被选用于筮术中，乃有其充分的条件在，文王是经过相当考虑才这样做的。再由古籍中看，自西周推行筮术以来，筮与卜即相提并论，朝野绝不见有任何反对的意见，这就表示了蓍之被用于筮术中，有其服人心的道理，它取得了所有人的信仰。

四、制定筮占法

——七九八六之来源，阴阳老少之来源

“筮占法”即筮术占断的方法，指如何演蓍策以求得卦象和如何据卦象之变化以断决吉凶。前者可名之为“演蓍法”，后者可名之为“变占法则”，统称之为“筮占法”。

筮占法是一套精密巧妙的设计，文王去今已三千年以上，当时有此创制，其智慧之卓绝可见。这一套筮占法表面看来只不过是一种术，目的是为了裁断吉凶，但这种术乃紧扣易道之自然法则而筹划，融易之“道”与“术”之中，所以使人有思之不穷、研而越精之妙。我们可以说：伏羲氏以“象”表现易道，文王以“术”表现易道，二人异曲同工。也正由于此缘故，到后来神道思想衰微，人智兴起之后，筮术虽不行，然这套意味深长的方法却仍然徘徊人心，为人们所赞叹，《系辞传》“易有圣人之道四焉”一章便是极赞筮术之神用。而秦汉以后，此一套筮术转化为灵棋课、金钱课等，筮术中“数”的应用更大为发扬。宋易中河图、洛书及邵雍推运之学，均可谓由此演出。

筮占法叙述起来甚为麻烦，为了方便，本节只述演蓍法，变占法部分则留待下节配合筮例一起叙述。下面是《系辞传》中对演蓍法的简略记载：

> 大衍之数五十，其用四十有九。分为二以象两，挂一以象三，揲之以四以象四时，归奇于扐以象闰，五岁再闰，故再扐而后卦。（天数五，地数五，五位相得而各有合，天数二十有五，地数三十，凡天地之数五十有五，此所以成变化而行鬼神也。）乾之策二百一十有六，坤之策百四十有四，凡三百有六十，当期之日。二篇之策万有一千五百二十，当万物之数也。是故四营而成易，十有八变而成卦，八卦而小成，引而信之，触类而长之，天下之能事毕矣。

上文乃依据李鼎祚《周易集解》原文，括号中自“天数五”

至“行鬼神也”一节，朱熹认为是错简，与“天一，地二，天三，地四，天五，地六，天七，地八，天九，地十”一节合并，置于“大衍之数”前（朱子《易经集注》）。《系辞传》这段记载当然十分简约，然而也幸而有此一段简约的记述，后人才得窥知筮占法的大要。宋代易学家研究筮占法颇费心力，朱熹在这方面的意见被认为是最当的（清·江慎修《河洛精蕴·内篇》第二卷诸节），朱熹斟酌古法，参以己见，制成筮仪，载于其《易经集注》前页，今具录其文如下：

筮　仪

择地洁处为蓍室。南户。置床于室中央。（床大约长五尺广三尺。毋大近壁。）蓍五十茎韬以纁帛。贮以皂囊。纳之椟中。置于床北。（椟以竹筒。或坚木或布漆为之。圆径三寸如蓍之长。半为底。半为盖。下别为台函之。使不偃仆。）设木格于椟南。居床二分之北。（格以横木板为之。高一尺。长竟床。当中为两大刻。相距一尺。大刻之西为三小刻。相距各五寸许。下施横足。侧立案上。）置香炉一于格南。香合一于炉南。日炷香致敬。将筮。则洒扫拂拭。涤砚一。注水。及笔一。墨一。黄漆板一。于炉东。东上。筮者齐洁衣冠。北面盥手焚香致敬。（筮者北面。见仪礼。若使人筮。则主人焚香毕少退。北面立。筮者进立于床前少西。南向受命。主人直述所占之事筮者许诺。主人右还西向立。筮者右还北向立。）两手奉椟盖置于格南炉北。出蓍于椟。去囊解韬。置于椟东。合五十策。两手执之。熏于炉上。（此后所用蓍策之数。其所说并见启蒙。）命之曰假尔泰筮有常。假尔泰筮有常。某官姓名。今以某事云云。[1]未知可否。爰质所疑于神于灵。吉凶得失。悔吝忧虞。惟尔有神。尚明告之。乃以右手取其一策。反于椟中。而以左右手中分四十九策置格之左右两大刻。（此第一营。所谓分而为二以象两者也。）次以左手取左大刻之策执之。而以右手取右大刻之一策。挂于左手之小指间。（此第二营。所谓挂一以象三者也。）（按《周易正义》云："于天数之中，分挂其一。"则此挂一之策，应取于左手，而不应取于右大刻中。）次以右手四揲左手之策。（此第三营之半。所谓揲之以四以象四时者也。）次归其所余之策。或一。或二或三。或四。而扐之左手无名指之间。（此第四营之半。所谓归奇于扐以象闰者也。）次以右手反过揲之策于左大刻。遂取右大刻之策执之。而以左手

① 此句或作：其官姓名，今以其事云云。——编注

四揲之。(此第三营之半。)次归其所余之策如前。而扐之左手中指之间。(此第四营之半。所谓再扐以象再闰者也。一变所余之策。左一则右必三。左二则右亦二。左三则右必一。左四则右亦四。通挂一之策。不五则九。五以一其四为奇。九以两其四而为耦。奇者三而耦者一也。)次以右手反过揲之策于右大刻。而合左手一挂二扐之策。置于格上第一小刻。(以东为上。后放此。)是为一变。再以两手取左右大刻之蓍合之。(或四十四策。或四十策。)复四营如第一变之仪。而置其挂扐之策于格上第二小刻。是为二变。(二变所余之策。左一则右必二。左二别右必一。左三则右必四。左四则右必三。通挂一之策。不四则八。四以一其四而为奇。八以两其四而为耦。奇耦各得四之二焉。)又再取左右大刻之蓍合之。(或四十策。或三十六策。或三十二策。)复四营如第二变之仪。而置其挂扐之策于格上第三小刻。是为三变。(三变余策与二变同。)三变即毕。乃视其三变所得挂扐过揲之策。而画其爻于版。(挂扐之数。五四为奇。九八为耦。挂扐三奇。合十三策。别过揲三十六策。而为老阳。其画为□所谓重也。挂扐两奇一耦。合十七策。则过揲三十二策而为少阴。其画为 --。所谓拆也。挂扐两耦一奇。合二十一策。则过揲二十八策而为少阳。其画为一。所谓单也。挂扐三耦。合二十五策。则过揲二十四策而为老阴。其画为乂。所谓交也。）如是每三变而成爻。（第一。第四。第七。第十。第十三。第十六。凡六变并同。但第三变以下不命。而但用四十九蓍耳。第二。第五。第八。第十一。第十四。第十七。凡六变亦同。第三。第六。第九。第十二。第十五。第十八。凡六变亦同。）凡十有八变而成卦。乃考其卦之变。而占其事之吉凶。（卦变别有图说见启蒙。）礼毕。韬蓍。袭之以囊。入椟加盖。敛笔砚墨版。再焚香致敬而退。（如使人筮。则主人焚香。揖筮者而退。）

以上朱熹之筮仪，即本书所谓的演蓍法，就方法与程序上印证《系辞传》，应许其已得古人之实。然此中四营成变，三变成爻，十有八变而成卦，蓍数之反复往来计算，过揲蓍策数与揲余蓍策数之巧妙配合，需要作较详细的解说，读者方能明了。七、九、八、六四个易数和少阳、老阳、少阴、老阴四个名称由此而来。兹解析如下：

第一，蓍策总数为五十，首取其一，反于椟中不用，所以实际上所用策数为四十九。

第二，第一变用四十九策，至第二营挂一后，所余为四十八，恰为四之倍数。所以四营以后，揲余的策数，左一右必三，左三右必一，左二右必二，左四右必四。也就是说或四或八两个数。加上前第二营的挂一，即或五或九。所以第一变揲余的策数，不五则九，然五的机会占四分之三,九的机会占四分之一，所以第一变后揲余之策，常常为五。

第三，第二变所用策数为四十九策减去第一变的揲余数五或九，即四十四策或四十策。第二营挂一后，剩下四十三或三十九，为四的倍数减一。所以四营以后，揲余的策数，左一右必二，左二右必一，左三右必四，左四右必三；也就是说或三或七两个数。加上第二营的挂一，即或四或八。所以第二变揲余的策数，不四则八，两数出现的机会各半。

第四，第三变所用策数为再减去第二变揲余之策，如果是四十四，减四或八，则为四十策或三十六策；如果是四十，减四或八，则为三十六策或三十二策。所以第三变所用策数为四十或三十六或三十二，均为四的倍数。第二营挂一以后，均为四的倍数减一。所以四营以后，与第二变相同，即揲余之数，不是四便是八，出现机会各半。

第五，于是第三变以后，过揲的策数便可得出：如果是四十，减四或八，便得三十六或三十二；如果是三十六，减四或八，便得三十二或二十八；如果是三十二，减四或八，便得二十八或二十四。三十六、三十二、二十八、二十四,四个数都是四的倍数，以四去约分，得出的数是九、八、七、六四个数。

第六，数求得以后，便可以据以画出所求之卦之初爻，但爻只分阴与阳，而数有四不同，于是便根据太极始动，为阳为奇，两仪继生，阴阳成偶的八卦根本哲学理论，将上四数区分为二类，即奇数七与九为阳数，据以得阳爻；偶数八与六为阴数，据以得阴爻。

第七，再根据阴阳二性的根本理论，阳性刚健，动而进，故七与九两阳数为由七进九，名七为少阳，名九为老阳；阴性逊顺，动而退，故八与六两阴数为由八退六，名八为少阴，名六为老阴。这便是《易纬·乾凿度》言“阳变七之九，阴变八之六”的来源。再依据传统术家的习惯，画老阳的符号作“□”，名为重；画少阳的符号作“—”，名为单；画老阴的符号作“×”，名为交；画少阴的符号作“--”，名为拆。

第八，以上三变，求得初爻，然后合所有四十九策，重新开始，三变之后得第二爻，如此一卦六爻，共须十有八变。

上面可以说相当详细地解析了演蓍法的内容，七、九、八、六之数与阴、阳、老、少之名，实由此中来。为了更求明了。兹举一例，譬如十八变之后所得之数依次为六、七、九、

七、六、八，则按照卦由下生之原则，即可画出所得卦象为：

--（拆）

×（交）

—（单）

□（重）

—（单）

×（交）

这个卦即恒卦 ䷟。

然而这个恒卦的初六爻为老阴（×）、九三爻为老阳（□）、六五爻也是老阴（×），老阴和老阳都是要变的爻，因而在筮占时尚不能只依这个恒卦作断决，也要画出它要变的卦，即是：兑卦 ䷹。

恒卦称为贞（本卦），兑卦称为悔（之卦），由恒卦变之兑卦是三爻变的卦例，再根据下节变占法则中三爻变的规定论断吉凶。

上述少阳、老阳、少阴、老阴四名，从七、九、八、六四数而生，系就数计蓍策时过揲之数一方面而言。同时，也可以从揲余一方面言，那就是前所述筮占法中每一变一卦二劫之策数。揲余一名，义为过揲策数之余。前面说过第一变揲余之数，非五即九；第二变揲余之数，非四即八；第三变也是非四即八。总计不出五、九、四、八四个数。现在将这四个数用四去除，看每个数中各包含有几个四，如果包含一个四，便是“奇”，奇为阳；如果包含两个四，便是“偶”，偶为阴。于是，五与四中各有一四，为奇；九与八中各有二四，为偶。这样来看，总三变揲余的策数，不外以下四种情况：

第一，初变为五，次变为四，三变为四——三奇，即三阳，对应于过揲数为三十六，即九。

第二，初变为九，次变为八，三变为八——三偶，即三阴，对应于过揲数为二十四，即六。

<table>
<tr><td rowspan="3">第三，</td><td>初变为五，次变为八，三变为八</td><td rowspan="3">均一奇二偶，
即一阳二阴，</td></tr>
<tr><td>初变为九，次变为四，三变为八</td></tr>
<tr><td>初变为九，次变为八，三变为四</td></tr>
</table>

对应于过揲之数为二十八，即七。

<table>
<tr><td rowspan="3">第四，</td><td>初变为九，次变为四，三变为四</td><td rowspan="3">均二奇一偶，
即二阳一阴，</td></tr>
<tr><td>初变为五，次变为八，三变为四</td></tr>
<tr><td>初变为五，次变为四，三变为八</td></tr>
</table>

对应于过揲之数为三十二，即八。

于是，便可明显地看出分别来，所谓老阳，乃三奇；所谓老阴，乃三偶；所谓少阳，乃一奇二偶；所谓少阴，乃一偶二奇。易道尚变，老阳与老阴不得不变，老阳之三奇无论任何一数变，均将变为一偶二奇之少阴；老阴之三偶无论任何一数变，均将变为一奇二偶之少阳；老阳变阴，老阴变阳，其道理即在此。少阳与少阴虽也实质上在变，但少阳为一奇二偶，变至老阳尚有余地；少阴为一偶二奇，变至老阴尚有余地，故二者在爻象上不变其阴阳之性。又易道重生，一奇二偶之卦，以奇为主，称阳卦；一偶二奇之卦，以偶为主，称阴卦。《系辞传》所谓：“阳卦多阴，阴卦多阳。”“阳卦奇，阴卦偶。”即指此而言。此乃少阳、老阳、少阴、老阴四者从揲余一方面而言的来源。

表 4-2　演蓍数变表

<table>
<tr><th></th><th>一变</th><th>二变</th><th>三变</th><th>易数</th><th>奇偶</th><th>阴阳老少别</th><th>备　注</th></tr>
<tr><td>过揲</td><td>四十四</td><td>四十</td><td>三十六</td><td rowspan="2">九</td><td rowspan="2">三奇</td><td rowspan="2">老阳</td><td rowspan="2">第一种情况</td></tr>
<tr><td>揲余</td><td>五</td><td>四</td><td>四</td></tr>
<tr><td>过揲</td><td>四十</td><td>三十二</td><td>二十四</td><td rowspan="2">六</td><td rowspan="2">三偶</td><td rowspan="2">老阴</td><td rowspan="2">第二种情况</td></tr>
<tr><td>揲余</td><td>九</td><td>八</td><td>八</td></tr>
<tr><td rowspan="3">过揲</td><td>四十四</td><td>三十六</td><td rowspan="3">二十八</td><td rowspan="3">七</td><td rowspan="3"></td><td rowspan="6">少阳</td><td rowspan="6">第三种情况</td></tr>
<tr><td>四十</td><td>三十六</td></tr>
<tr><td>四十</td><td>三十二</td></tr>
<tr><td rowspan="3">揲余</td><td>五</td><td>八</td><td>八</td><td rowspan="3"></td><td rowspan="3">一奇
二偶</td></tr>
<tr><td>九</td><td>四</td><td>八</td></tr>
<tr><td>九</td><td>八</td><td>四</td></tr>
<tr><td rowspan="3">过揲</td><td>四十</td><td>三十六</td><td rowspan="3">三十二</td><td rowspan="3">八</td><td rowspan="3"></td><td rowspan="6">少阴</td><td rowspan="6">第四种情况</td></tr>
<tr><td>四十四</td><td>三十六</td></tr>
<tr><td>四十四</td><td>四十</td></tr>
<tr><td></td><td>九</td><td>四</td><td>四</td><td rowspan="3"></td><td rowspan="3">一偶
一奇</td></tr>
<tr><td rowspan="2">揲余</td><td>五</td><td>八</td><td>四</td></tr>
<tr><td>五</td><td>四</td><td>八</td></tr>
</table>

过揲之策数与揲余之策数，二者同出一法，犹如手掌之与手背，因而就此言，就彼言，其理如一。读者弄明白了这个方法的运用，便知道演蓍成卦虽是往来反复、数计蓍策的一种术，但确是一个巧妙的设计，上面简要列一总表（见表4–2），以明少阳、老阳、少阴、老阴与七、九、八、六之配合，俾读者更易了解。

以上述筮占法中演蓍得卦部分，至此为止，尚留下两个问题需要讨论：一是五十支蓍策之数何所来？去一，用四十九之含义何在？二是依照上述演蓍法，少阳、老阳、少阴、老阴四者出现的机会并不相等，例如笔者在前面解析中已说过，第一变后的揲余数五占机会之四分之三，九占机会之四分之一，这种不公平的情形是否有道理？

关于第一个问题，就是易学中自汉以来意见纷纭的“大衍之数”的问题，由于《系辞传》只言“大衍之数五十，其用四十有九”，并未说明来历，故后世各凭己意忖测。孔颖达《周易正义》引汉京房、马融、郑玄、荀爽、姚信、董遇诸家说，各不相同，今录《正义》文如下：

> 京房云：五十者，谓十日、十二辰、二十八宿也，凡五十。其一不用者，天之生气将欲以虚来实，故用四十九焉。马季辰云：易有太极，谓北辰也，太极生两仪，两仪生日月，日月生四时，四时

生五行，五行生十二月，十二月生二十四气。北辰居位不动，其余四十九转运而用也。荀爽云：卦各有六爻，六八四十八，加乾坤二用，凡有五十，乾初九潜龙勿用，故用四十九也。郑康成云：天地之数五十有五，以五行气通，凡五行减五，大衍又减一，故四十九也。姚信、董遇云：天地之数五十有五者，其六以象六画之数，故减之而用四十九。但五十之数，义有多家，各有其说，未知孰是。

观《正义》所引诸家之说，显系堆砌数字。京、马以天象之数字相加成五十之数，荀爽就卦爻数凑成五十之数，郑玄以《系辞传》“凡天地之数五十有五”向下减，以成五十之数。姚、董则以天地之数减六爻之数以成四十九，其非古人原意，一望而明。其他韩康伯注引王弼之说，则未言及五十之数的来历。宋易以下对此问题之见解，多归本于河图洛书。江慎修《河洛精蕴》卷三“大衍之数五十说”中，所引十家，并引《周易折中》之言曰：“五十之数，说者不一，惟推本于图书者得之。”宋易家之说，与先秦易学悬隔更远，故不引录。

今笔者的意见是：《系辞传》大衍之数五十，为筮术中五十蓍策无疑，筮术兴于周初，故应以周初的时代思想为背景推其原意。五行之气、河图洛书之思想为后世之思想，可以以之比附，而不可以以之强劫古人之意。《系辞传》告诉我们："大衍之数五十，其用四十有九，分为二以象两，挂一以象三，揲之以四以象四时，归奇于扐以象闰，五岁再闰，故再扐而后挂。"这段话虽未指明五十之数何来，以及何以用四十九策，但已经从分二、挂一、揲四、归奇告诉我们方向，即筮占法的设计是以天道历象为准则，这正是古人应有的思想。然而五十或四十九之数，在天道历象上似无必然使古人兴感的理由，这就表示最初文王决定蓍策之数，不是第一念落在五十或四十九的数目上，而是由他数推演而来。

今考古人在天道历象上最重视的，也是最早在天象上的大发现是日月七星，《舜典》："在璿玑玉衡，以齐七政。"古人用肉眼察觉到天空中有五大行星作规律的运行，加上日月，以此代表天道，故"七"这个数字在古代是与天道密切相关的数字。筮术是神道思想下的产物，神是有意志的天的代表，故文王设计筮术中蓍策之数时，便想到日月七星上。然而，七的数目太少，不敷用，于是便也仿效重卦的方式，用七的倍数，即四十九之数。四十九之数为奇数。在两手中分时，不会有平均分开的情形，故富于变化。由四十九之数再想到加一成五十，一方面五十是整数，另一方面更重要的，是伏羲氏画八卦的哲学理论有了着落。这所加的一，即代表太极。平常不命筮行占时，五十支蓍策函藏，表示太极未动，故未起用；至命筮行占时，先去一不用，表示太极先动。太极动而生两仪，两仪即天地，即阴阳。于是两分四十九策为二，象天地已判。挂一，象天地人三才。四揲之，象四时运行。以下“归奇于扐以象闰，五岁再闰，故再扐而后卦”。所以这一套筮占法的设计，经过这样一安排，不管从天道上言，从哲学理论上言，从卦象上言，从方法的富于变化上言，都有了充足的理由，而且术不背理，理不背象，各方面讲都圆通无碍。后来易学家将这五十之数视为天生自然之数，便是由于这缘故。

以上为笔者一己之见。此外，除“大衍之数”外，《系辞传》中尚有总周易之策数，即“乾之策二百一十有六，坤之策百四十有四，凡三百有六十，当期之日。二篇之策万有一千五百二十，当万物之数也”。此不难知，孔颖达及朱熹等人已言之甚详，读者参阅即知。尚有天地之数，即“天一，地二……”与“天数五，地数五……”此两节由于错简的关系，文字互相隔离，后朱熹将之从不同处提出来放在一起。由于《系辞传》的记载是如此天外飞来（自然是有脱漏误谬情事），所以汉宋易数学一方面便以此两节文字为中心，玄想比附，大加发挥。关于这些，先秦以下易数方面的发展，笔者拟将来在《宋易史》中专节叙述，此处不赘。但我们知道，一切易中之数，在先秦阶段都是源于筮术，朴质而实用，绝无五行之数、河图洛书之数的气息。

其次，说到阴阳老少出现机会不等的问题。演蓍法中此一机会不均等的问题，早已为古人发现。尚秉和《周易古筮考》曾引欧阳修释用九用六之说云：“用九者，释所以不用七也，及其筮也，七常多而九常少。……用六者，释所以不用八也，及其筮也，八常多而六常少。”江慎修《河洛精蕴》卷三“揲蓍法”中引启蒙之论，并已计算出老阳出现的次数为十二，老阴出现的次数为四，少阳出现的次数为二十，少阴出现的次数为二十八。如以百分比来说，四者出现的机会为：

老阳——百分之十八点七五。

老阴——百分之六点二五。

少阳——百分之三十一点二五。

少阴——百分之四十三点七五。

可见老阴出现的机会最少，老阳出现的机会次少，少阴出现的机会最多，少阳出现的机会次多，其间机会的差别相当大。老阳与老阴是变爻，少阳与少阴是不变爻。换句话说，在演蓍得卦中，很容易得到少阳或少阴的不变爻，而不容易得到老阳或老阴的变爻。这样看来，演蓍法毕竟是有其缺陷了，可是如果我们更进一步想，这种机会不均等的情形，实在并非是缺陷；不唯不是缺陷，且正是优点。何以言之？因为在筮术中所求得的卦象变爻越多情况便越复杂，裁断吉凶便越困难，变爻少才能作明确的裁断。今观

《左传》和《国语》二书中所留下来的筮例，绝大多数是一爻变，只有《国语·晋语》中有三爻变筮例一、《左传·襄公九年》有五爻变筮例一，而这两处都是惹起争论的筮例。实在是由于变爻多，便要斟酌各变爻的爻象及爻辞，关系重重，难作周全的解说。这样看来，少阳和少阴出现的机会最多，正是防止时常有变爻出现，这一方面我们固不能一定归功于文王的设计精密，但这种自然情形的造成，也真叫人鼓掌叫绝了。

五、取“易”为名称

——易名称之缘起，三易之差别

《说卦传》：

昔者圣人之作易也，幽赞于神明而生蓍，参天两地而倚数，观变于阴阳而立卦，发挥于刚柔而生爻。

昔者圣人之作易也，将以顺性命之理，是以立天之道，曰阴与阳，立地之道，曰柔与刚，立人之道，曰仁与义。兼三才而两之，故易六画而成卦，分阴分阳，迭用柔刚，故易六位而成章。

《说卦传》之言显然告诉我们易与筮术是一回事，前者说易之作即是演蓍得卦，后者说易之作即是重卦为六爻。如此，我们再对照前文已不止一次引述过的《系辞传》中“易之兴也”之言，便没有理由不确信筮术之兴也就是“易”这个字入易学的开始。在文王演易之前，所谓易学只是八卦，无“易”之名。文王创制筮术，赋予“易”之名称，从此易学之名生。

“易”字早见于甲骨文，读者于此当回顾本书第一章甲骨文中“易”字之本义一节。在甲骨文中“易”字的本义为变更、改换、代替之义，故“易”字乃半途被文王选取了来以称名筮术。

笔者在前文已述过，筮术的创制乃沿袭卜法而来，筮术之有“三易”，乃沿袭卜法之“三兆”。三兆为玉兆、瓦兆、原兆，郑玄注云：“兆者，灼龟发于火，其形可占者，其象似玉、瓦、原之舋罅，是用名之焉。”也就是说，三兆是三种类别的龟坼。卜时灼龟发兆,兆象当然有大不同、小不同之别，古人将大不同的兆象或似玉之裂罅、或似瓦之裂罅、或似原（即平原地）之裂罅，分作三大类，名为三兆（小不同则每种兆又分为“经兆之体百有二十”）。文王创筮术，不用灼龟发兆，而用演蓍得卦之法，在卦象上也要分出三种不同的类别，那便是变换卦象的排列方式，将卦象作先后次序上的三种不同安排。此三种不同卦序排列的筮术，便是连山、归藏与周易，所谓“三易”。由此，我们便可知道文王何以选取“易”字作为筮术的名称了：第一，就筮术代卜法而兴言，与“易”字变更、改换、代替之本义合；第二，就“三易”之不同言，在于三种卦象排列之不同，也与“易”字变更、改换、代替之本义合；第三，就筮术占断之用而言，取决于卦、爻象之变化，也合“易”字之本义。故文王取“易”字为筮术名，实有其极恰当之理由，而“易”字初入易学时，其含义也仅限于指筮术而言。（由《周礼》“三易之法”的“法”字上，即可见其义。）

于是，我们得一究“三易”的差别的问题了。说起来，这又是易学中一个古老的问题，较诸前述之重卦之人、卦爻辞作者等问题，尤为隐晦。原因是《周礼》中所载“三易之法”，除周易一法流传外，连山与归藏二易，均前不见承接，后不见可靠的遗迹，孤零零只此一处记载；而此一处记载又因为列于春官太卜之职掌下，予人以十分可信的感觉。于是后代易学家异见迭起，鲜有不对此一问题发表意见者。翻开马国翰《玉函山房辑佚书》来看，洋洋大篇，辑列对此二易之“诸家论说”至五十余家之多；有言《连山易》《归藏易》为夏、殷两代之易；有言《连山易》以艮卦为首而《归藏易》易首坤；有言《连山易》《归藏易》二易以七、八不爱占，与《周易》之用九用六异；有言《左传》《国语》中所引不见于《周易》之四处易辞，即为《连山易》

《归藏易》二易之辞；有言曾见过《连山易》《归藏易》二易在东汉初年尚存（桓谭）；也有胆大妄为的人，干脆伪造一部《连山易》去送官求赏（刘炫）。所以如此众议纷纭之故，便是由于《连山易》《归藏易》只留其名，不见其书，活像海市蜃楼，人人可得而遐想猜测。

然而今日我们再来讨论这个问题，便不像前人那样凭空臆度。前人之所短缺者有二事：一为彼时甲骨文未出土，他们不知道殷商时代有卜无筮，筮术乃兴于周初；二为他们不知道“易”字在周初筮术未兴之前，根本与卦象无关，所谓“三易之法”之“易”乃易字进入易学之初义，当时只是指筮术而言。今日我们已得到这两项十分重要的依据，再参照部分古籍中留下来的蛛丝马迹，因而对此一问题的看法，便清楚多了。例如上述诸家之说，以三易为夏、商、周三代之易之说，今既知三易自周初始有，夏、殷两代根本无筮术，则“夏易”与“殷易”二名根本就不能成立，故以《连山易》为夏易，以《归藏易》为殷易之说，即知完全是附会。

今依理推论，三易乃沿袭三兆而来，三易之差别在于“易”字所含变更、改换、代替之义上；换句话说，三易乃六十四卦变换排列方式的三种筮术。笔者认为诸家说中，以《连山易》首艮、《归藏易》首坤的排列方式是可信的，而《周易》的排列自是以乾卦为首。关于《连山易》首艮、

《归藏易》首坤之事，我们固然从“连山”“归藏”二名上可得其意，然而尤其重要的是从历史时代的思想演变上去寻求其所以然之故。

笔者一贯认为一切文化之发生，均有其所以然之历史因素，有其思想背景。今先论《归藏易》，我国夏、商、周三代的社会，是由母系转入父系的时期，自夏以上，古籍中的记载，充满了母系社会之迹象，自伏羲、神农而下，黄帝、颛顼、尧、舜、禹、契、后稷，都只言所从出之母，而不言父（《史记》《竹书纪年》等书）。牟宗三《历史哲学》第一章氏族社会一节言此转变表现帝位继承上，极有见解。《史记·夏本纪》载禹崩后，“以天下授益，三年之丧毕，益让帝禹之子启而辟居箕山之阳。”即是母系社会开始向父系社会转变的信息。但是一个社会形态之形成转变到另一个社会形态，尤其在古代，非短时期之事，人们对旧社会之观念之完全转变，必要经过许多代。父系社会之来，自夏代初年透出消息，真正确立足到西周兴起，夏、商两代都算足过渡时期。牟宗三曾举“殷代王位继承，父传于子者不多，大都是兄终弟及”以及“殷墟卜辞有多母多父之文”，以证明商代“母系社会之遗习尚多留存”。今就易学史上言，却更有一项有力的证据，那便是《礼记·礼运篇》中孔子之言。《礼运篇》载：

言偃复问曰：夫子之极言礼也，可得而闻与？孔子曰：我欲观夏道，是故之杞，而不足征也，吾得夏时焉；我欲观殷道，是故之宋，而不足征也，吾得坤乾焉。坤乾之义，夏时之等，吾以是观之。

孔子在宋所见到的“坤乾”，正是商代母系社会的文化遗迹，因为宋为殷商之后。但是，在这里我们却不可认为孔子所看到的“坤乾”，便是周礼“三易”中的《归藏易》，绝不是的，孔子所看到的是以坤乾为序的八卦排列，不是六十四卦的以坤为首卦的《归藏易》。孔子回答言偃的是问“体”，而不是问“易”问“筮”，因为殷商时尚无“易”或“筮”。可是，由此我们得到了一项可靠的证明，便是在文王演易以上，八卦已经有首坤次乾的排别方式。而这种方式我们有理由相信是由于母系社会的观念而产生，因为它与历史演进中母系社会的时代相一致；我们在前文已说过，以 ☰ 天 ☷ 地比拟父母的思想，必然发生很早。在文王演易之前既然有了首坤次乾的八卦排列，那么到了文王演易时，重八卦为六十四卦，自然就会有首坤次乾的六十四卦排别，何况筮术为了仿效卜法之三兆，需要有三种不同的排列方式呢？由此，笔者认为《归藏易》首坤卦的推测是可信的，它是沿袭孔子在宋所见到的“坤乾”的八卦排列方式而产生。

《归藏易》首坤之来历如上述，那么《连山易》之首艮呢？《周礼》言：“一曰连山，二曰归藏；三曰周易。”如果以时代思想论证，则《连山易》之思想渊源应是早于《归藏易》。今按历史文化演进之实际情形，三代以上，洪水横流，毒蛇猛兽为虐，故最早远古人们，巢居以障安全，发展到后来的氏族部落时代，则人们倚山丘而聚居，故有“丘民”之称（孟子：“得乎丘民为天子”）。今所见古陶文丘字，象二人各在土之一侧，即为古人倚丘山而居之证。我国民族部落时代正是伏羲以后至三代以上的一段期间，此时八卦已经画成，由于山丘在人们生活中的重要性，艮为山，故有以艮卦为首的八卦排列，这也是极合理的推断。

以上笔者所作推断，乃以历史时代之思想为依据，如此再参以“连山”“归藏”之名，则《连山易》首艮，《归藏易》首坤之说，似已可确定。总之，我们说“三易”的差别在于卦序排列之不同，然《连山易》与《归藏易》因其排列方式乃根据于已落伍的时代思想，而《周易》以乾卦为首的排列乃适合于新兴起的父系社会思想，故《周易》流传而《连山易》《归藏易》遭淘汰。这是历史演进中的必然现象，于此我们可以看到时代思潮力量之大，是无可抗拒的。

第四节 筮术易内容述要

一、筮术中常见名词释义

兹分作两部分先扼要介绍筮术中常见诸名词。

（一）卦象部分

卦：卦分两类：一为八卦，一为六十四卦。八卦为三画卦象，如☰乾、☵坎；六十四卦为六画卦象，如䷂屯、䷃蒙。

内卦：又称下卦，或言卦之下体，指六画卦之初、二、三爻所成之三画卦。

外卦：又称上卦，或言卦之上体，指四、五、上爻所成之三画卦。

本卦：谓依演蓍法十八变之后，所得之卦。例如十八变之后所提易数为七（少阳）、七（少阳）、六（老阴）、九（老阳）、八（少阴）、八（少阴），则得䷵归妹卦，以其老阴、老阳在卦象上尚在未变之前，故称本卦。见图4–1。

之卦：即本卦中之老阳及老阴变后所成之卦。例如上述䷵归妹卦之六三爻为老阴、九四爻为老阳，变后即成䷊泰卦，名为之卦。见图4–1。

贞与悔：卦象上之“贞”，非卦辞中“元亨利贞”之贞；

“悔”非“吉凶悔吝”之悔。就一个六画卦象言，内卦称贞，外卦称悔。就本卦与之卦言，本卦称贞，之卦称悔。《尚书·洪范》“曰贞曰悔”下，孔颖达疏云：“下体为本，因而重之，故以下体为贞；贞，正也，言下体是其正。郑玄云；悔之言晦，晦犹终也，晦是月之终，故以为终，言上体是其终也。”又李师遐敷尝谓：“悔字古作𣪠，字从卜从𡵂，谓由卜筮而滋生之卦。从𡵂者，《说文》：草盛上出也。从母者，盖坤为地、为母，象广生之地道。故由卜筮而滋生之外卦，单名为𣪠。”

爻：谓依演蓍法每三变后所得七（少阳）、九（老阳）、八（少阴）、六（老阴）之数所画下之符号。爻有位，由下起，依次为初、二、三、四、五、上爻。阳爻称九，阴爻称六。见图 4-1。

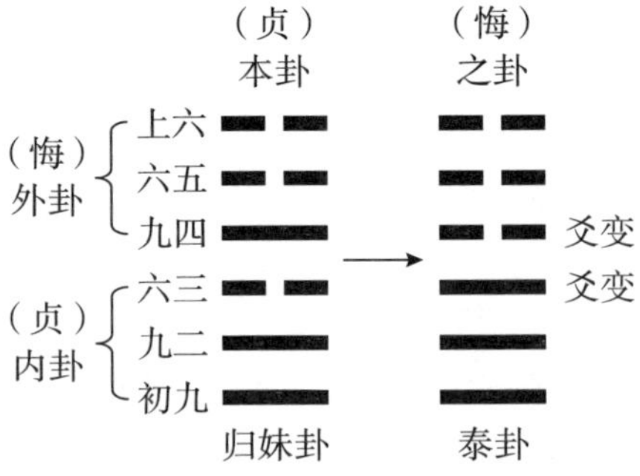

图 4-1　归妹之泰

变爻：或称动爻（尚秉和《周易古筮考》），即演蓍法中所得之九（老阳）、六（老阴）之爻。

不变爻：或称静爻（同上书），即演蓍法中所得之七（少阳）、八（少阴）之爻。

（二）文字部分

辞：卦爻下所系之文字，称辞。卦下者称卦辞，又称彖辞；爻下者称爻辞，又称象辞。卦爻辞乃依卦义与爻变之义而立。

元：“元”字甲骨文作“”，义为“人之上”，人之上为首，故《尔雅·释诂》云：“元，首也。”乃元之本义。引申为始、为大、为善之长。《乾·彖传》“大哉乾元”之元，有始生义；“元吉”“元亨”则为大义；《乾·文言》：“元，善之长也。”

亨：“亨”字甲骨文作“”，与“享”为一字，本义为献。然本义后来为“享”字所专，“亨”则行引申义，为通。《坤卦·彖传》：“品物咸亨。”《乾·文言》：“亨者，嘉之会也。”

利：“利”字甲骨文作“”，从秉、从刀、从土。此字可作两方面解释：就从秉方面言，禾熟而刈，是有所得，其义即《论语》“见利思义”之利。就从刀方面言，刈禾而分，又有分而得宜之义，引申为裁制事物各得其宜，得其宜则和，故《乾·文言》：“利者，义之和也。”“利”字见于卦爻辞中甚多，作“宜”解为是。

贞：“贞”字甲骨文中作“”“”“”等象，均鼎形，由此可见《说文》贞字“鼎，省声”之说可信。鼎体立正，故义为正。《师卦·彖传》：“贞，正也。”又鼎体坚固，故

又为固义，《乾·文言》：“贞者，事之干也。……贞固足以干事。”

吉、凶：《系辞传》：“吉凶者，言乎其得失也。”“吉凶者，失得之象也。”吉凶为是非之两端，吉就是行事合宜，有所得；凶就是行事不合宜，有所失。筮术是依据卦爻象，剖析其动向，示人吉凶之道。

悔、吝：悔与吝是介乎吉与凶之间的小过失，《系辞传》：“悔吝者，忧虞之象也。”“悔吝者，言乎其小疵也。”但此等小过失如不警惕改正，即有成凶的可能，是谓吝，即䷂屯卦，六三：“即鹿无虞，惟入于林中，不如舍，往，吝。”言君子见不善之几，便当舍去，若必往，则近于凶。“吝”字从口从文，《说文》释为“恨惜”，恨惜文之于口而非悔于心，故有趋凶之势。“悔”字从心，乃自恨有失，内惧于心之谓，《系辞传》：“震无咎者存乎悔。”故悔近吉。悔吝与吉凶的关系如下：

吉←悔、吝→凶

避免悔吝的小疵，只有平日注意微细之行，故《系辞传》言：“忧悔吝者存乎介。”

无咎：《系辞传》：“无咎者，善补过者也。”咎义为过（见《广韵》），改过即无咎。卦爻辞中言无咎，多由于卦爻象已处过失之地或应有过失，然以某种有利条件或处理得宜，使过失不生之谓。如䷀乾卦九三：“君子终日乾乾，夕惕若，厉，无咎。”又如䷄需卦初九：“需于郊，利用恒，无咎。”王弼于此说得好，兹录其言如下：

凡言无咎者，本皆有咎也，防得其道，故得无咎也。言吉无咎者，本亦有咎，因吉故得免也。无咎吉者，先免于咎而后吉从之也；或亦处得其时，吉不待功，不犯于咎，则获吉也。或有罪自己招，无所怨咎，亦曰无咎，故䷻节六三曰：不节若则嗟若，无咎。象曰：不节之嗟，又谁咎也。此之谓失。（《周易略例》）

又，无咎也作“非其咎”用，如䷛大过上六：“过涉灭顶，凶，无咎。”既言凶，何以又言无咎？乃言处大过之时，志在匡时行道，遂致灭顶，于事虽凶，于理为无咎。（按上言吉、凶、悔、吝、无咎之义，有非文字所能明者，读者当以意会；理存于心，人人得能体其理而会其意。佛家唯识析人之心理状态为五十一心所，惭与愧属善心所，无惭与无愧属烦心所，与易学勉人迁善改过之意同，此所谓东海圣人、西海圣人之相同见地，又如董仲舒《春秋繁露·玉英篇》云：“凡人有忧而不知其忧者，凶；有忧而深忧之者，吉。易曰：复其道，何其咎？此之谓也。”均有助于了解。）

厉：厉义为危。焦循《易通释》：“凡未悔吝者，均为厉。”

其他如：“利（不利）涉大川。”义为宜（不宜）于行事，“涉大川”在古代是涉险之事，故句中含有行事涉险之意。“利（不利）有攸往”，也是宜（不宜）于前往之义。这一些，读者均可由字面而得其含义，不烦解释。

二、变占法则

上节所述演蓍法，为筮占法之前一部分，变占法则为后一部分。根据演蓍法求得之卦象，为“本卦”，视本卦中哪些爻为老阳或老阴，从而画出“之卦”，如何参酌本卦与之卦以裁断吉凶，便是变占法则。非常遗憾的事，是西周筮术鼎盛时期筮例无存，后世所见者唯《左传》及《国语》二书中所载筮例二十二事（《左传》十九、《国语》三），而此时已值筮术之衰。二十二则筮例中尚有不以周易之辞占者四（《国语》卜单襄公述晋人之筮、《左传·闵公二年》卜楚丘之父之筮成季、《僖公十五年》卜徒父筮秦伐晋、《成公十六年》晋侯筮击楚军），故实际可供后人参考者只十八则筮例，以下变占法则即为朱熹参酌这一部分筮例所拟订。

宋代朱熹以前，已有多人对变占法则作研究，比较起来朱熹近是。

依据变占，一卦可变为六十四卦，即一爻变者六卦，二爻变者十五卦，三爻变者二十卦，四爻变者十五卦，五爻变者六卦，六爻皆变者一卦，合六爻皆不变之本卦，共六十四（按西汉焦延寿《易林》，即以此变占排列，唯焦氏采周易次序从乾卦始，分别与六十四卦配合之方式）。占时，法则如下：

> 一爻变：以本卦变爻辞占。
>
> 二爻变：以本卦二变爻辞占，仍以上爻为主。
>
> 三爻变：占本卦及之卦之彖辞，以本卦为贞，之卦为悔。
>
> 四爻变：以之卦二不变爻占，仍以下爻为主。
>
> 五爻变：以之卦不变爻占。
>
> 六爻变：乾坤占二用，余卦占之卦彖辞。
>
> 六爻均不变：占本卦彖辞。

朱熹这个变占法则，其中问题仍多，为后人讨论而未决，如：首先，第一、二爻变与四爻变，《左传》《国语》二书筮例中无此情况，二爻变尚可谓准一爻变之则，但四爻变谓“以之卦二不变爻占”，则是舍九、六之变，用七、八之不变，是否古人意，殊有问题。其次，第二、五爻变谓“以之卦不变爻占”，也是用七、八。《左传》中虽有穆姜之筮例，然穆姜之筮原为 ䷳ 艮之八，杜预注以为是《连山易》《归藏易》以不变占的占法，因不利，故卜史对以艮之 ䷐ 随，成为五爻变，而卜史又以随卦辞为解。朱子以随卦之六二爻辞为“系小子，失丈夫”，与穆姜之遭遇相合，故以此为断。然此以“八”为占之筮法，至今不明，故也是问题。最后，这个法则又不能一定视为如此不移。例如一爻变，依法当以本卦变爻辞占。然《左传·闵公元年》毕万之筮，遇 ䷂ 屯之 ䷇ 比，除依据本卦初爻爻辞外，兼取本卦之内外卦体及之卦之内卦。《左传·庄公二十二年》陈侯之筮，遇 ䷓ 观之 ䷋ 否，依法当以本卦六四爻辞占，然其义兼及本卦之内外卦体及本卦与之卦之互体。由此可见，朱子这个法则只是变占中的一个方向，并非在法则之外便不顾其他条件。卦象爻象所呈现者是多方面的关系，问占求断的人所处所遇也有多方面原因，察卦爻之变，衡问占人之处遇，以理论断，才是正用，如必限于某一卦某一爻之辞，则是限制了卦变之义，失却了卦变之用。

所以，在筮术占断中，决定吉凶实赖于三方面：第一，卦爻象及卦爻辞的启示；第二，问占者的主客观情状（即本身状况及遭遇）；第三，主筮人（即卜史）的识见。其中主筮人的识见占有相当重要的分量，因为卦爻象的变化既是多方面的，往往可作多方面解释；一句卦辞或爻辞也往往可东可西，言吉言凶。主筮之人在占断时所面临的是一连串的思考活动：推求、研判、综合、裁决。如果主筮人明智有识见，裁断自然可靠近实，如果主筮人欠于深识、昧于变通，也可能裁断出相反的结论来。所以《系辞传》说：

极天下之赜者存乎卦，鼓天下之动者存乎辞，化而成之存乎变，推而行之存乎理，神而明之存乎其人。

意思是说，卦爻象、卦爻辞及卦爻之变中含有至深的道理，而道理的“神而明之”，却要靠人，此“人”乃指主筮者而言。《系辞传》言筮占为“圣人之道”，为什么说是圣人之道？因为圣人是明智有深识的人，观察入微，考虑周到，因而裁断才正确，故又云：

夫易，圣人之所以极深而研几也。唯深也，故能通天下之志；唯几也，故能成天下之务；唯神也，故不疾而速，不行而至。

《左传》及《国语》中，以不同意见解释同一卦爻象或卦爻辞的例子非一。如《左传·昭公十二年》南蒯之筮，遇䷁坤之䷇比，南蒯以为吉，子服景伯以为凶；《国语·晋语》中晋侯之筮，遇“贞屯悔豫”（䷂之䷏），史以为不吉，司空季子以为吉。这些筮例均引录于后文，读者可查考。

关于主筮人在筮占中之重要性，历来研究筮术的学者都不忽略这方面，兹引录江慎修《河洛精蕴》的一段话如下：

> 占法有随卜人（按即主筮人，筮占非为龟卜，用卜人不妥，故本书不采用）之解说而应，不必依其本义也。辞凶而卜人善为隐之，如得离之九四，但曰突如其来如，谓目前即有吉事，果以吉应也，易固有此理，吉凶应以几，其随卜人之解说而应者。如占科名而得屯之六三：即鹿无虞，惟入于林中。其人以为无望矣，卜人曰：非也，即预鹿鸣宴也，无虞者，不必忧虞也，惟入于林中者，仍联捷，得馆选，入于词林之中也。后果应。又有占科名，遇困之六三而奇验者，爻辞有朱绂方来，后榜名前为朱绂，后为方来，已名在其中间，易之巧应乃如此。然则解易是一理，占易又是一理，解易则论某卦有德无德，当位失位，有应无应，若占时则皆无所用之，如以解易之理占易，则缪矣。或曰：易道至尊，如以是言，易似儿戏，易不已亵乎？曰：不然，人在气数之中，事应以几，适逢其会，大抵皆

然，不必卜筮也。如一士尝陷缧绁中，后得释，往赴试，适遇演戏，士曰：我试撞戏一出，便知得失矣。及观戏，遇一大凶事，一犯临刑赴法场，士即急走，曰：我中矣。人问其故，曰：我犯人也，犯由牌上书犯人一名，非我而谁？果入彀。凡卜筮有应者，亦即撞戏之理也，吉凶虚象，岂不在人之解说哉！

江慎修这段话在此引为例，或有未妥，因为他深受汉宋易的影响，以"人在气数之中，事应以几"为主要思想，故将"解易"视为一理，"占易"视为另一理。他的占易思想已入数术家之说中，非先秦筮术易之原面目（将于《宋易史》中论及此演变），但他在文中强调主筮人的重要，吉凶随人解说的意见是不错的。然而，这并不是说筮术是一套可是可非的戏法，吉凶漫无标准；相反，易道之精深神用正在此。易道如明镜高悬，照天下一切物、一切事，它的神用是无方无限的，问占人挟某一疑问来求断，乃就易道之无方无限之神用中，寻出应于己者，故主筮之人如具有明智深识，则寻得其正应而指示之；如非明智深识者，则不得其正应，以似是而非之论解说，遂致吉凶颠倒。同时，问占之人面对卦爻象及卦爻辞，衡诸自身之境遇，自心之疑难，稍有识见者，即自有吉凶之感应，吉凶行事之原则也就在此处决定。所以筮术之事虽有予人以是非吉凶、恍惚左右之感，然其真正面目却是神圣而庄严，是非吉凶之界限厘然分明，老子所谓“明道若昧，进道若退，夷道若颖”，即指易道而言。《系辞传》引孔子之言曰：

> 是故蓍之德圆而神，卦之德方以知，六爻之义易以贡，圣人以此先心，退藏于密，吉凶与民同患，神以知来，知以藏往，其孰能与于此哉！古之聪明睿知神武而不杀也夫！是以明于天之道而察于民之故，是兴神物以前民用，圣人以此齐戒以神明其德夫！

又言：

> 天地设位，圣人成能，人谋鬼谋，百姓与能。

细细寻绎《系辞传》这些话中的含义，就会对筮术占断生真正的认识。

三、筮例类举（附：八）

上所述朱熹之变占法则，乃依据《左传》《国语》二书之筮例而立，今且依类引录二书中筮例若干则，以见古人命筮占断之实情。只是二书中总所见之筮例二十二事，残缺不全，二爻变、四爻变及六爻变者无，三爻变、五爻变者各一，其他除三二则为六爻不变者外，余均为一爻变之筮例。此即为前文所述老阳、老阴在演蓍得卦中机会较少之故。例举如下：

第一,一爻变筮例（例多，兹举其四）。

例一：取本卦变爻兼及内卦象义。

《左传·闵公元年》：“初，毕万筮仕于晋，遇䷂屯之䷇比。辛廖占之，曰：吉，屯固比入，吉孰大焉？其必蕃昌。震为土，车从马，足居之，兄长之，母覆之，众归之，六体不易，合而能固，安而能杀，公侯之卦也。公侯之子孙，必复其始。”

（按屯变之比，为初爻变，内卦震变之坤。震为车，坤为土、为马，故言“震为土，车从马”。震为足，又为长男，坤为母，又为众，故言“足居之，兄长之，母覆之，众归之”。毕万为己占，且变爻在内卦，所以均从内卦象上言，文中虽未明说出变爻之辞，然“公侯之卦也”一语，显系从屯初九爻辞“利建侯”上来。且以“必复其始”更申初爻之义。）

例二：取本卦变爻兼及内外卦象义。

《左传·僖公二十五年》：“公曰：筮之。筮之，遇䷍大有之䷥睽。曰：吉，遇公用享于天子之卦，战克而王飨，吉孰大焉；且是卦也，天为泽以当日，天子降心以逆公，不亦可乎？大有去睽而复，亦其所也。”

（按“公用享于天子”为大有九三爻辞，大有之睽，变在第三爻，故以此爻辞占。内卦乾变之兑，乾为天，兑为泽，外卦离为日，故言“天为泽以当日”。兑又为悦，乾为大有之下体，变而之兑，故有“天子降心以逆公”之象。虽取内外卦象，重在内卦，因文公为己占，且变在内卦。）

例三：取本卦变爻、内外卦象兼及互体义。

《左传·庄公二十二年》：“周史有以周易见陈侯者，陈侯使筮之，遇䷓观之䷋否。曰：是谓观国之光，利用宾于王，此其代陈有国乎？不在此，其在异国，非其身，在其子孙。光远而自他，有耀者也。坤土也，巽风也，乾天也，风为天于土上，山也。有山之材而照之以天光，于是乎居土上，故曰：观国之光，利用宾于王。庭实旅百，奉之以玉帛，天地之美俱焉，故曰：利用宾于王。犹有观焉，故曰：其在后乎？风行而著于土，故曰：其在异国乎？若在异国，必姜姓也；姜，大岳之后也，山岳则配天，物莫能两大，陈衰，此其昌乎？”

（按观之否，变在四卦，“观国之光，利用宾于王”即为观卦四爻爻辞。凡卦五爻为天子位，四爻为公侯位，观变之否，即外卦巽变之乾，四爻原为接天子位之阴爻，变为阳爻成乾天，故言“代陈有国”。其他文中已言之甚明，唯此筮例兼用互体，本卦三至五爻互艮，之卦二至四爻也互艮，且之卦之艮山，上接乾天，故由山岳之岳而推知异国为姜姓。两汉互体之说，始于此。）

例四：仅以变爻辞义为解，不取卦象。

《左传·哀公九年》：“阳虎以周易筮之，遇䷊泰之䷄需。曰：宋方吉，不可与也。微子启，帝乙之元子也。宋、郑，甥舅也。祉，禄也。若帝乙之元子，归妹而有吉禄，我安得吉焉？乃止。”

（按泰之需，变在五爻，泰卦六五爻辞为“帝乙归妹，以祉元吉”。此例不以象，仅取爻辞义。）

第二，二爻变筮例（缺）。

第三，三爻变筮例。

《国语·晋语》：“公子亲筮之，曰：尚有晋国？得贞屯悔豫（䷂之䷏），皆八也。筮史占之，皆曰：不吉。闭而不通，爻无为也。司空季子曰：吉。是在周易，皆利建侯，不有晋国，以辅王室，安能建侯？我命筮曰：尚有晋国？筮告我曰：利建侯。得国之务也，吉孰大焉？震，车也；坎，水也；屯，厚也；豫，乐也。车班内外，顺以训之，泉原以资之，土厚而乐其实，不有晋国，何以当之？震，雷也、车也；坎，劳也、水也、众也。主雷与车，而尚水与众。车有震，武；众顺，文也；文武具，厚之至也，故曰屯。其繇曰：元亨利贞，勿用有攸往，利建侯。主震雷，长也，故曰元。众而顺，嘉地，故曰亨。内有震雷，故曰利贞。车上水下，必伯。小事不济，壅也，故曰：勿用有攸往。一夫之行也，众顺而有武威，故曰利建侯。坤，母也，震，长男也，母老子强，故曰豫。其繇曰：利建侯行师。居乐出威之谓也。是二者，得国之卦也。”

［此筮例为《左传》《国语》中三则以“八”论占筮例之一。以“八”占之法至今不得其究竟（见

后文），然三爻变之筮例，只此一处，朱熹三爻变之法则，言“占本卦及之卦彖辞，以本卦为贞，之卦为悔”，正是由此例来，故举此例。然观文中“筮史占之，皆曰不吉”，可知筮史很可能是以“八”占为断，而司空季子之言“吉”，则依周易为解。由此筮例，足见主筮人的才智在筮占中的重要性，筮史断为不吉，自是依据占法之常轨，而司空季子则针对文公命筮之言“尚有晋国”，提出屯、豫二卦彖辞具有“利建侯”之直接答辞。然后再从所有卦象上分析。屯内豫外，均为震，震为车，故言“车班内外”（班，遍也）。屯外卦为坎，豫三至五互坎，屯三至五及豫二至四均互艮，艮山坎水，水在山为泉源，流而不竭，故言“泉原以资之”。豫为乐，豫内卦为坤，坤为土；外卦为震，震为动；二至四互艮，艮为硕果，硕果震动则落于地，故言“土厚而乐其实”。]

第四，四爻变筮例（缺）。

第五，五爻变筮例。

《左传·襄公九年》：“穆姜薨于东宫。始往而筮之，遇䷳艮之八，史曰：是谓艮之䷐随，随其出也，君必速出。姜曰：亡。是在周易，曰：随，元亨利贞，无咎。元，体之长也；亨，嘉之会也；利，义之和也；贞，事之干也。体仁足以长仁，嘉会足以合体，利物足以和义，贞固足以干事。然固不可诬也……今我妇人而与于乱，固在下位而有不仁，不可谓元；不靖国家，不可谓亨；作而害身，不可谓利；弃位而姣，不可谓贞。有四德者，随而无咎，我皆无之，岂随也哉？我则取恶，能无咎乎？必死于此，弗得出矣。”

（按此筮例也是以“八”论占者，杜预以为八为连山、归藏易不占变的占法，因不利，故史复以周易变爻占，言“艮之随”。然艮之随为五爻变之筮，不应以之卦之彖辞占，今史以随卦彖辞“元亨利贞”为对，乃欲安慰穆姜之故。但穆姜终是明白人，即以彖辞折史之妄。朱熹认为此筮应以随卦六二不变为占，随六二爻辞为“系小子，失丈夫”，正合穆姜之情实，故立五爻变法则为“以之卦不变爻占”。但此筮为以“八”占之例，故终是疑问。）

第六，六爻皆变筮例。

《左传·昭公二十九年》：“蔡墨曰：……龙，水物也。水官弃矣，故龙不生得。不然，周易有之：

在䷀乾之䷫姤，曰：潜龙勿用；其䷌同人，曰：见龙在田；其䷍大有，曰飞龙在天；其䷪夬，曰：亢龙有悔。其䷁坤，曰：见群龙无首，吉。坤之䷖剥，曰：龙战于野。若不朝夕见，谁能物之？”

（按此则非命筮之例，乃蔡墨论龙，及于六爻变，引乾用九之辞：“见群龙无首，吉。”言乾之变坤。朱子据此立法则，曰“乾坤占二用”；其他卦无用九、用六，推言“余卦占之卦彖辞”。然此处也有问题，蔡墨言乾之坤，所引为本卦用九之辞，非之卦之用六，今朱子以“余卦占之卦之彖辞”，是否允当，也可疑。）

第七，六爻皆不变筮例。

例一：

《左传·僖公十五年》：“秦伯伐晋，卜徒父筮之，吉。……其卦遇䷑蛊，曰：千乘三去，三去之余，获其雄狐。夫狐蛊，必其君也；蛊之贞，风也；其悔，山也。岁云秋矣，我落其实而取其材，所以克也。实落材亡，不败何待？”

（按此筮例所引易辞，不见于今本《周易》，无之卦，故知为六爻不变之象。凡占，内卦为主、为贞，外卦为宾、为悔。蛊内卦巽为风，外卦艮为山，占时为秋，山木结实，实为风所摧则剥落，故断以晋必败。《周易古筮考》言："初至四为大坎，河也。二至四为兑，兑毁折。三至五为震，震为车，故车毁折。而止于泞，艮止故也。更参以贞悔，知败在彼而不在我，明矣。"）

例二：

《左传·成公十六年》，晋侯将伐郑，楚子救郑，"公筮之，史曰：吉。其卦遇䷗复，曰：南国蹴，射其元，王中厥目。国蹴王伤，不败何待？公从之。"

（按此筮例所引易辞，也不见于今本《周易》。杜预注云："复，阳长之卦。阳气起子，南行推阴，故曰南国蹴也。南国蹴则离受其咎，离为诸侯，又为目。阳气激南，飞矢之象。"杜氏此注乃以汉易卦气为说，非先秦易所应有。）

附：八

以八论占的筮例，《左传》《国语》中有三处，《国语·晋语》之"贞屯悔豫皆八"及《左传·襄公九年》之"艮之八"

两处，已见上文举例，另一处为《国语·晋语》载公子重耳之返国：

董因迎公于河，公问焉，曰：吾其济乎？对曰：臣筮之。得 ䷊ 泰之八，曰：是谓天地配，亨。小往大来，今及之矣，何不利之有？

因为《周易》筮占法中以“九”“六”为变数，象老阳、老阴，以“七”“八”为不变数，象少阳、少阴；同时乾、坤二卦中又有“用九”“用六”之辞，故后世均以《周易》以“变”为占。《左传》《国语》中三处以八论占之筮例，除“泰之八”未引起争议外（因当时无筮史在场），其他二处均为筮史之裁断与问占者之意见不合，可见八之占与《周易》之用九、用六有别，只是别无资料可寻，故迄于今存疑。杜预注《左传》与韦昭注《国语》，都是忖以己意，勉强立注，实同难以自圆其说。

杜预注“艮之八”，云：“连山、归藏以七八占，故曰艮之八。”这只是笼统想象而言，因为第一，《连山易》《归藏易》究竟占法如何，后世无闻。第二，即令《连山易》《归藏易》二易以七八占，必有其故，其故何在？又何以只见“之八”，不见“之七”？

韦昭注“贞屯悔豫皆八”，云：“震两阴爻在贞在悔皆不变，故曰皆八。”更是含糊，今按卦由屯之豫，不变之阴爻计有三，韦氏言“震两阴爻”，当指六二、六三两爻，然而此两阴爻不变称八，上六爻在贞在悔也不变，何以不称八？又韦氏注“泰之八”云：“泰无动爻，筮为侯，泰三至五震，为侯，阴爻不动，其数为八。”是韦氏又以互体之说，在卦象上寻求牵合以为言，与“贞屯悔豫”之注，不相符合。

除杜、韦之注外，后世易家也有推断何以用八不用七之故者，如惠栋之说：

> 蓍圆而神，七也；卦方以知，八也；六爻易以贡，九六也。七七四十九，蓍之数；八八六十四，卦之数；九六变成三百八十四，爻之数。神以知来，知以藏往，知来为卦之未成者，藏往为卦之已成者，故不曰七，而曰八。春秋内外传从无筮得某卦之七者，以七者筮之数，未成卦也。

是以八为已成卦之数，有“藏往”义，故用；七为未成卦之数，有知来义，故不用。显然在勉强找理由，七既为知来义，筮占的目的在占未来，岂不正该用七？

总之，以八论占之法，仅就《左传》《国语》之三则筮例来看，实不能得出一共通之原则，对此一问题，我们只好听从《周易古筮考》的话了：“盖此等筮法其亡已久，后人无以会其通，故无能索解。”

四、筮术易中四个基本观念

卦爻辞中吉凶悔吝之断，依据于卦爻象之所示，卦爻象的关系变化，兆示易道，然而易道在哪里？究竟如何把握呢？由前所举之筮例可以看出，所谓易道，实际上也就是人世社会日常生活中的理则。这种理则随人生而俱来，彼此心性共通，自然而知，自然而行。但由于它太普遍、太广涵、与人关系太切近之故，人反而少注意到它，《系辞传》所谓：“仁者见之谓之仁，知者见之谓之知，百姓日用而不知。”筮术之用，也不过将这种普遍广涵的理则，收归到卦爻象上，具体地显明出它存在之迹罢了。所以卦爻象的变化虽然多端，却是据理而变，变而合于人心之明知；筮术之所以不是迷信，而为“圣人借神道以设教”的原因，就在这里。这也就是系辞所说的：“言天下之至赜而不可恶也，言天下之至动而不可乱也，拟之而后言，议之而后动，拟议以成其变化。”现在我们将筮术中最基本，当然也是至重要的四个观念，提出来分别做一叙述。这四个基本观念表现在六十四卦中任何一卦、任何一爻，刻刻不离，真是离此便无以言易。这四者便是：位、时、中与应。当然，这四个观念不是由筮术之兴起而产生，从古史中我们可以看到它们的形成，远早于西周时代，但无可否认的经过筮术占断将它们放在卦爻象上作为理论以后，它们更深刻、更鲜明地印在中国人心目中。到了后来，筮术易演变为儒门易，孔子在十翼义理中尤特别发挥此四者之义。从此它们在中国文化中发生了无以言喻的大影响，凡是中国人，在日常生活中每发一言、每行一事，往往先考虑到："这样做是否合于我的身份"（位），"是否合乎时机"（时），"是否做得恰到好处"（中），"这样做会有些什么影响"（应），便是这四个观念在促动。以下分别叙述，先言位。

（一）位

位，乃就易道落入空间变化而言，每卦六爻，爻分初、二、三、四、五、上，是为六位。爻位不同，系辞之义也不同，象征一个人处境不同，做事方法也不同。今且以乾卦为例，乾卦以六龙为象，当龙在初九之位时，爻辞言"潜龙，勿用"。初爻居全卦之下，象此时龙在潜隐之位，不宜崭露头角，有所施用，应该潜藏以待时。九二爻辞言："见龙在田，利见大人。"二爻居内卦之中，象龙此时已离潜出隐，宜于有所施展，有刚健居中之德，故言。九三爻辞言："君子终日乾乾，夕惕若，厉，无咎。"三爻居内卦之上，象此时龙已出人头地，虽非至尊，而位高于众民，位高则危，能"终日乾乾，夕惕若"，则虽危而"无咎"。九四爻辞言："或跃在渊，无咎。"四爻上比九五，有进升尊位之意。然以阳爻处九四，非阳正位，又居上卦之下，动降则落入不测，故言“或跃在渊”。虽然，当乾道变革之际，进则升，不进则进德修业，进退及时，故言“无咎”。九五爻辞言：“飞龙在天，利见大人。”五爻居上卦之中，备刚健中正之德，为最尊位，故言。上九爻辞言：“亢龙，有悔。”上爻已致卦象之穷，动而有失，然易道尚变，又不得不动，处此地位，唯有存“悔”心，内自警惧，留意纤介之微，以期于无咎，辞中不用“吝”而用“悔”字，饶有深意在。最后用九言“见群龙无首，吉”，乃总言六位无固定不变之首尚，以变为用，方是吉。

位的变化，无法用固定的法则作肯定的说明，上举乾卦之例只是易道之大则，且乾卦为纯阳之卦，无阴爻，故位的变化较单纯。六十四卦除乾坤二卦外，其他卦均为阴阳爻相错杂，位的变化也就所在不同。而且爻位上下，只是易道变化之一环，除位以外尚要看乘刚乘柔、有应无应、何比何遇、往来进退、以时不以时等以决定吉凶之断；有时候异位而同功，有时候同位而异用，故每一卦、每一爻均有不同意义。今且再举数例。䷧解卦六三爻辞：“负且乘，致寇至，贞，吝。”六三以阴柔居阳刚之位，且乘刚，二者俱不正，就位而言为以小处大，以贱贪贵，故不利于贞固而不变，否则将致吝，也就是将趋于凶。又如䷑蛊卦九二爻辞：“干母之蛊，不可贞。”九二体阳，处阴柔之正位，犹以阳刚操阴柔之职，故“不可贞”。又如䷮困卦六三爻辞：“困于石，据于蒺藜，入于其宫，不见其妻，凶。”石谓九四，九四有初六之应，故六三虽比之而不得其心；蒺藜谓九二，九二阳刚，非所当乘。是六三之处境进退失据，且上无应，一切不利，故言凶。《系辞传》引有孔子释此爻之文曰：“非所困而困焉，名必辱，非所据而据焉，身必危，既辱且危，死期将至，妻其可得见邪！”上所举这几个例，无非在表示卦中之位，在论断吉凶时，尚不能仅以“位”决定，必要参照其他条件。

先秦易学中卦爻象之言位，类别有三：阴阳之位、尊卑之位与三才之位。兹分述之于下。

第一，阴阳之位。

阴阳之位为筮术中最普遍通用者，即以初、三、五爻为阳位，以二、四、上爻为阴位。凡阳爻居阳位者，阴爻居阴位者，称为当位、得位、正位、位正当等；凡阳爻居阴位，阴爻居阳位者，称为不当位、位不当、失位、非其位、未得位等。例多，不烦尽列，兹各举数则于下。

一是阳爻居阳位，阴爻居阴位者。

䷠遁卦辞：“亨，小利贞。”彖曰：“刚当位而应。”谓九五爻当位。

䷈小畜卦辞：“亨，密云不雨，自我西郊。”彖曰：“柔得位而上下应之。”谓六四爻得位。

䷤家人卦辞：“利女贞。”彖曰：“女正位乎内，男正位乎外，男女正天地之大义也。”谓六二、九五两爻之位正。

䷉履九五爻辞：“夬履，正，厉。”象曰：“位正当也。”

䷻节九五爻辞：“甘节，吉，往有尚。”象曰：“居位中也。”

二是阳爻居阴位、阴爻居阳位者。

䷔噬嗑卦辞：“亨，利用狱。”彖曰：“柔得中而上行，虽不当位，利用狱也。”谓六五不当位。

䷽小过卦辞：“亨，利贞，可小事，不可大事。”彖曰：“刚失位而不中。”谓九四失位。

䷋否六三爻辞：“包羞。”象曰：“位不当也。”

䷟恒九四爻辞：“田无禽。”象曰：“久非其位。”

䷷旅九四爻辞：“旅于处，得资斧，我心不快。”象曰：“未得位也。”

至于何以初、三、五为阳位？二、四、六为阴位？自然是由奇偶之数上来，《系辞传》：“天一、地二、天三、地四……”凡奇数配天，偶数配地，天为阳，地为阴。而基本思想仍是从伏羲氏画卦乾始生为奇、坤继起为偶之理论上来。

第二，尊卑之位。

《系辞传》：“天尊地卑，乾坤定矣，卑高以陈，贵贱位矣。”又言：“列贵贱者存乎位。”是古人又以爻位之高下象尊卑贵贱。最明显表示出来的是第五爻之象人君，例如：

䷇比九五爻辞："王用三驱。"

䷒临六五爻辞："大君之宜。"

䷤家人九五爻辞："王假有家。"

䷺涣九五爻辞："涣王居。"

其他各爻虽未明白说出尊卑贵贱人物之等级，然也时而表示出尊卑贵贱之差别，例如：

䷂屯初九爻辞称"利建侯"，象曰："以贵下贱，大得民也。"

䷎谦初六爻辞称"谦谦君子"，象曰："谦谦君子，卑以自牧也。"

䷆师九二爻辞称"王三锡命"，以刚中故。

䷢晋六二爻辞称"受兹介福，于其王母"，以中正故。

䷁坤六三爻辞称"或从王事"，以居下卦之上故。

䷭升九三爻辞称"升虚邑"，以九三上比于坤之国故。

䷍大有上九爻辞称"自天佑之"，象曰："大有上吉，自天佑也。"

䷑蛊上九爻辞称"不事王侯，高尚其事"，象曰："不事王侯，志可则也。"

均隐约透射出人物尊卑、等级贵贱之属。于是到了先秦以下，易学家便直以人物等级来区分。《京房易传》中以初爻当元士，二爻为大夫，三爻为三公，四爻为诸侯，五爻为国君，上爻宗庙。也有人以三爻为诸侯，四爻为宰辅，上爻为太上皇者。荀爽、虞翻均曾以此注易，例如：

䷅ 讼上九：“或锡之鞶带，终朝三拕之。”荀爽注：“鞶带，宗庙之服，三应于上，上为宗庙，故曰鞶带也。”

䷉ 履初九《象传》：“素履之往，独行愿也。”荀爽注：“素履者。谓布衣之士，未得居位，独行礼义，不失其正，故无咎也。”

䷍ 大有九三：“公用亨于天子。”虞翻注：“天子谓五，三公位也。”

第三，三才之位。

《系辞传》：“易之为书也，广大悉备，有天道焉，有人道焉，有地道焉。兼三才而两之，故六；六者非它也，三才之道也。”

《说卦传》：“是以立天之道，曰阴与阳；立地之道，曰柔与刚；立人之道，曰仁与义。兼三才而两之，故易六位而成卦。”

以六爻当三才，即初、二爻在下，为地位；五、上爻在上，为天位，三、四爻在中，为人位。此等思想自筮术易之兴即有，前述演蓍法中，“挂一以象三”，便是从天、地、人三才之位上立义。此思想当是从八卦来，因为八卦每卦三画，很容易比拟到天、地、人三才之道上，到了重卦以后，卦象增加为六画，每一卦自然不能有上下两个天、地、人，只好以两爻为单位计算，名之曰“兼三才而两之”。但这种思想在卦爻辞中所见之处不多，原因自然是由于二、五两爻在上下卦中已分居中正之位，如三、四两爻也以中位言，则二、三、四、五均为居中位，势将造成占断中的混淆不清。而且六十四卦乃由重卦而成，依理言，三为下卦之止，四为上卦之下，实不得为中。因之，以三、四爻为中，只是就天、地、人三才之义上言，在解说卦象、占断吉凶上，均不取此一义。最明显的如䷽小过，九三与九四居全卦象之中，但《彖传》却言“刚失位而不中”。再如䷼中孚，也是最明显的二阴在全卦象之中，然《彖传》却言“柔在内而刚得中”，只言二阴在内，论中则是九二与九五。总六十四卦之三、四爻，辞中言及“中”字者，只有两卦。一为䷗复六四：“中行独复。”一为䷩益六三：“中行，告公用圭。”及六四：“中行，告公从。”然此二卦之言“中”，各易家也都不以三、四爻居中位为解（请参阅各家易注）。所以三、四爻只是在“三才”的思想方面以其居卦象之中故，配合人位，与二、五两爻之用于解易之原则者不同。此外，以三四爻为中者，尚有如䷼中孚之卦名，取义于重刚在外，二柔居中；䷽小过卦辞言及“飞鸟”，以二刚在中，四柔均分上下，如飞鸟状。都不是作为吉凶悔吝之断的依据，只是由于卦象之特殊。

以上是表现在卦象上的三种不同的位。除此之外尚有八卦之定位，也为易家所常言，它们是：

☰乾卦：正位在五。

☷坤卦：正位在二。

☳震卦：正位在初。

☴巽卦：正位在四。

☵坎卦：正位在五。

☲离卦：正位在二。

☶艮卦：正位在三。

☱兑卦：正位在上。

六十四卦中八卦之位，是由三画之八卦推出，阳卦以阳爻居正位者为主，阴卦以阴爻居正位者为主。阳卦除纯阳之乾外，为震、坎、艮三卦；阴卦除纯阴之坤外，为巽、离、兑三卦。读者一看即知。

（二）时

时，言易道之落入时间之变化，与位之言空间为易道变化之两大要素，而时之对吉凶悔吝之影响力尤为强固。何以言之？在位一方面，有时候尚可稍假人力以得变通，如乾之九三，居位虽“厉”，能“终日乾乾，夕惕若”，可以“无咎”；如震之上六，虽处震之极，若能恐惧修省，“不于其躬、于其邻”，也可“无咎”。有时候爻虽不当位，得中有应，也获吉，如大有之六五与九二，彖辞言“元亨”；睽之六五与九二，彖辞言“小事吉”；升之六五与九二，彖传言“元亨”。或有时候“得中”也可以弥位不当之失，“有应”也可以补失位之憾，这些例子均不少。可是，在时的一方面，如有失，便不易补救，诚以大化迁流，时过则境迁，欲挽救已不可及。因此之故，易中言“乘时”(《乾·彖传》：“时乘六龙以御天。”)、言“待时”(《系辞传》：“待时而动，何不利之有。”)、言“不失时”(《艮·彖传》：“动静不失其时，其道光明。”)、言“与时偕行”(损、益、小过等卦《彖传》)，亟言“时”之要。孔子在《文言传》中论大人之德，谓“与四时合其序”，“先天而天弗违，后天而奉天时”，时的重要性可知。

要明了时的重要性，最好举乾、坤二用以作说明，这两则筮术易中卦爻辞以外的文字，真是最要紧不过，今解释如下：

☰乾 用九：“见群龙无首，吉。”

“用九”之“九”，即前述演蓍法中之“九”，与“六”分别代表老阳、老阴，阴阳及老则变。今乾卦六爻均阳，为阳之极，故言“九”。所以九的含义在此即为“变”，用九即“用变”之义。乾卦六爻的个别义，已分别示明在六爻辞中，今在六爻之后再增加此一则用变的文字，是特别告诉占者如何乘时、因位之道。“见”同“现”，“群龙”指乾卦六阳爻，“无首”二字，古来注释多多，或含糊不明，或不得要领，王弼甚至以相反义立注（王注“用九”“用六”之讨论，详见笔者《两汉易学史》中王弼易说)。按“无首”之“首”字，原义为“头”(《广韵》)，引申其义为先、为前、为始、为尚等义。乾卦六爻，时位不同，各有不同之行事首尚，譬如当初九“潜龙”之时，尚“勿用”，当九二“见龙”之时，尚“利见大人”，当九三“厉”之时，尚“终日乾乾，夕惕若”。因时制宜，不尚于一种行事之道，不固执于一成不变，故言“无首”。“时乘六龙以御天”“君子而时中”，都是此义。后来墨子云：“五行毋常胜，说在宜。”含义也同。换句话说，就是因时位而权变行事，当潜则潜，当见则见，当飞则飞，这样才吉，故《文言》曰：“乾元用九，天下治也。”乾卦用九这一则，寥寥几个字，把易道的全体大用说得明明白白，而且文从字顺，毫无晦涩之处，而后世易学家之注易，却一味向幽深玄远处求，反而义旨不明，真叫做舍近而求远了。

其次，说到坤卦的用六一则，文如下。

☷坤 用六：“利永贞。”

“用六”之含义同于“用九”，也是“用变”，而辞更简短，只有三个字。“利”义为宜，“永”言恒久，“贞”义为正，此“贞”字即坤卦卦辞中之“牝马之贞”。坤性以顺为正，与乾不同。乾性刚健进取，故用九戒以勿固执不变，应潜、见、跃、飞以时；坤则无论处六爻之任何时、任何位，都应常守牝马之贞，以柔顺为德。所以“利永贞”三个字已道尽其义。

卦爻辞中吉凶悔吝之依据于“时”，正如依据于“位”，卦卦爻爻不离，所以例多不能尽举，随举数例，如：

䷖剥卦辞言“不利有攸往”，谓五阴方生，一阳将尽，当剥之时，故戒占者不可有所往。

䷦蹇卦辞言“贞，吉”，谓险难当前，处险难之时，必坚守其正，然后乃得吉。

䷃蒙初六：“发蒙，利用刑人，用说桎梏，以往，吝。”谓童蒙之时，当施以严格之教育，若任其自由发展，则吝。

䷏豫初六：“鸣豫，凶。”谓不知自身之处下，持有六四之上应而自鸣其逸乐，实为致凶之道。

孔子在十翼思想中，力言“时”的重要，六十四卦彖传特明标“时”义者，竟有二十一卦之多，兹列于下。

《䷀乾·彖传》：“六位时成，时乘六位以御天。”

《䷃蒙·彖传》：“以亨行，时中也。”

《䷍大有·彖传》：“应乎天而时行。”

《䷏豫·彖传》：“豫之时义大矣哉！”

《䷐随·彖传》：“随时之义大矣哉！”

《䷚颐·彖传》：“颐之时大矣哉！”

《䷛大过·彖传》：“大过之时大矣哉！”

《䷜坎·彖传》：“险之时用大矣哉！”

《䷠遁·彖传》：“遁之时义大矣哉！”

《䷥睽·象传》:“睽之时用大矣哉！”

《䷦蹇·象传》:“蹇之时用大矣哉！”

《䷧解·象传》:“解之时大矣哉！”

《䷨损·象传》:“损益盈虚，与时偕行。”

《䷩益·象传》:“凡益之道，与时偕行。”

《䷫姤·象传》:“姤之时义大矣哉！”

《䷭升·象传》:“柔以时升。”

《䷰革·象传》:“革之时大矣哉！”

《䷳艮·象传》:“时止则止，时行则行，动静不失其时，其道光明。”

《䷷旅·象传》:“旅之时义大矣哉！”

《䷽小过·象传》:“过以利贞，与时行也。”

《䷶丰·象传》:“天地盈虚，与时消息。”

以上这些《象传》中之言时，尤其是其中十二卦之言“时用大矣哉”“时义大矣哉”，可知孔子如非深感于“时”之极端重要，何能发此深长之叹？于是，我们不禁想到了孟子之称孔子为“圣之时者”。读《论语》，虽然其中也时有“时义”之言，尚未能特别体会出孟子之言之深切，然而一读《易·象传》，便立刻发现到孔子对“时”感受之深，孟子之言，信不虚发。又《系辞传》中也有引孔子明时义之言，如引释䷧解上六：“公用射隼于高墉之上，获之，无不利。”子曰：“隼者，禽也。弓矢者，器也。射之者，人也。君子藏器于身，待时而动，何不利之有？动而不括，是以出而有获，语成器而动者也。”如引释䷩益上九：“莫益之，或击之，立心勿恒，凶。”子曰：“君子安其身而后动，易其心而后语，定其交而后求，君子修此三者，故全也。危以动，则民不与也，惧以语，则民不应也，无交而求，则民不与也，莫之与，则伤之者至矣。”言语之中都以时义为教为戒。

（三）中

“**中**”的观念，在中国人心中，源远流长，至高无上。《论语·尧曰篇》引尧让位于舜时之辞：

> 尧曰：咨，尔舜，天之历数在尔躬，允执其中。

《尚书·大禹谟》载舜让位于禹时，命禹之辞：

> 天之历数在汝躬，汝终陟元后。人心惟危，道心惟微，惟精惟一，允执厥中。

《尚书·洪范篇》记箕子向周武王陈九畴，据箕子言乃自禹以来相沿传承的治国大法，九畴之五为“建用皇极”，皇训“大”，极训“中”，《洪范篇》发挥“大中”之义，在九畴中言之最力：

……无偏无陂，遵王之义；无有作好，遵王之道；无有作恶，遵王之路；无偏无党，王道荡荡；无党无偏，王道平平；无反无侧，王道正直。会其有极，归其有极。曰皇极之敷言，是彝是训。

由上可知，从三代以上的尧舜时代，中国文化已揭发了“中”之奥义，在中国政治哲学思想传承中此一字成为传国宝训之一。而且对“中”的认识，已不止是一个呆板的、笼统的概念，而是活用的、精深的领悟。“中”与“道”合，道之所在中之所在，“中道”在心，上用下用无穷。所以中的观念数千年来，如雨露之沾草木，不知不觉间滋养中国人成了做人治事的基本信念。今日，每个中国人都有此意识，不中即不正，不正即邪曲，邪曲之人，是为小人；反之，中则正，正则公，公则大，大中公正，才是堂堂皇皇的君子。中的观念影响中国人之深，真是无与伦比。

易学中“中”之义正是融通上引政治思想中之“中”义，本书在前文介绍文王事略中，已指出文王为融合上古政治、哲学两大思想系统之第一人，于“中”之义上看得最明白。坤卦六五爻辞：“黄裳，元吉。”《象》曰：“黄裳元吉，文在中也。”《文言》曰：“君子黄中通理，正位居体。”所谓“黄中”，就是《尚书·洪范篇》的“皇极”。《系辞传》言：“中者，天下之大本也。”也就是“建用皇极”之义。

从古籍中，我们无从知道尧以上“中”的观念的演变，但无疑地，如追溯源起，自以易象所表现的“中”的观念为最早。八卦为三画卦，从八卦初象上言，☵象水、☲象火，便是取动象居中之义，而天地人三才的思想也一定是三画卦时的思想。到了重八卦为六十四卦以后，二、五爻称中，可以说是承继八卦已有的“中”的观念。

易卦象称“中”，所指有两方面：一由内外卦象言，指二、五两爻，为筮术占断之通用依据；一由全卦象言，指三、四两爻，乃以三才之位言。前者明见于卦爻辞中有：坤、讼、师、泰、离、遁、家人、夬八卦（或言中，或言黄）；后者则仅有复、益两卦，前文于三才之位中已述。卦爻辞中见“中”字之处不多，乃因文字简约之故，实际上每一卦内均不脱中之义，我们只要仅看《彖传》之文便明白，《彖传》中明言“中”者有三十六卦，兹录列于下。

䷃蒙：“以刚中也。”指九二。

䷄需：“以正中也。”指九五。

䷅讼：“惕中吉，刚来而得中也。”指九二。

䷆师：“刚中而应。”指九二。

䷇比：“以刚中也。”指九五。

䷈小畜：“刚中而志行。”指九五、九二。

䷉履：“刚中正。”指九五。

䷌同人：“柔得位得中，中正而应。”指九五、六二。

䷍ 大有："柔得尊位大中。"指六五。

䷒ 临："刚中而应。"指九二。

䷓ 观："中正以观天下。"指九五。

䷔ 噬嗑："柔得中而上行。"指六五。

䷘ 无妄："刚中而应。"指九五。

䷛ 大过："刚过而中。"指九五、九二。

䷜ 坎："乃以刚中也。"指九五、九二。

䷝ 离："柔离乎中正。"指六二、六五。

䷥ 睽："得中而应乎刚。"指六五。

䷦ 蹇："往得中也。"指九五。

䷧ 解："乃得中也。"指九二。

䷩ 益："中正有度。"指九五。

䷫ 姤："刚过中正。"指九五、九二。

䷬ 萃："刚中而应。"指九五。

䷭ 升："刚中而应。"指九二。

䷮ 困："以刚中也。"指九五。

䷯ 井："乃以刚中也。"指九五、九二。

䷱ 鼎："得中而应乎刚。"指六二。

䷴ 渐："刚得中也。"指九五。

䷷ 旅："柔得中乎外。"指六五。

䷸ 巽："刚巽乎中正而志行。"指九五、九二。

䷹ 兑："刚中而柔外。"指九五、九二。

䷺ 涣："王乃在中也。"指九五、九二。

䷻ 节："刚柔分而刚得中。"指九五、九二。

䷼ 中孚："柔在内而刚得中。"指九五、九二。

䷽ 小过："柔中。"指六五、六二。

䷾ 既济："柔得中也。"指六二。

䷿ 未济："柔得中也。"指六五。

如更以《象传》言"中"者计入，那就更多了，以篇幅故，不复录列。

由彖象辞中言"中"，可归纳出两个现象：

> 第一，凡言"刚中""刚得中"者，必有九五或九二之爻，多示吉。
>
> 第二，凡言"柔中""柔得中"者，必有六二或六五之爻，多示小事吉（同人、大有二卦为一阴得五阳之应，其吉大为例外）。

"中"在作为吉凶之断的依据上，有不少时候甚至比"位""时"还重要。这是由于"位"和"时"是客观境遇，人所能施力的成分小，而"中"与"不中"则为主观作为，人可以己力做到。大中正直之人，虽不得位、不得时，仍不失为堂堂君子；不中不正之人，得位、时之助而更长其恶。所以上举例中，有些卦虽阳爻居阴位，以"得中"故，仍吉。

如：蒙之九二、师之九二、解之九二等。有些卦虽阴爻居阳位，也由“得中”而吉，如：大有之六五、噬嗑之六五、睽之六五等。有些卦虽无应，以“得中”故仍吉，如：巽与兑之九五、九二，小过之六二、六五等。总之，“中”是人力可行之德，“位”与“时”之失，或过不在人，而“不中”“不正”则为人之过。由此而言，“中”也可以说是人力补救“位”“时”之方，有此“人定胜天”之方而人不自奋励去行，其罪过可知了。意者古人所以大力提倡宣扬“中道”之义，其意当是在此吧？

（四）应

筮术易中另一个重要的基本观念，是“应”的观念。应即“感应”，宇宙间阳（—）与阴（--）两种基本作用，本是一而二、二而一，缺一不可，所谓“独阴则不生，独阳则不长”。这便是自然的“道”。有了阳与阴的互相感应，互相结合，宇宙万物才能成其千变万化，文王六十四卦上经始乾坤，下经始咸恒，即义取天地、男女之应。䷞咸卦卦辞言：“亨，利贞，取女吉。”孔子《系彖传》之辞曰：

> 咸，感也。柔上而刚下，二气感应以相与，止而说，男下女，是以亨利贞，取女吉也。天地感而万物化生，圣人感人心而天下和平，观其所感而天

地万物之情可见矣。

阴阳感应就思想上言，为易哲学的根本义，“时”与“位”的思想起于六十四卦之有六爻，“中”的思想起于八卦之成三画，而“应”的思想则始自“⚊”与“⚋”之初画，故“应”的思想在易学中，毋宁说是起源更早。筮术的本质即是建立在天人相感应上，人输诚于天地鬼神，请为之断事决疑，是人信其诚心以上达于天地鬼神及天地鬼神的力量能下达于人。天人的沟通，由感应而来。这种感应的力量，到后来在儒家学说中统摄于一个“诚”字中，因为以诚相感才有应，所谓“不诚无物”(《中庸》)。

在性质上，应的条件是阴与阳，在卦爻象上是初、四爻相应；二、五爻相应，三、上爻相应。推其原因当是由于重卦之故，八卦两两相重，以内外卦象相对应，自是初与四、二与五、三与上。外卦在上，被视为代表天，内卦在下，被视为代表地。这便是后来《易纬·乾凿度》所说的：

> 易象由下生，动乎地之下，则应乎天之下；动乎地之中，则应乎天之中，动乎地之上，则应乎天之上。

这种上、中、下相应的思想，不止可以说是六爻卦象上的比附规定，就人事思想上言，也有其道理。大凡人与人间相感应，“位”是其中很要紧的因素之一，所处环境地位接近、年龄职业相当的人，其感受也近同而易于彼此相应，所以孔子在《乾卦·文言》中说：

> 同声相应，同气相求，水流湿，火就燥，云从龙，风从虎，圣人作而万物睹，本乎天者亲上，本乎地者亲下，则各从其类也。

感应虽是一种看不见的抽象作用，却是真实存在，人人可以体会得到的，卦象上之“应”，正是表示这种作用。一阴一阳之爻称“应”，又称“与”；如果是两爻俱阴或俱阳，则称“敌应”，又称“不相与”“未有与”，即无应之意。此乃生物自然之性，《睽卦·彖传》言：“二女同居，其志不同行。”反之，“男女睽而其志通也”；也就是今日物理学上“异性相吸，同性相斥”之理。今且举《彖传》中言及“应”与“敌应”之卦如下：

第一，称“应”或“与”者。

䷆ 师：“刚中而应。”言六五、九二。

䷇ 比：“上下应也。”言九五、六二。

䷈ 小畜：“柔得位而上下应之。”言六四、初九。

䷌ 同人：“柔得位得中而应乎乾”，“中正而应”。言九五、六二。

䷍ 大有：“柔得尊位，大中而上下应之。”言六五、九二。

䷏ 豫：“刚应而志行。”言九四、初六。

䷒ 临：“刚中而应。”言九二、六五。

䷘ 无妄：“刚中而应。”言九五、六二。

䷟ 恒：“刚柔皆应。”言六爻均相应。

䷠ 遁：“刚当位而应。”言九五、六二。

䷥ 睽：“柔进而上行，得中而应乎刚。”言九五、六二。

䷬ 萃：“刚中而应。”言九五、六二。

䷭ 升：“刚中而应。”言六五、九二。

䷱ 鼎：“柔进而上行，得中而应乎刚。”言六五、九二。

䷿ 未济：“虽不当位，刚柔应也。”六爻均相应。

䷞ 咸：“柔上而刚下，二气感应以相与。”六爻均相应。

第二，称“敌应”“无与”“未有与”“不相与”者。

䷳ 艮：“上下敌应，不相与也。”六爻均相敌应。

（按《象传》中有称无与者，如 ䷯ 井九二；有称未有与者，如 ䷖ 剥六二。）

凡相应者多吉，相敌应者多凶。䷋ 否卦及 ䷿ 未济卦例外，虽六爻均相应，但以天地、火水不交故，不起功用，故虽应不应。

六爻均不相应的卦，为八纯卦（按纯卦之名，起于汉京房，后世沿用），即乾、坤、震、巽、坎、离、艮、兑。

六爻均相应的卦，有否、泰、咸、恒、损、益、既济、未济八卦。

有些时候，爻虽失位，只要有应，不至于凶，如䷮困卦九四爻不当位，但下有初六之应，故爻辞谓：“来徐徐，困于金车，吝，有终。”《象》曰：“来徐徐，志在下也，虽不当位，有与也。”又如䷬萃卦初六爻辞：“有孚不终，乃乱乃萃，若号，一握为笑。勿恤，往，无咎。”初六不当位，上应九四，而隔于二阴，不能相聚，然如勿恤而往从正应，则无咎。这些情况，正如一个人目前虽不得志，受阻难于某种不利形势，但有同情之友朋遥相应援，只要坚持正道行事，日后终有得志之日。《周易》中这种情形很多。

孔子对感应之说，信持甚力，上已引其《咸卦·彖传》及《乾卦·文言传》中之言，《系辞传》中也载有他释䷼中孚九二之语将相应之义，引申到一个人言行之不宜轻发上面，今录其文于下：

> 鹤鸣在阴，其子和之，我有好爵，吾与尔靡之。子曰：君子居其室，出其言善，则千里之外应之，况其迩者乎？居其室，出其言不善，则千里之外违之，况其迩者乎？言出乎身，加乎民，行发乎迩，

见乎远。言行，君子之枢机，枢机之发，荣辱之主也；言行，君子之所以动天地也，可不慎乎！

复有一点需要提出的，即先秦易中言应，非常朴质切实，绝无玄虚空泛之感。降至西汉，灾异之说大盛，言天人感应之事，多荒怪附会之论，后来至流入捏造事实，假天人感应之名以夺天下、利私欲者，是“应”的思想混入人欲之杂，非易学中纯正的“应”的思想了。

第五节　筮术易的衰微

一、《连山易》《归藏易》二易首遭淘汰

关于《连山易》《归藏易》二易的来历，本书在前文论三易之差别时已作过推断，由于孔子在宋见“坤乾”，可证在筮术未兴以前，已有以坤、乾为卦序的八卦排列方式。“坤乾”为殷商文化的遗迹，殷商时代母系社会的思想尚存，故有理由相信“坤乾”为母系社会的文化产品。周初“三易”之一的《归藏易》应是承“坤乾”的排列方式，将八卦扩展为六十四卦。《连山易》在古史中无迹象可寻，但由古代人民倚丘山而居的生活推想，则《连

山易》有可能是以艮卦为首的一种排列方式。所以,《连山易》《归藏易》与《周易》的差别，乃在于三者卦序排列的不同:《周易》以乾、坤为序,《归藏易》以坤、乾为序,《连山易》以艮卦为首卦。然而，三者相较，不管从哪方面看,《周易》的排列都胜于《连山易》《归藏易》二易。从哲学思想方面言，“—”始动而“--”继起；从自然现象上看，天在上而地在下；从社会思想而论，西周之兴已进入父系社会确立之时。因而以乾、坤为序的《周易》，无疑地最得到社会人心的信仰。

凡是发生在历史上的任何事件，其发生有因，其遭淘汰也有因。我们不妨试想《连山易》以艮卦为首的排列或《归藏易》以坤、乾为序的排列，应用到筮术上面，其裁断事理也必与《周易》不同，即以坤乾为序论，以坤为首就是以阴为上，那么如泰、否二卦小大往来之义必相反，如困六三、震六二乘刚之凶危必转而为贞吉，如咸卦男下女之“亨利贞”将重作裁断，如小畜一阴畜五阳之义也势必更改，于是乘、承、比、遇之各种关系，必另作一番与坤卦为首意旨相合的安排，而这样一套《归藏易》纵然安排设计得非常周密，对眼前的父系社会思想有隔，也仍然不通用于断决人事，试问在此种情况之下，还有不被淘汰之理吗？因而，笔者认为《连山易》《归藏易》二易所以在历史上罕见遗迹的原因，并非是由于史料残缺所致，而是它们从周初“三易”创立之后，根本就未曾发展推行开来。不错，“三易”是周初同时所创建，但《连山易》《归藏易》二易只是旧时代思想的余音流光，为求合于“三兆”故，立“三易之法”，而事实上西周之兴，时代思想已确然进入父系社会，《周易》立刻便独擅胜场，《连山易》《归藏易》二易虽也有其筮占术及卦爻辞，但因为不合时代故，遂而术失辞散。雪泥鸿爪，偶而星星点点地遗留在古籍中一些，又使人疑信参半。所以从《连山易》《归藏易》二易之遭淘汰，我们看到了历史思潮力量之大。

被后人视为《连山易》《归藏易》之遗迹的，可作三类区分：第一类为《左传》《国语》二书中所载三处以“八”论占之筮例；第二类为见于上二书中之四处非《周易》之占辞；第三类为杂见各古籍征引之二易佚文。第一、二类，《左传》《国语》二书未提及《连山易》《归藏易》二易之名，后人因见其占法与占辞非属《周易》，故推断其可能为《连山易》《归藏易》二易之遗；第三类，所征引各书虽标《连山易》《归藏易》二易之名，然从文势及风格上看又显然透出托名捏造之迹。所以严格说来，这些被视为二易之遗的文字都不可靠，只能说是“可能”而已。以下兹摘录上三类之文如下，无非借以纪念易学史上曾有过该二易之发生罢了。

第一类，三处以“八”论占之筮例：

《国语·晋语》:“贞屯悔豫皆八。”

同上:“泰之八。”

《左传·襄公九年》:“艮之八。”

以上三处详文，已引录于上节筮例类举中，故此处不再引全文。“贞屯悔豫皆八”之筮例，筮史皆以为不吉，司空季子以为吉，可看出筮史是根据“八”的占法作断，而司空季子为了迎合晋文公的心志，以《周易》为断。“泰之八”之筮例，董因以泰卦彖辞作断，显然也是为了迎合晋文公，因为如果那样的话，只须言得泰卦即可，如《左传·僖公十五年》之“其卦遇蛊”、《成公十六年》之“其卦遇复”，何须有“之八”二字?“艮之八”之筮例，筮史言“是谓艮之随”，已隐然有伪言以安慰穆姜之疑，更故以彖辞为五爻变卦象之断，非“八”之原法可知。故以上三处用“八”之筮例，只表示出“八”之占法不同于《周易》，而其究竟如何则均未透露，后人疑“八”为《连山易》《归藏易》之筮占法，也只是从“不同于《周易》”上做推测。

第二类，四处非《周易》之占辞:

《国语·周语》，单襄公述闻晋之筮立成公:“遇 ䷀ 乾之 ䷋ 否，曰:配而不终，君三出焉。”

《左传·闵公二年》，楚丘之父筮成季之将生:“遇 ䷍ 大有之 ䷀ 乾，曰:同复于父，敬如君所。”

《僖公十五年》，卜徒父筮秦伐晋:“其卦遇 ䷑ 蛊，曰:

千乘三去，三去之余，获其雄狐。”

《成公十六年》，晋侯筮击楚军：“其卦遇 ䷗ 复，曰：南国蹙，射其元，王中厥目。”

以上四处占辞也因不见于《周易》，为后人疑为《连山易》《归藏易》易之辞。

第三类，各古籍征引之佚文：

以上所引录，据马国翰《玉函山房辑佚书》同治十年辛未济南皇华馆书局补刻本，书中辑有《连山易》《归藏易》各一卷，辑录佚文及各家易说甚备，今分别引录其部分。先说《连山易》：

> 剥　上七曰：数穷致剥而终吝。
>
> 复　初七曰：龙潜于神，复以存身，渊兮无畛，操兮无垠。
>
> 姤　初八曰：龙化于虵，或潜于洼，兹孽之牙。
>
> 中孚　初八：一人知女，尚可以去。

（按以上四则均云出于黄佐《六艺流别》及《罗泌路史》，各有“象曰”，如《周易》之释爻辞，今略而未录。又有阳豫、游徙两卦名，缺辞。）

> 有崇伯鲧，伏于羽山之野。（郦道元《水经注》）

鲧封于崇。（裴骃《史记集解》）

禹娶涂山之子，名曰攸女，生启。（皇甫谧《帝王世纪》）

有冯羿者，得不死之药于西王母，姮娥窃之以奔月。将往，枚筮于有黄，有黄占之曰：翩翩归妹，独将西行，逢天晦芒，无恐无惊，后且大昌。姮嫦遂托身于月。（李淳风《乙巳占》）

（按以上数则仅为散句，今观其内容均为夏代故事或神话，不似占断之辞，其为后人伪托无疑。此外，马书中并辑有周易说卦传“希出乎震”一节之文及上录左传之三则文，兹略。）

再说《归藏易》。

马书辑录《归藏易》，计有《归藏初经》《齐母经》《郑母经》《本蓍篇》《启筮篇》《十二辟卦》及逸文等部分，并根据李过《西溪易说》等书补足六十四卦之名。唯各部分都是一麟半爪，实无法窥其究竟，如《归藏初经》，除几个卦名外，剩下星星点点地三十几个字；《齐母经》仅一则；《郑母经》七则类同于上引《连山易》之散句，均为历史故事或神话，也是以夏代为主；《本蓍篇》言蓍策；《启筮篇》则满篇“羲和”“空桑”“八极”“共工”“丽山之子”“羽民”“金水之子”“洪水”“黄熊”“九歌”等名词，全为夏代神话逸文；部分也是历史神话，自女娲、黄帝、蚩尤到穆王共十数则。这些七零八落的东西，真实成分殊少，伪托假造之嫌疑极大。从内容上看，笔者认为大多是西汉末年所伪造，因为其中有两个现象：第一，十二辟卦一部分即为孟喜之十二辟卦；第二，有不少则文字，绝类焦延寿之《易林》，例如下面这些：

> 上有高台，下有雝池，以此事君，其富如何。
>
> 有人将来，遗我货贝，以至则彻，以求则得，有喜将至。
>
> 有人将来，遗我钱财，自夜望之。
>
> 金水之子，其名曰羽蒙，乃之羽民，是生百鸟。
>
> 滔滔洪水，无所止极，伯鲧乃以息石息壤，以填洪水。
>
> 昔彼九冥，是与帝辨，同宫之序，是为九歌。
>
> 昔女娲筮张幕，枚占之，曰：吉。昭昭九州，日月代极，平均土地，和合四国。
>
> 昔穆王天下筮西出于征，不吉，曰：龙降于天，道里修远，飞而冲天，苍苍其羽。

以上，当然中间脱漏缪误处多多，但读起来，十足像焦氏《易林》之文字，其风格、其音韵，甚至有些习用字，都同于《易林》。孟喜与焦延寿同为西汉宣、元时人，为象数易的两开创者，他俩的易学来自道家隐士与术数家合流之一脉。自他俩以后，易伪书大兴，《易纬》之作即其时（《两汉易学史》），今《归藏易》的十二辟卦全同于孟喜，其他文句又多与焦延寿《易林》近似，因而笔者推断这些托名《连山易》《归藏易》之文（《连山易》之文如上引之复初七、姤初八，也类同），可能与他俩有关。纵非如此，也是那个时期的产品。以下兹将《玉函山房》所辑补之《归藏易》六十四卦名录下，往事已矣，借兹志念（依原次序，仅录其名，注省）：

《归藏易》六十四卦

䷁（坤）	乾	屯	蒙
溽（需）	讼	师	比
小毒畜（小畜）	履	泰	否
同人	大有	狠（艮）	厘（震）
大过	颐	困	井
革	鼎	旅	丰
小过	林祸（临）	观	萃
称（升）	仆（剥）	复	母亡（无妄）
大毒畜（大畜）	瞿（黄宗炎以为观，朱彝尊以为睽）		散家人（家人）
节	奂（涣）	蹇	荔（解）
员（损）	诚（黄宗炎以为咸，朱彝尊以为益）		
钦（黄宗炎以为旅，朱彝尊以为咸）			恒

规（马国翰以为夬）	夜（马国翰以为姤）		巽
兑	离	荦（坎）	兼（谦）
分（黄宗炎以为睽，朱彝尊以为豫）		归妹	渐
晋	明𡰥（明夷）	岑霁（黄宗炎以为贲，朱彝尊以为既济）	
未济	逯（遁）	蜀（蛊）	马徒（随）
荧惑	耆老	大明	

以上所引录，最后荧惑、耆老、大明，三卦为马国翰据罗苹《路史》注所补，马氏于大明卦之下附云："合荧惑、耆老、大明，恰符六十四卦之数，依黄、朱二家所释，惟阙噬嗑、贲、中孚，未知何属。"

二、由《左传》《国语》中筮例看《周易》之衰

周初"三易之法"，《连山易》《归藏易》既早亡，所剩唯《周易》一法。然西周一代三百余年间筮例无存，故对于《周易》在西周的盛行情况，无从得知。到了春秋时代，从《左传》《国语》中看到的筮例，是《周易》已到了强弩之末的地步。人们命筮占断成了徒具形式，占辞吉固佳，如不吉，可曲意解说以为吉。甚至如晋献公、崔武子之辈，竟冒凶危以违筮行事，筮术的权威尽失。以下兹摘取《左传》《国语》二书中筮例数则，从实际筮例中来认识《周易》衰微的情形，分三类叙述如下：

（一）以理辩占例

筮例占断的本质，原是建立在宗教性的热诚信仰上，人们内心有了疑惧，不能在人的能力范围内获得解决，乃求问于天地鬼神。筮所示，即天地鬼神所示，人应无理由地听从。所以言筮占思想的纯粹，当一听于筮所示或筮史之解说；以理论辩之说与，则卦爻辞之吉凶即成了论是论非，可东可西，也就是说筮占思想已生动摇。这情形正如一个独裁政权一样，独裁者命令说一是一，说二是二，不容许人民论辩他的命令是否合理，这才叫纯粹的独裁；如果人民敢于论辩命令是否合理，便表示他的独裁统治有了动摇。我们说春秋时代筮占思想已到衰落阶段，正因为此时人们问占，敢于不听从占辞或筮史吉凶之断，而以私意解说。私意解说固然有主观条件为依据，言之有理，但卦之吉凶所示为客观标准，以主观条件改变了客观标准，便表示着筮术思想的衰落。《左传》《国语》筮例中不听筮史之断者，如：

《国语·晋语》："公子亲筮之，曰：尚有晋国？得贞屯悔豫，皆八也。筮史占之，皆曰：不吉，闭而不通，爻无为也。司徒季子曰：吉。是在周易，皆利建侯。不有晋国，以辅王室，安能建侯？我命筮曰：尚有晋国？筮告我曰：利建侯。得国之务也，吉孰大焉……”

此筮例上节已引有其全文，故此处只节录前段。筮史“皆曰”不吉，证明筮史非一人，可见就筮术的客观吉凶标准而言，应该是“不吉”的。司空季子以为“吉”，以下并讲出一大套道理，无疑是以当时晋公子重耳的处境、心情为据。就道理上言，司空季子是对的，但就筮术本身而言，实为衰落的征候。再有不听占辞之断者，如：

《左传·昭公十二年》：“南蒯之将叛也……枚筮之，遇䷁坤之䷇比，曰：黄裳元吉。以为大吉也，示子服惠伯，曰：即欲有事，何如？惠伯曰：吾尝学此矣，忠信之事则可，不然必败。外强内温，忠也；和以率贞，信也。故曰：黄裳元吉。黄，中之色也；裳，下之饰也；元，善之长也。中不忠，不得其色；下不共，不得其饰；事不善，不得其极。外内倡和为忠，率事以信为共，供养三德为善。非此三者，弗当。且夫易不可以占险，将何事也，且可饰乎？中美能黄，上美能元，下美则裳。参成可筮，犹有阙也。筮虽吉，未也。”

子服惠伯真是借易之辞，以道理折南蒯。南蒯欲叛国，固为不忠不信之事，然筮而得“黄裳元吉”，就事论占，如以上例司空季子之论：“我命筮曰：尚有晋国？筮告我曰：利建侯。得国之务也，吉孰大焉。”则南蒯之占应以元吉为是。所以由司空季子及子服惠伯之一以不吉为吉、一以吉为不吉看来，可说明一件事，那就是此时的人已不再盲目信筮。人的理智力增长，神道思想衰退，筮术的权力减削了。

（二）就事取卦例

比上述以理辩占更进一步的，又有些筮例，是根本不经过筮占法，直接以当前事的性质，合卦以占断。这一类的筮例，后来易学家多认为是由于古人对易学精熟之甚，故不须演蓍得卦，其实是错误之论。要知道筮术占断是祈求天地鬼神之事，卦中道理是一端，而依照仪式尽人心之诚又是一端，后者在筮术中的重要性决不逊于前者。换句话说，如果不经过筮占法演蓍得卦，筮之神用还如何信得过？所以这种就事取卦，不经过筮占法的筮法，只表示出筮术的尊严的丧失，人们理智活动更强有力的发展到摒弃筮占法的形式。以下数例是这一类：

> 《左传·宣公六年》：“郑公子曼满与王子伯廖语，欲为卿。伯廖告人曰：无德而贪，其在周易，䷶丰之䷝离，弗过之矣。间一岁，郑人杀之。”

《左传·宣公十二年》:“(彘子)以中军佐济,知庄子曰:……周易有之,在䷆师之䷒临,曰:‘师出以律,否臧,凶。’执事顺成为臧,逆为凶。众散为弱,川壅为泽,有律以如己也,故曰律否臧。且律,竭也,盈而以竭,夭且不整,所以凶也。不行之谓临,有师而不从,临孰甚焉?此之谓矣。”

《左传·襄公二十八年》:“(子太叔)曰:楚子将死矣,不修其政德,而贪昧于诸侯,以逞其愿,欲久得乎?周易有之,在䷗复之䷚颐,曰:‘迷复,凶。’其楚子之谓乎?”

(三)违筮例

然而,最足以表现筮术之衰的,是此下所举之三则筮例,明知所占为凶,故意违抗,这是全不把筮术的神圣性放在眼中,简直视筮占如儿戏。表面看来,是个人私欲在作祟,实际上代表着筮术完全丧失了控制人心的力量,以下属此类:

《左传·僖公四年》:“初,晋献公欲以骊姬为夫人,卜之不吉,筮之吉。公曰:从筮。卜人曰:筮短龟长,不如从长,且其繇曰:‘专之渝,攘公之羭,一薰一莸,十年尚犹有臭。’必不可。弗听,立之。”

《左传·僖公十五年》:“初，晋献公筮嫁伯姬于秦，遇䷵归妹之䷥睽。史苏占之曰：不吉。其繇曰：‘士刲羊，亦无衁也；女承筐，亦无贶也。’西邻责言，不可偿也，归妹之睽，犹无相也。震之离，亦离之震，为雷，为火，为嬴败姬。车说其輹，火焚其旗，不利行师，败于宗丘。归妹睽孤，寇张之弧，侄其从姑，六年其逋，逃归其国，而弃其家。明年，死于高梁之虚。及惠公在秦，曰：先君若从史苏之占，吾不及此夫！”

《左传·襄公二十五年》:“齐棠公之妻，东郭偃之姊也。东郭偃臣崔武子，棠公死，偃御武子以吊焉，见棠姜而美之，使偃取之。偃曰：男女辨姓，今君出自丁，臣出自桓，不可。武子筮之，遇䷮困之䷛大过，史皆曰：吉。示陈文子，文子曰：夫从风，风陨妻，不可娶也，且其繇曰：‘困于石，据于蒺藜，入于其宫，不见其妻，凶。’困于石，往不济也；据于蒺藜，所恃伤也；入于其宫，不见其妻，凶，无所归也。崔子曰：嫠也，何害？先夫当之矣。遂取之。”（按此筮例中，“史皆曰吉”显然是阿谀之词，睹“困之大过”之名，览困六三之爻辞，人人可知为凶，矧崔武子？是明知故违。然而更可笑的，是“史皆曰吉”。筮史如此，筮术已矣！）

总之，《左传》《国语》中筮例给人的感觉是筮术易濒临于崩溃的预兆。酝酿，酝酿，日子终于来了，孔子应运而生，改革易学抛弃筮术占断，取卦爻象及辞而输以哲学义理的新血液，易学乃迈人另一个新时期——儒门易时期。

第五章　儒门易时期

第一节　赞易之圣孔子

一、家世源流

孔子名丘，字仲尼，春秋鲁国昌平乡陬邑人（《史记》作“陬”，《论语》作“耶”，《水经注》作“鄹”）。他生于鲁襄公二十二年十月庚子日，这一年是周灵王二十一年，公元前551年。据《辞海》年表，上距文王之死为五百八十四年。

孔子的父亲叔梁纥，曾为陬邑大夫，以武勇有力闻于当时。《左传》襄公十年偪阳之役与十七年防之役，曾记有他的事迹。母颜氏，传说适叔梁纥时年尚少，而纥年已七十，故《史记·孔子世家》言：“纥与颜氏女野合而生孔子。”“野合”的意思是说老夫少妻，于礼未合。孔子生三岁而父卒，二十四岁，母亲去世。关于孔子早年的家庭生活，后世所知不多，然由《论语》中孔子自言“吾少也贱，故多能鄙事”，以及《史记》言其少时“贫且贱”看来，可以忖知他幼时的生活，一定是非常清苦的。但孔母也一定在贫苦的生活中对孔子施以很好的教养，以至于孔子在弱冠以前便以“年少好礼”闻名，甚至为鲁大夫孟釐子（《左传》作孟僖子，此据《史记》）所特别赞赏。孟釐子赞赏孔子的一段话，也道出了孔子祖先为宋人的家世及其祖先恭谨礼让的德行，《史记》中原文是这样的：

> 孔子年十七，鲁大夫孟釐子病且死，诫其嗣懿子曰：孔丘，圣人之后，灭于宋。其祖弗父何，始有宋而嗣，让厉公（按弗父何为宋愍公长子，厉公之兄，当嗣位而让于其弟）。及正考公，佐戴、武、宣公，三命兹益恭，故鼎铭云：“一命而偻，再命而伛，三命而俯，循墙而走，亦莫敢余侮。饘于是，粥于是，以糊余口。”其恭如是。吾闻圣人之后，虽不当世，必有达者，今孔丘年少好礼，其达者与？吾即没，若必师之。

正考父是一位温恭礼让的贤者，他的事迹见于《左传·昭公七年》及《国语·鲁语》中，《左传》并载有正考父之子孔父嘉因有美妻而遭宋督杀害之事。对照各书记载，后人考证由宋闵公到孔子的世系如下：

宋闵公
- 何（字弗父）—周（字宋公）—胜（字世父）—正（字考父）—嘉（字孔父）—子木（字金父）—睪夷（字祁父）—防叔（始迁居于鲁）—伯夏—纥（字叔梁）—丘（字仲尼）
- 厉公

所以孔子居鲁，乃由他曾祖父防叔时，自宋迁来。

孔子既为宋国国君的后裔，他的祖先如再向上追溯，那就更气派了。因为宋为微子启之后，微子启为殷帝宗室。《礼记·檀弓篇》载孔子死前，自言“丘也，殷人也”，正由此来。从微子启上溯到开创六百年天下的商汤，再上，到始祖契。契在尧、舜时为司徒之官，掌教化。《尚书·舜典》载：“帝曰：契，百姓不亲，五品不逊，汝作司徒，敬敷五教，在宽。”五教即父义、母慈、兄友、弟恭、子孝五常之教。所以孔子承先启后，集中国文化之大成，如就遗传上说，他血统中早有文化种子，因为他的始祖契是第一位中国历史上掌教化之官。由契到孔子，约计一千七百多年。

二、由礼进于仁

《史记》言孔子“长九尺六寸，人皆谓之长人而异之”。

周尺一尺约合今日二十公分，九尺六寸即一百九十二公分。他的父亲是勇士，他又具有如此魁梧的体格，其强劲多力是当然的事（按《吕氏春秋》《论衡》等书均载有孔子强劲多力之言）。然而他竟“不肯以力闻”，彬彬好礼，逊让谦虚，选择了从事学术文化这一条与体力无关的路。他自述一生学养进步的历程，谓：“吾十有五而志于学，三十而立，四十而不惑，五十而知天命，六十而耳顺，七十而从心所欲，不逾矩。”可见他向学之志是自少年时便决定了的。“三十而立”，指他学礼有成，对于做人处事，确然已知所遵循，知所操持。“四十而不惑”，指由“立于礼”进步到“依于仁”，礼重外在之行、仁根于内在之心。“不惑”即是找到了礼之所以然的心性中的依据，外内相应，因而不惑。由十五岁的“志于学”、三十岁的“立”，到四十岁的“不惑”，是前半生的进步，以力学、吸收、追求为主；五十“知天命”以后，则以阅历、体悟、融会为主。从《左传》《史记》等书中我们可看到他四十岁以前力学求进的积极精神。他学官制于郯子，据说是二十七岁；学琴于师襄，据说是二十九岁；问礼于老子，据说是三十四岁。

“仁”是孔子前半生力学的结晶，现在我们且来看一看由“礼”到“仁”这一段进步是怎么回事。礼与仁，一重在外行，一重在内心。礼重外行，故言礼制、礼法、礼仪，故仅就礼而言，毕竟为一种外在法规的强制力量所支配，如果要使礼发于自然，不感受强制之力，那只有在内心建立起礼的信念；换句话说，即使外行发自内心。然而在内心建立起礼的信念一事，殊非易事，又必对礼之外行熟知熟习，由“用”之方，悟及“体”之发；由形式之末，发现出道理之本。等到真正领悟到心性上礼的根源以后，外在的礼法与内在的心性打成一片。这时候的礼，当然也就不受法规的力量所支配了。孔子这条路便是这样走过来的，他少年时全心力治礼，到了以“好礼”闻名以后，向他来问礼的与请他去相礼的人日多，更助长了他追求研究礼的心得（他远道适周向老子问礼，可能便是在礼上遭遇到某些想不通的难题，这也正代表着他的努力研究的热诚）。如此，终于使他的为学由外在移入内心，在内心揭发出礼之根源——仁。仁存于心，发于外，就形式表现上言便是礼；就精神作用上言，便是爱。所以孔子之揭发“仁”，是他前半生学力所结的果，也代表着他对“人道”进入贯通境界——此云贯通，指内与外、心与行的贯通。

孔子的弟子向他“问仁”，他的回答不一，这就表示出仁是本、是源、是体，发而为言行之末、之支、之用，则是多方面的。曾子说孔子之道“忠恕而已”，就孔子四十岁所到达的境界言，是最切近扼要的形容，即深省自己内心的一丝爱己爱人之念，提养它、充实它、发挥它，推展开去，推己及人、及社会国家、及天下，由“己欲立”“己欲达”

到“立人”“达人”。孔子此时的仁道学说，是将一切外在的学问收归于内心，一个人如能端正其仁心，发挥推及于外，他就是仁人；人人如此，天下归仁矣。这个由内推展到外的程序，后来由曾子更加以具体化、确定化，便是大学中“格、致、诚、正、修、齐、治、平”之道。

三、道不行，退而修书

由四十岁到五十岁这段期间，孔子在鲁国广收弟子，设坛讲学，大力宣扬仁道。到了五十一岁时，他有了做官理民的机会，鲁定公任命他为“中都宰”。中都宰是地方官，但也做得成绩斐然，“一年，四方皆则之”。由中都宰升为司空，不久又升为大司寇。在大司寇任内，遇齐鲁两国夹谷之会，孔子辅鲁定公与会，摄行相事。夹谷之会，齐人原计划劫袭鲁定公，孔子看穿了齐人用心，在会中诛齐淫乐，责齐非礼，大义凛然，使齐景公惭愧敬服，会后乃归还前所侵鲁国汶阳、郓、灌、龟阴之田以谢过。孔子这件事做得有声有色，国际闻名。大司寇是掌司法的首长，于是他雄心勃勃，想从此开始，扫除鲁国政治上的恶势力，推行他的理想政治。第一步，他先杀掉当时阴谋惑众的恶势力头子少正卯，肃清社会风气。《史记·孔子世家》载他“与闻国政三月，粥羔豚者弗饰贾，男女行者别于途，途不拾遗，四方之客至乎邑者，不求有司，皆予之以归（按《孔子家语》作‘皆如归’）”。可见他的政绩。第二步，他把目标指向朝廷，清除高阶层的恶势力，实行“强公室，隳三都”的计划。但这件事遭遇到大阻碍，因为鲁国政权落入三桓（孟孙氏、叔孙氏、季孙氏）之手，早已根深蒂固。孔子想一举而毁去三桓的都城，恢复鲁君的权威，虽然名正言顺，三桓岂肯甘心如此？结果，此一计划推行了一半，便行不下去。正在此时，齐国看到了拆孔子台的大好机会，乃选了一大批歌舞美女，献给鲁君。季桓子怂恿鲁定公接受了，于是君臣醉心于女乐，朝政废弃，无人理会。孔子四顾朝廷间尽是三桓的势力，而定公又无实权帮助他推行计划，人单、势孤、权微，只好一走了之。据说孔子在去国途中，曾援琴而歌，歌曰：

予欲望鲁兮，龟山蔽之。手无斧柯，奈龟山何！

这就是后世有名的“龟山操”，爱国的心情，嫉恶的心情，孤独无助的心情，交织在一起，称得上凄怆了。这一年孔子五十四岁。

孔子这一次去鲁，直至六十八岁才归。十四年间，他游历了卫、曹、宋、杞、郑、陈、蔡、楚等国。一路周游，他当然想得到某一诸侯的信任，好推行他的理想政治，然而终不见用。十四年间，他遇到的人物，大体上可区为三类：一类是当权的诸侯与权臣，这批人只务于眼前的利欲争夺，不肯听信他的仁道治世之说。一类是赞同他的学说，推崇他的人格的贤士大夫，但这一批人又缺乏豁达高远的政治抱负、文化眼光。他们只求苟安，不愿和他共同献身于拯危济溺的工作。另一类则是有学识道德，而看到天下方乱，避世隐居的人，对他的不辞奔波、宣扬仁道，予以冷讽热嘲，讥为不识时务。到了最后，他看到再也没有推行仁道政治的机会了，乃想到文化传承的问题，兴“归与！归与”之叹，实在也不能不回去了，因为他年龄实在大了。他于鲁哀公十一年（公元前484年）冬，回到鲁国。

回鲁国后，他致力于修书的事。他删《诗》《书》，定《礼》《乐》，赞《周易》，因《鲁史》作《春秋》，将这些文化的遗产，予系统地整理：第一，去芜存精，净化之；第二，发扬新义，使其合乎时代思想；第三，注入善恶的道德标准，更增加其立言的价值。所以《诗》《书》《易》《礼》《乐》《春秋》六学经孔子整理后，等于脱胎换骨，表现出新的文化生命，后世称孔子“承先启后”的意义，即在于此。六学中用心力最大的，要算《周易》与《春秋》二书，《周易》原为筮术占断之书，孔子废除去已不合时代的筮占法，取卦爻象与卦爻辞而发挥其哲理，融合仁道学说，标立天地大仁大爱之精神，于是《周易》由筮术之书一变而为贯通天人的哲学思想之书。在《春秋》一书中则严明善恶之辨、君臣之义，对后来治国理民的帝王臣僚们，无疑是一项预告警戒，所以孔子在《春秋》书成后说："知我者其惟《春秋》乎！罪我者其惟《春秋》乎！"他自知此书之影响巨大深远也。《春秋》是孔子最后修成之书，书成未久孔子即卒，时在他回鲁国后五年，七十三岁。

四、中国文化之化身

前文曾说过，孔子的"三十而立，四十而不惑"，是由礼进步到仁。仁道的揭扬，表示孔子对"人道"思想的贯通成熟。在孔子的为学程序上，到此算是一大阶段。再下去"五十而知天命"，则进入另一更高的境地。《论语》中孔子又曾言"五十以学易，可以无大过矣"。此言，与知天命同时，可知二者是相关的；也就是说，到了五十岁，孔子由于学易的领悟，使他已成熟的"人道"思想，更向上开展通于"天道"。由礼到仁是由外而内的平面的贯通，思想尚局限于人道范围以内；由人到天是由下而上的立体的贯通，思想达于天人无碍；所以五十的知天命，是孔子极重要的一大进步。然而尚不止此，跟着这个"知天命之年"，他尝到了实际社会人生的经验。从五十一岁开始，他做"中都宰"的地方官，做"大司寇"的朝廷官，"摄相事"，"与闻国政”，做得雄心勃勃的时候，忽然又从高位上跌下来，去国流浪，历经危难，受尽讥讽；另一方面又有一批热诚纯洁、甘愿献身以赴道的年轻弟子追随着他，真是百感交集。这一番近二十年的经历（从五十一岁做中都宰，到六十八岁回鲁），将他磨炼到真正“通达”的地步，所以他说：“六十而耳顺”，“七十而从心所欲，不逾矩”。何谓“耳顺”？即知天命之后，人通于天，以天道之知，反照人道，天人无不应，是以所闻者顺。何谓“从心所欲，不逾矩”？此时天人融通，无人无天，亦人亦天，天人即我，我即天人，动静自然合于道之谓。

由上所述，我们看孔子整个的一生，可以把握到几个关键：第一，他年少时从学礼开始，由于礼的规范，使他虽然早年已名闻公卿，后来又名闻国际间，而终不生骄傲自满之心。第二，他始终不懈地、认真地追求研究，由礼进步到仁，由仁进步到天，由天返归乎人而天人合一。第三，加上客观环境的磨炼，使他真正认识到学术文化的重要，于是他把握到了中国文化的真精神，而他也自然而然地成了中国文化的化身。

言孔子为中国文化的化身，可从两方面看：第一，看他遭遇危难时那种以身担当中国文化的自负精神；第二，看他遭遇危难或受讥讽时那种出乎寻常的和平精神。他周游列国时，过宋，遇桓魋之厄，他说：“天生德于予，桓魋其如予何？”遇匡，被匡人围拘，他说：“文王既没，文不在兹乎？天之将丧斯文也，后死者不得与于斯文也；天之未丧斯文也，匡人其如予何？”困于陈蔡之间，七日不食，从者都饿得不能起，而他“讲诵弦歌不辍”；遇楚狂接舆，遇荷蓧丈人，遇长沮、桀溺等一班隐者，或受冷言，或受热语，但他心平气和，反欲以道理开导他们，隐者们反而或急趋而走，或故意避离。相形之下，隐者们显得愤激、躁急，而孔子在凄凄惶惶中却和平自若。何以如此？孔子何以会有如此表现？这便是他化身为中国文化的力量，文化本身有它坚定不动摇的精神，有它超拔于强权恶势之厄的精神。历史上凡是得此文化精神的人，都是遇危难而自负的，都是遇危难而和平的。我们要认识孔子，最主要的就在这个地方。

《礼记·檀弓篇》载孔子在死前七日，蚤作，负手曳杖，逍遥于门而歌曰：

> 泰山其颓乎！梁木其坏乎！哲人其萎乎！

他虽然删修《诗》《书》等六学，终遗憾于未眼见中国文化之传人，忧来日文化之衰丧，语重千钧，苍凉悠远，非中国文化之化身，何敢言此？又何能言此？

第二节　由神道到人道

一、西周初年人道思想之萌生

历史潮流由神道思想进步到人道思想，在中华民族史上表现得极为鲜明。春秋时代是一个分水岭，前乎此岭，一切人文活动——思想意识、生活方式、器物制作、政治、文学等，都显得质朴，自然气息浓厚，越古越然；后乎此岭，则入于工巧，理智成分加重，越降越甚。这乃是由于在过去天道与神道思想时代，中华民族还像一个未成年的小孩子，一切依赖天地自然的抚育，受大自然熏陶的影响深，故表现为气质也自然古朴。自春秋战国起，中华民族到达弱冠之年，身心发育成熟，开始过独立生活，故人智发皇。春秋战国的诸子百家争鸣，活像行加冕礼似的一场热闹。而处于此一时期的孔子，实为此一典礼的主持人。此一历史潮流表现在易学史中，便是由筮术易转变为儒门易，十翼的哲理思想取代了吉凶占断。

然而时代思想的转变，不是突然的。我们说春秋时代是一道分水岭，则此岭有其渐升渐降之势，所以论人道思想的形成，不能断然说始于孔子，早于孔子以前，有其漫长的孕育期、酝酿期。十翼哲理的阐发虽然始于孔子，但溯其源，早在筮术易兴起之初，已萌芽孳生，只不过那时候神道思想势力尚雄厚，未失其对社会人心的控制，人道思想只是在悄悄地生长罢了。

前文中曾引过《礼记·表记》孔子的话："殷人尊神，率民以事神，先鬼而后礼；……周人尊礼尚施，事鬼敬神而远之。"是神道思想自周初起渐告衰退，孔子早有定论。孔子的话，是以殷、周两代作比较而言，实际上如就神道思想之衰来说，殷代晚期已露端倪。殷纣的"慢于鬼神"，是《史记》上特别指出的。《尚书·西伯戡黎篇》载祖伊将西伯戡黎的消息奔告于纣时，纣的回答是："呜呼，我生不有命在天？"从表面来看，殷纣说这话像是笃信天命的人，实际上他是以天命作挡箭牌以逞私欲，最不礼敬天地鬼神的表现，太史公说他"知足以距谏，言足以饰非"指此。但殷纣的行为，我们不能完全归之于私欲作祟，应是时代思想渐变，神道思想将衰的征候，殷纣的不礼敬天地鬼神隐然代表着一部分人心对天地鬼神的权力的反抗。此种反抗意识我们甚至可以更上推四十年，到纣的曾祖父武乙，《史记》载："帝武乙无道，为偶人，谓之天神，与之博，令人为行，天神不胜，乃僇辱之。为革囊盛血，仰而射之，命曰射天。"由此等历史事迹，我们可以看到"殷人尊神、率民以事神"的纯粹神道思想的热诚，到了晚期，显然已起了动摇；信仰之心起了动摇，才产生出反抗行为。然而，当时毕竟是神道思想的天下，天地鬼神的权力深入人心。武乙与纣的行为招致普遍的臣民的反对，而纣也由此身死国亡；殷纣的丧天下，“慢于鬼神”是很重要的因素之一。

到了周初，纣的作为是一面镜子。周初君臣虽然痛骂殷纣不礼敬鬼神，但他们在内心中很清楚地知道盲目信仰天地鬼神的时代已经过去。他们不能像纣一样明目张胆、肆无忌惮地反抗鬼神，怕也激起人民的不满，于是采取渐进的方法，逐渐转变人们的思想。这情形，在《尚书·洪范篇》中看得最清楚。《洪范》是武王得国后，纣的遗臣箕子向武王陈述的一篇治国安民之道。这一篇大道理虽然书中言是出于箕子之口，实际上是经过周人的修正补充，已经算是周人制定的立国宪法了。在《洪范》九畴之七“明用稽疑”下载：

> 汝则有大疑，谋及乃心，谋及卿士，谋及庶人，谋及卜、筮。

这里面决疑的条件有五，卜与筮只占后二，前三个是：乃心、卿士与庶人。“乃心”是自己内心的思考决定；“卿士”是大臣们的意见；“庶人”是人民的意见。这三项都是理智的抉择，显然神道的权力在衰退，人智的力量兴起。接着，

《洪范》把上述五个条件，在断事决疑中分作六种不同情况，如下：

汝（按即“乃心”）则从，龟从，筮从，卿士从，庶民从，是之谓大同；身其康强，子孙其逢吉。

汝则从，龟从，筮从，卿士逆，庶民逆，吉。

卿士从，龟从，筮从，汝则逆，庶民逆，吉。

庶民从，龟从，筮从，汝则逆，庶士逆，吉。

汝则从，龟从，筮从，卿士逆，庶民逆，作内吉，作外凶。

龟筮共违于人，用静吉，用作凶。

我们只要想一想商代卜法下那种一切听命于鬼神的情形，与此作一比照，便知道周初这一份史料在时代思想的转变上是多么的重要了。

虽然，神道思想在西周仍是时代思想的主流，在社会人心中仍具有无上的权威，读《诗经》《尚书》《周礼》等古籍，处处都有此感受。尤其当我们读《尚书·金滕篇》，武王有疾，周公卜以身代之事，确是诚挚感人。但周公之对鬼神诚敬是一回事，另一方面他却努力从事于制礼、作乐，设计封建宗法的体制，大力发皇人智。这便是历史进化的必然趋势了。

二、东周以后人智大开

我们可以说，在西周时代，人道思想在神道思想的权势下做不动声色的生长，至于笼罩着时代的主要思潮，仍是神道思想。周公卜以身代武王之事为一例，另一桩要紧的事，从成王营东都洛邑一事上也看得出来。《尚书·召诰》《洛诰》两篇载此事，言召公先往洛邑卜宅而后经营，周公后往，郑重地将所卜之吉兆献告于成王，神权仍是第一。自武、成以后，西周中叶神道思想权势仍盛的情形，我们可以该时期的作品——《诗经》为证。《诗经·小雅》及《大雅》中提到"神"之处颇多，一致地视神为有能力赐福降祸于人的有意志的存在，诸如以下：

《小雅·伐木》："神之听之，终和且平。"

《小雅·天保》："神之吊矣，诒尔多福。"

《小雅·小明》："神之听之，式谷以女。""神之听之，介尔景福。"

《小雅·楚茨》："神嗜饮食，卜尔百福。""神嗜饮食，使君寿考。"

《大雅·思齐》："惠于宗公，神罔时怨，神罔时恫。"

《大雅·抑》："神之格思，不可度思，矧可射思？"

《大雅·云汉》："靡神不举"，"靡神不宗"，"敬恭明神，宜无悔怒”。

以上自非全举，但已充分代表了《诗经》中对神的信念。然而这种情形，到了东周以后，便不再见。东周以后，神的观念循着两条路发展下去：一是在政治思想上，神依于人民而存在，治民第一，礼神其次；一是在学术思想上，神由客观有意志的存在，转变为思想上的玄妙境界。前者等于取消了神之赐福降祸于人之能力，而后者更抹去了神的存在。先就前者而言，见《左传》：

> 桓公六年：季梁对隋侯言：“夫民，神之主也，是以圣王先成民，而后致力于神。”
>
> 庄公三十二年：史嚚闻虢公享神，神赐之土田，乃言：“虢其亡手！吾闻之：国将兴；听于民；将亡，听于神。神，聪明正直而壹者也，依人而行，虢多凉德，其何土之能得？”
>
> 僖公五年：宫之奇对虞公之言：“臣闻之：鬼神非人，实亲惟德……如是，则非德，民不和，神不享矣。神所凭依，将在德矣。”
>
> 又十九年，司马子鱼言：“祭祀，以为人也；民、神之主也。”
>
> 襄公十八年，晋献子言齐：“弃好背盟，陵虐神

主。”（注：神主，民也。）

昭公元年：刘定公言赵孟：“为晋正卿，以主诸侯，而侪于隶人，朝不保夕，弃神人矣。神怒民叛，何以能久？”

这些话都出自春秋时代高级知识分子之口，在古代知识不普及于民间之时，高级知识分子的思想即时代思想的动向。将这种“民，神之主也”的思想与周初对鬼神的观念相较，与《诗经》中对鬼神的观念相较，其变化差距之大，真是不可以道里计了。然而何以有此变化呢？一言以蔽之曰“人道思想时代来临”而已矣！在人智的透视之下，人民的重要性是眼前的、实在的，而神的重要性是玄远的、虚渺的，自然致力于民为第一要务，而致力于神为次要了。

然后再看学术思想上对神的观念，这可以举《易·系辞传》中一些言及神的文字为例，《系辞传》上：

范围天地之化而不过，曲成万物而不遗，通乎昼夜之道而知，故神无方而易无体。

阴阳不测之谓神。

子曰：知变化之道者，其知神之所为乎！

易无思也，无为也，寂然不动，感而遂通天下之故，非天下之至神，其孰能与于此？

唯神也，故不疾而速，不行而至。

是故蓍之德圆而神。

神以知来，知以藏往。

利用出入、民咸用之谓之神。

化而裁之存乎变，推而行之存乎通，神而明之存乎其人。

《系辞传》下：

于是始作八卦，以通神明之德。

通其变，使民不倦；神而化之，使民宜之。

精义入神，以致用也。

穷神知化，德之盛也。

以体天地之撰，以通神明之德。

《系辞传》中言及神的文句，几乎已全部在此。其含义全然不是指神道思想下那个客观有意志的存在者，而是指人道思想下玄深而遍在的理。《系辞传》作于孔子之后不久，为孔子门下或再传弟子之作，就时间上言晚于上引《左传》之时，也可视作春秋末期神的观念的更进一步的演变。总之，越变越距离神道思想遥远，《左传》中神的观念尚有神道思想的成分，《系辞传》中神的观念则完全落入人道思想理智活动之中了。

三、卦爻辞与十翼在思想上的差别

上两节所述，旨在整个时代思想潮流之由神道演进到人道，本节将就易学本身的变化而言。对应于神道思想之进于人道，易学也由筮术占断转变为演说哲理，于是在卦爻辞之外，产生了十翼。十翼与卦爻辞不可视为截然不同的两回事，它们的本质是一样，它们的血脉是一贯相承，只是由于时代不同，使思想的重心有了转变，使思想的指向有了差别。这情形正如当初符号易之演变为筮术易，文王之六十四卦乃承伏羲氏八卦之义，踵事增华，将八卦之思想发挥得更精更广，而转变其思想指向于筮术。孔子继文王之筮术易，更上层楼，将筮术易之思想再发挥，不但越精深广涵，且为之建立起一个整体的系统，而转变筮术占断之思想指向演说哲理。三圣悬隔千古，心法一贯，如运动场上接力赛跑，前后相继，分工而合作，允为人类学术史上绝无仅有之奇迹。今且比较卦爻辞与十翼这两种不同历史时代的产物，在思想上的差别，分三方面来说。

第一，卦爻辞为据象以言事，故其思想本身是分散的；十翼为据象以言理，故其思想是成体系的。

卦爻辞与十翼同为借卦象以发明易道，但卦爻辞之用在于断事决疑，示明吉凶悔吝，六十四卦并列齐陈，以待占断。问占者占得某卦某爻，即以某卦某爻论占，故卦爻辞之言易道乃以分散为用，不求有一整个思想上的体系，实不必要如此。六十四卦卦爻辞的整体性，只可以从八卦哲学的根本义上讲，但那只是易哲学的一个大间架，是概括性的，是大包大揽的，不够精细，也不完全。十翼则不然，十翼意在演说哲理，卦象虽有六十四，但必要说出其一贯之理路。如此便不得不建立起一个思想体系，这是思想上的自然要求。又因为这一个思想体系是实际人生社会的指导，所以精思入微，不止是理论的揭发，尤其注重其实用精神，于是这一思想体系便发展成为理事融通、天人一贯的枝繁叶茂的大整体。读卦爻辞，我们所感到的是易道的“分散”之用；读十翼则所感到的是易道的“整体”性。这主要是由于一言事、一言理之故；言事是神道思想下筮术的任务，言理是人道思想下理智的发皇。

第二，卦爻辞言事的对象是个人，十翼言理的对象是众人。

卦爻辞的论占，其吉凶悔吝乃针对当前问占之一人而言，因为求筮问占是问占者一人的事，而每个问占者所遭遇的疑难也绝不相同，故甲之占断不宜于乙，乙之占断不合于丙。十翼则不然，每一言之发，都是针对众人。“天行健，君子以自强不息”，对象是指所有志于做君子的人；“风行地上，观，先王以省方观民设教”，对象是所有治国理民的人。《文言传》之力言“进德修业”“闲邪存诚”等，《系辞传》之发挥“变通之道”“生生之德”等，《序卦传》之贯串六十四卦成一序列以表现普遍生命过程中显荣困顿之理，这一切都是针对广大社会人群而言。何以故？时代已进步，人道思想已兴起，人需要有统一的理则做规范。

第三，卦爻辞的目的在教人行事而善，十翼的目的在培养高尚的人格。

卦爻辞的指向在事，吉凶悔吝都是因事而生，故卦爻辞中言“往”“勿攸往”“利涉大川”“不利涉大川”“用”“勿用”等，都指宜不宜行事言。行事而善，悔吝不生于心，行事而不善，则内感凶咎，心理感受依于外在的行事善与不善上。十翼思想不然，把善恶标准置于各人心中，重要指向不在于事，而在于人格道德，人格道德固不止行事一端，从对人接物之动机之始即包括在内。这一方面是人道思想下极大的进步，我们只要看乾卦六爻之辞与《文言传》之解释一比照，便了若指掌。乾卦初九：“潜龙，勿用。”勿用是言事，意谓不宜有所作为，而《文言传》则引申到“遁世无闷，不见是而无闷”上讲。九二：“见龙在田，利见大人。”利见大人是言事，谓宜于有所施为，而《文言传》则引申到“庸言之信，庸行之谨，闲邪存其诚，善世而不伐，德博而化”上讲。九三、九四、九五、上九等爻文言，各向修身处世的道德人格上讲，最后且明揭“大人之德”。所以读易的人只要细心一读乾卦彖、象、文言，十翼大旨已明。十翼的总归趣指向“人”，这一方面仍将在后文细论，且下节也将分别论及十翼之内容，故于此仅略言其思想之大别如上。

四、卦爻辞与十翼在文字上的差别

至于卦爻辞与十翼在文字上的差别，更明显易见，故这方面不需多言，兹简约提出几点于下。

第一，从语气上比较，卦爻辞是权威性的，十翼是解释性、发挥性的。

卦爻辞之言，斩钉截铁，直截了当，这一方面固然是由于西周初年文字运用尚未达纯熟阶段，叙述发挥的文体尚未兴，而主要的还是因为这些文字都是直接比拟天地鬼神的口气说出来，故权威性十足。归纳这些权威性的语气，约可区为命令、指示、劝诫三类，如：

> ䷖ 剥卦辞：“不利有攸往！”（命令）
>
> ䷫ 姤卦辞：“女壮，勿用取女！”（命令）
>
> ䷄ 需上六：“入于穴，有不速之客三人来，敬之，终吉。”（指示）

䷓观六四："观国之光，利用宾于王。"（指示）

䷂屯六三："君子几，不如舍。往，吝。"（劝诫）

䷅讼卦辞："有孚窒，惕中，吉；终，凶。"（劝诫）

可是十翼的语气完全不是这样，《彖》《象》《文言》是依卦爻辞解释，时而引申发挥；《序卦传》《杂卦传》是依卦名解释；《系辞传》《说卦传》除一部分为载录古筮占法及象以外，根本就是独立成篇的说理文字。

第二，从句法上比较，卦爻辞中断语之主词几全为第二人称，十翼说理则全为第三人称。

卦爻辞是借天地鬼神的口吻向人说话，故辞中断语之主词均为第二人称，即直接对问占之人讲；又因为是神示，有上对下的权威，故第二人称主词都省去，例如：

䷂屯卦辞："元亨利贞，（你）勿用有攸往，（你）利建侯。"

䷃蒙六三："（你）勿用取女。见金夫，不有躬，（你）无攸利。"

䷄需初九："需于郊，利用恒，（你）无咎。"

有一部分是以第三人称为主词，但含义仍指第二人称，如谦卦辞："亨，君子有终。"也有一部分是以第三人称为主词并指出吉与凶，也仍是意在第二人称，如遁九四：“好遁，君子吉，小人否。”十翼则不然，因为是演说哲理，全部主词以第三人称为用旨在揭示为君子、为大人之道，让社会人群去自觉奉行。

第三，从内容上比较，卦爻辞中绝大多数不言“理”，只是示明“象”与“意”，十翼则主要在说“理”。

卦爻辞的文句，可分为示象与示意两部分。示象是言卦象，示意是言旨意。例如：

> ䷀乾初九：“潜龙，勿用。”“潜龙”是言初九爻之象，“勿用”是向问占人说明意旨。
>
> ䷂屯初九：“盘桓，利居贞，利建侯。”“盘桓”是示象，“利居贞、利建侯”是示意。
>
> ䷋否卦辞：“否之匪人，不利君子贞，大往小来。”“否之匪人”是示象，以下是示意。

但卦爻辞中不一定示象与示意同具，有时候仅有示象，如比六三：“比之匪人”；有时候仅有示意，如大有卦辞：“元亨”；至于偶有言“理”之处，也甚简略，如蒙初六：“发蒙，利用刑人，用说桎梏。”“用说桎梏”四字是说明“利用刑人”之故，但这类文句不多，可包括在示意之中。卦爻辞之所以只有示象与示意，是因为天地鬼神对人，只在示明吉凶悔吝已足，人对天地鬼神，没有考虑其合理不合理的权利；卦爻辞自然各有道理，那是主筮人的事，在辞中不必言。但到了十翼，文字内容全部变成了说理，因为此时人智已觉醒，不问道理的信奉天地鬼神，此时行不通了；人们宁相信理智抉择，不愿再盲目相信神示了。朱熹后来言《易》说：

> 《易》所以难读者，盖《易》本是卜筮之书，今却要从卜筮中推出讲学之道，故成两节工夫。（《朱子语录》）

殊不知易学由“卜筮之书”到“推出讲学之道”的“两节工夫”，乃是由神道思想进入人道思想的必然演变。

第三节　十翼概说

十翼谓《彖传》上下、《象传》上下、《系辞传》上下、《文言传》《说卦传》《序卦传》《杂卦传》十篇文字。《史记·孔子世家》言：“孔子晚而喜易，序彖、系、象、说卦、文言。”《汉书·艺文志》言：“孔氏为之《彖》《象》《系辞》《文言》《序卦》之属十篇。”《史季》《汉书》均未言“十翼”之名，十翼之名始见于《易纬·乾凿度》:“(孔子)五十究易，作十翼。”按《易纬》之书成于西汉季世，其说虽附会儒门经义，然于易学颇有创见发明，尤其于名词制作方面，时有佳构，如“易有三义”之说即揭发于《易纬》，此“十翼”之名也是出于易纬学家。“十翼”二字言简义当，与孔子“赞易”之义合，故为后世所通用。

自汉以降，易学家皆认为十翼作者为孔子，至宋欧阳修，始提出疑问，谓十翼非尽出于孔子之手。欧阳修在《易童子问》中说：“童子问曰：《系辞》非圣人之作乎？曰：何独《系辞》焉，《文言》《说卦》以下，皆非圣人之作，而众说淆乱，亦非一人之言也。”他并举出《系辞传》中认为是“繁衍丛脞之言”作证。于是自欧阳修以后，十翼作者的问题成了易学家热烈讨论的问题之一，虽各家见仁见智，意见不一，大体上均同意欧阳修之说，即《彖》《象》二传为孔子作，其他则出于孔子之后。然这并不是说除了《彖》《象》二传以外，其他《文言》《系辞》《说卦》《序卦》《杂卦传》均与孔子无关。欧阳修所提出的是指十翼之文字，至于十翼之思想则无疑均发于孔子。古人论学，特别重视思想义理，尤以首先提出孔子作十翼的《易纬》，原非计较文字之书；史称孔子“赞易”，也主要指发挥光大易学之思想义理，非定指手著十翼之文。孔子五十知天命之后，五十一岁为中都宰，接着为司空，为大司寇，与闻国政，紧接着又是十四年的周游流浪的生活。到他周游反鲁时，已六十八岁。此时口授讲解，由弟子记录成文字，为意想中事；或儒门后学，本孔子赞易之思想义理，著为文字。从思想上讲，不当言归于孔子为不当。今就十翼内容来看，除《说卦传》中“帝出乎震”一章为受五行思想影响之易说外，其他所有十翼之文，均为纯粹的儒门思想。《史记》太史公为孟子立传，云：“退而与万章之徒，序诗书，述仲尼之意，作孟子七篇。”史公岂不知《孟子》一书为其弟子所手录？所以归名于孟子者，也正由于思想是学术之实质，而文字是躯壳之故。即以乾卦“元亨利贞”而论，僖公九年穆姜之释“元亨利贞”，于《文言传》仅一字之差（已见前第二章第三节），我们难道执着于文字，谓《文言传》为穆姜所作？一个学术思想之形成，前有其渐形成之势，后有其感后来之力，而归名于中峰之巅，为古今之一般现象。是以古人言孔子作十翼，就文字而论为非是，就思想而论则未为不可。

以下兹分别述论十翼之内容。

一、《彖传》（上下）

《彖》谓卦辞，《彖传》乃对卦辞之解说。卦辞依六十四卦象分上下经，故《彖传》也分上下。但《周易》古本，经自经，传自传，不相比附。今日以《彖传》分别附于卦象卦辞之后，乃采用王弼注《易》本。所谓《彖传》，即卦辞后面“彖曰”以下之文。

《彖传》文辞质朴，义旨深远，虽为解释卦辞，然非拘于字句，其行文之气象，俨然大家手笔，洵非拘拘小儒之所能为。故十翼中其他部分文字或疑为非孔子作，独疑《彖传》者稀。今就《彖传》之整个思想来看，表现得最突出的有以下三方面。

第一，为易学建立思想体系。

《彖传》的整个思想在于引天道落入人道，使天人贯通成一体系，最重要的是乾、坤二卦的《彖传》尤其是首乾卦，其文曰：

> 大哉乾元，万物资始，乃统天。云行雨施，品物流形。大明终始，六位时成。时乘六龙以御天。乾道变化，各正性命，保合太和，乃利贞。首出庶物，万国咸宁。

试看此文，哪里像是解释“元亨利贞”的卦辞？直是创建新义，以一系成熟的由形上到形下的哲学思想，借解释乾卦而表现出来。首先标出“乾元”，将思想植根于万物资始一点，其次时间变化、空间变化，导出“性命”，最后落到

“庶物”“万国”上。将这段文字与《坤卦·彖传》之文一起看，更见明白。《坤卦·彖传》：

至哉坤元，万物资生，乃顺承天。坤厚载物，德合无疆，含弘光大，品物咸亨。

乾元合天而始发动，坤元合地而顺承以生；乾道变化有“性命”，坤道变化而“成物”。乾、坤二卦《彖传》这种系统的哲学思想，是孔子以上易学中所未有的，这是儒门易的新论。六十四卦除乾、坤二卦外，其他六十二卦各有所指，落入别义，故以乾、坤二卦大揭整个宇宙万物生成之道，统论系统之纲要。似此气象浑厚，走笔深远之文字，除孔子外，实难以想象会出于某一儒门弟子之手，他人也无此襟怀、无此体悟、无此勇气作如是创发。（乾、坤二卦《彖传》，本章末节将细论，故此处仅略言。）

第二，着意发挥由天道贯通人事之大端。

十翼中言天人贯通之道，为整个思想之一致归向，不止《彖传》为然，但《彖传》多在解释卦辞之余，特意着重于引申发挥，尤给人以深切的感受。《彖传》所着意引申发挥者均为人事贯通天道之大端，如谦德之要、男女之义、化民之道等，以下所举均为引申发挥之言，至于解释卦辞之言则省录。如：

《䷎谦·彖传》：“天道亏盈而益谦，地道变盈而流谦，鬼神害盈而福盈，人道恶盈而好谦。谦尊而光，卑而不可逾，君子之终也。”

《䷓观·彖传》：“观天之神道而四时不忒，圣人以神道设教而天下服矣。”

《䷕贲·彖传》：“观乎天文以察时变，观乎人文以化成天下。”

《䷖剥·彖传》：“君子尚消息盈虚，天行也。”

《䷗复·彖传》：“复其见天地之心乎！”

《䷞咸·彖传》：“天地感而万物化生，圣人感人心而天下和平，观其所感，而天下万物之情可见矣。”

《䷟恒·彖传》：“日月得天而能久照，四时变化而能久成，圣人久于其道而天下化成；观其所恒，而天地万物之情可见矣。”

《䷡大壮·彖传》：“正大而天道之情可见矣。”

《䷤家人·彖传》：“父父、子子、兄兄、弟弟、夫夫、妇妇而家道正，正家而天下定矣。”

《䷬萃·彖传》：“观其所聚，而天地万物之情可见矣。”

《䷰革·彖传》：“天地革而四时成，汤武革命，顺乎天而应乎人。革之时大矣哉！”

《䷵归妹·彖传》：“归妹，天地之大义也，天地不交而万物不兴。归妹，人之终始也。”

《䷶丰·象传》：“日中则昃，月盈则食，天地盈虚，与时消息，而况于人乎？况于鬼神乎？”

《䷹兑·象传》：“说以先民，民忘其劳；说以犯难，民忘其死。说之大民劝矣哉！”

《䷻节·象传》：“天地节而四时成，节以制度，不伤财，不害民。”

上述这些引申发挥，均为系人事于天地之道之下，或言天地之心，或言天地之情，或言天地之义，一片圣人爱天下人之心，溢于字里行间。

第三，特别强调“时”之义。

十翼对卦爻辞中的四个基本观念“位、时、中、应”，均极力发挥，但其中似对“时”一项尤觉重视。统计六十四卦《象传》之言“时义大矣哉”者，有豫、随、遁、姤、旅五卦。言“时用大矣哉”者，有坎、睽、蹇三卦。言“时大矣哉”者，有颐、大过、解、革四卦。言“与时偕行”者，有损、益二卦。其他言及时者，尚有乾、蒙、大有、观、升、小过、丰等。这些言及时义之卦，不在于卦之多寡，而在于语气之着力，十二卦之时义以“大矣哉”之语气揭示，其对时之义感受之深，可想而知。

以上三方面为《象传》中思想表现之最为突出者，至于《彖传》对卦辞之解释，并无固定之体例，主要依于卦象，以卦象之明显切要为主，所以有时候以全卦象之形象立义，如：噬嗑、颐、剥、复、夬、姤、鼎、大过、小过、中孚、既济等。

有时候以内外卦象立义，如：屯、泰、否、谦、随、咸、恒、大壮、明夷、晋、睽、萃、丰、蹇、革、归妹等。

有时候以一爻为主立义，如：师、比、大有、复、家人、损、益等。

还有取义于阴阳消长之势者，如：泰、否、临、剥、复、遁、夬等。

还有取义于反对卦者，如：讼、随、噬嗑、无妄、晋、睽、蹇、损、益、鼎、渐、涣等。

以上所举，多有一卦兼具数义，非专于一。对《彖传》文字之分类解析，各易家也不同，读者可参阅屈万里《先秦汉魏易例述评》及刘百闵《周易事理通义》。

二、《象传》（上下）

《象传》之“象”，意指爻辞，《象传》即解说爻辞之文，与《彖传》之解说卦辞者同。《史记·孔子世家》：“孔子晚而喜易，序彖、系、象、说卦、文言。”序彖即言《彖传》，序象即言《象传》。不过，《象传》分两部分：大象与小象。

小象为解说爻辞，大象则言全卦之象，故严格说来，《象传》之“象”字实兼指卦象与爻辞二者。

孔颖达《周易正义疏》乾卦大象云：“此大象也，十翼之中第三翼，总象一卦，故谓之大象。”是孔氏以《大象传》为十翼之第三翼，《小象传》自为第四翼。然李鼎祚《周易集解序》则谓：“郑学之徒同说十翼云：上彖一，下彖二，上象三，下象四，上系五，下系六，文言七，说卦八，序卦九，杂卦十。”是又混同大小象，以上下经为别。后人言十翼多从李书，因与《彖传》之依经分上下体例一致之故。

古本《象传》是离经文而独立成篇，与《彖传》同，其比附经文始于王弼之注《易》本。

《大象传》，指今本《周易》每卦《彖传》后“象曰”下之文字而言。《大象传》与《彖传》同为解释全卦，《彖传》重辞义，发挥义理广远；《大象传》只言象，指向单纯，二者相互发明。六十四卦《大象传》，均采同一形式：上言象，中言人，下言事，例如：

䷀ 乾：“天行健，君子以自强不息。”

䷁ 坤：“地势坤，君子以厚德载物。”

䷆ 师：“地中有水，师，君子以容民畜众。”

䷇ 比：“地上有水，比，先王以建万国、亲诸侯。”

所谓上言象部分，除乾坤二卦以“天行健”“地势坤”之卦德为象以外，其他六十二卦均以内外卦象言。孔颖达《正义》曾详析此一言象部分，其文云：

凡六十四卦，说象不同，或总举象之所由，不论象之实体，又总包六爻，不显上体下体，则乾坤二卦是也。

或直举上下二体者，若云雷屯也，天地交泰也，天地不交否也，雷电噬嗑也，雷风恒也，雷雨作解也，风雷益也，雷电皆至丰也，游雷震也，随风巽也，习坎坎也，明两作离也，兼山艮也，丽泽兑也，凡此一十四卦，皆总举两体而结义也。

取两体俱成或有直举两体上下相对者，天与水违行讼也，上天下泽履也，天与火同人也，上火下泽睽也，凡此四卦，或取两体相违，或取两体相合，或取两体上下相承而为卦也，故两体相对而俱言也，虽上下二体，共成一卦。或直指上体而为文者，若云上于天需也，风行天上小畜也，火在天上大有也，雷出地奋豫也，风行地上观也，山附于地剥也，泽灭木大过也，雷在天上大壮也，明出地上晋也，风自火出家人也，泽上于天夬也，泽上于地萃也，风行水上涣也，水在火上既济也，火在水上未济也，凡此十五卦，皆先举上象而连于下，亦意取上象以立卦名也。

亦有虽意在上象，而先举下象以出上象者，地上有水比也，泽上有地临也，山上有泽咸也，山上有火旅也，木上有水井也，木上有火鼎也，山上有木渐也，泽上有雷归妹也，山上有水蹇也，泽上有水节也，泽上有风中孚也，山上有雷小过也，凡此十二卦，皆先举下象以出上象，亦意取上象共下象而成卦也。

或先举上象而出下象，义取下象以成卦义者，山下出泉蒙也，地上有水师也，山下有风蛊也，山下有火贲也，天下雷行无妄也，山下有雷颐也，天下有山遁也，山下有泽损也，天下有风姤也，地中有山谦也，泽中有雷随也，地中生水升也，泽中有火革也，凡此十三卦，皆先举上体，后明下体也，其上体是天，天与山则称下也；若上体是地，地与泽则称中也。

或有虽先举下象，称在上象之下者，若雷在地中复也，天在山中大畜也，明入地中明夷也，泽无水困也，是先举下象而称在上象之下，亦义取下象以立卦也。

所论之例者，皆大判而言之，其间委曲，各

于卦下别更详之。先儒所云：此等象辞，或有实象，或有假象。实象者，若地上有水比也，地中生木升也，皆非虚，故言实也。假象者，若天在山中，风自火出，如此之类，实无象，假而为义，故为之假也。虽有实象、假象，皆以义示人，总谓之象也。

所谓中言人部分，称大人言一：离；称上者一：剥；称后者二：泰、姤；称先王者七：比、豫、观、噬嗑、复、无妄、涣；其余五十三卦均称君子。

所谓下言事部分，全部是进德修业，待人处世，治国理家之要道，如乾之“自强不息”，恒之“立不易方”，大壮之“非礼不履”等，为个人修身之道。如坤之“厚德载物”，讼之“作事谋始”，谦之“裒多益寡”等，为处世之道。如屯之“经纶”、师之“容民畜众”、革之“治历明时”等，为治国之道。兹不一一判列。

所谓《小象传》，指今本《周易》每卦爻辞后“象曰”下之文字而言。《小象传》的文字结构也甚整齐，均为上句引爻辞原文，下句作理由说明，与《大象传》之文同样简明。且每卦六爻之《小象传》，总在力求其合韵，正是古本经传分离的遗迹，兹随举两卦例如下：

䷈ 小畜：

初九：复自道，其义吉也。

九二：牵复在中，亦不自失也。

九三：夫妻反目，不能正室也。

六四：有孚惕出，上合志也。

九五：有孚挛如，不独富也。

上九：既雨既处，德积载也；君子征凶，有所疑也。

䷎ 谦：

初六：谦谦君子，卑以自牧也。

六二：鸣谦贞吉，中心得也。

九三：劳谦君子，万民服也。

六四：无不利，㧑谦，不违则也。

六五：利用侵伐，征不服也。

上六：鸣谦，志未得也。可用行师，征邑国也。

《小象传》之各爻均依从于爻辞，有其专称，如初爻之称始、称下、称足……至于其言位、言中、言时、言应，均已述于上章筮术易之四个基本观念一节中，兹不赘。

无论大象或小象，在行文方面，未若《彖传》之文开放。原因似是作者有意在一定格式下写成，然其思想之大方向则与《彖传》同为由天道指向人道，尤以大象之言卦象与

《彖传》之重理趣，相互发明。故一般易学家之意见，也多认为《象传》是出于孔子之手。李镜池曾为文举《彖传》《象传》间有矛盾处，证明二传作者非出一人（李文《易传探源》，载《古史辨》），但其说不尽确当，刘百闵《周易事理通义》中曾予驳辩。以思想而论，谓《彖传》《象传》均为孔子作，较近情理。

三、《系辞传》（上下）

《史记·太史公自序》有言："易大传：天下同归而殊途，一致而百虑。"史公所引《易大传》之文，即为《系辞传》之文，故后人又称《系辞传》为《易大传》。《系辞传》不像《彖传》《象传》之分别针对某卦某爻作解释，乃泛论易道，即今日所谓的"概论"。此种论理的散文体，是人智发达、思想开放后的产物，所以《系辞传》不只是中国哲学上的重要作品，在先秦文学发展史上也有重要地位。《系辞传》就内容上看，似无区分上下之必要，其分为上传、下传，可能是由于依从《彖传》与《象传》之形式。因为在先秦时，《彖传》与《象传》也都是单独成篇。《系辞传》在十翼中排列于《彖传》《象传》之后，篇幅又甚长，故也分为上下两部分。

《系辞传》由于是早期的论理文学，今日看来其条理难免失于不够严明，在文义上予人以错杂间出的感觉，但其内容确是极为丰富，反复从不同角度发挥易道之理论，申天人之义。从整个来看，它是以筮术易为根据，极言筮术之神用，圣人体会其神用，极深研几而发为人事德业，此正儒门易继筮术易而兴之必然迹象。同时，甚可珍贵者，是系辞中述及许多有助于易学研究的资料，如演蓍的方法、一些名词的特定义解释以及易学史方面的记载等。先秦易学中幸亏《系辞传》未佚失，否则后人对易学更无门径可寻了。

欧阳修曾举出《系辞传》中一些话，认为是“繁衍丛脞而乖戾”。后人研究的结果，也多认为《系辞传》非出孔子之手，大约是孔子门下弟子所成。但其中思想出自孔子则无疑，有两章且直引孔子解易之言。今就《系辞传》之内容作区分，重要者包括以下几方面：

第一，对易道的描述。如：

> 天尊地卑，乾坤定矣；卑高以陈，贵贱位矣；动静有常，刚柔断矣，方以类聚，物以群分，吉凶生矣；在天成象，在地成形，变化见矣。是故刚柔相摩，八卦相荡，鼓之以雷霆，润之以风雨，日月运行，一寒一署。
>
> 一阴一阳之谓道，继之者善也，成之者性也。

仁者见之谓之仁，知者见之谓之知，百姓日用而不知，故君子之道鲜矣。显诸仁，藏诸用，鼓万物而不与圣人同忧，盛德大业至矣哉！

夫易广矣大矣，以言乎远则不御，以言乎迩则静而正，以言乎天地之间则备矣。夫乾，其静也专，其动也直，是以大生焉。夫坤，其静也翕，其动也辟，是以广生焉。广大配天地，变通配四时，阴阳之义配日月，易简之善配至德。

易之为书也，不可远，为道也屡迁，变动不居，周流六虚，上下无常，刚柔相易，不可为典要，唯变所适。

第二，力言易道之贯通于人事，如：

乾知大始，坤作成物；乾以易知，坤以简能；易则易知，简则易从；易知则有亲，易从则有功；有亲则可久，有功则可大；可久则贤人之德，可大则贤人之业。

子曰：易其至矣乎，夫易，圣人所以崇德而广业也，知崇礼卑，崇效天，卑法地，天地设位而易行乎其中矣，成性存存，道义之门。

易之为书也，广大悉备，有天道焉，有人道焉，有地道焉，兼三才而两之，故六，六者非它也，三才之道也。

阳卦多阴，阴卦多阳，其故何也？阳卦奇，阴卦偶，其德行何也？阳一君而二民，君子之道也；阴二君而一民，小人之道也。

第三，对易学史料的保存。如：

古者包牺氏之王天下也，仰则观象于天，俯则观法于地，观鸟兽之文与地之宜，近取诸身，远取诸物，于是始作八卦，以通神明之德，以类万物之情。（言画卦之起源）

是故易有太极，是生两仪，两仪生四象，四象生八卦。（言八卦之画成次第）

易之兴也，其于中古乎？作易者其有忧患乎？（言筮术之起源）

易之兴也，其当殷之末世，周之盛德邪？当文王与纣之事耶？是故其辞危。（同上）

大衍之数五十，其用四十有九。分而为二以象两，挂一以象三，揲之为四以象四时，归奇于扐以象闰，五岁再闰，故再扐而后卦。……是故四营而成易，十有八变而成卦。（言演蓍法）

第四，对特定名词立定义。如：

吉凶者，失得之象也。悔吝者，忧虞之象也。变化者，进退之象也。刚柔者，昼夜之象也。六爻之动，三极之道也。

彖者，言乎象者也。爻者，言乎变者也。吉凶者，言乎其得失也。悔吝者，言乎其小疵也。无咎者，善补过也。

富有之谓大业，日新之谓盛德，生生之谓易，成象之谓乾，效法之谓坤，极数知来之谓占，通变之谓事，阴阳不测之谓神。

形而上者谓之道，形而下者谓之器，化而裁之谓之变，推而行之谓之通，举而措之天下之民谓之事业。

易者，象也；象也者，像也。彖者，材也。爻也者，效天下之动者也。

阖户谓之坤，辟户谓之乾，一阖一辟谓之变，往来不穷谓之通，见乃谓之象，形乃谓之器，制而用之谓之法，利用出入，民咸用之谓之神。

第五，引述孔子解《易》之言。如：

上传第八章，孔子释中孚九二、同人九五、大过初六、谦九三、乾上九、节初九及解六三。

下传第五章，孔子之释咸九四、困六三、解上六、噬嗑初九及上九、否九五、鼎九四、豫六三、复初九、损六三、益上九。

下传第七章，孔子之三陈履、谦、复、恒、损、益、困、井、巽九卦。

除上引五方面的主要内容外，仍有不得不提及的，为《系辞传》之影响于后世易学方面，尤其是易数一方面。宋代易学在数方面大为发扬，其先天后天、未成已成之数，便是从《系辞传》下面两节文字来：

天一，地二，天三，地四，天五，地六，天七，地八，天九，地十。

天数五，地数五，五位相得而各有合，天数二十有五，地数三十，凡天地之数五十有五，此所以成变化而行鬼神也。

此两节文字原不在一处，朱熹以为是错简，今朱本《周易》合此两节置于上传第九章“大衍之数”之前。他如“河出图，洛出书，圣人则之”，为宋人河图、洛书之张本。如“天尊地卑”一章（《系辞传》第一章，上已引），为汉人“易有三义”之说之所据。

四、《文言传》

“文言”的含义是“文之以言”，乃孔子特别在《彖传》《象传》之外对乾、坤二卦的解释。乾、坤二卦为六十四卦之根本，易之门户，学易的人首先接触的是此二卦，也必须对此二卦的根本道理有所了解才能够解析其他诸卦而不失旨，故孔子讲易，反复申述此二卦之义，弟子记之，故名《文言传》。《文言传》中言及仁、言及义、言及礼、言及知、言及进德、修业、忠信、修辞、行谨、存诚、善世、德化、直内、方外、乐则行、忧则违、德不孤、居上不骄、居下不忧、积善有度、积不善有殃等做人处事之德，使人感到与《论语》之文特为接近。正如孔子弟子之记录《论语》之言，《文言传》也当是孔子弟子所记。

刘百闵《周易事理通义》引有李心传《丙子学易编》之文，谓：“《文言传》，十翼之第七篇也，先儒以其首章八句与《春秋传》所载穆姜之言不爽，疑非孔子之言。”李心传只背熟了孔子“述而不作”的话，看到《文言传》前八句之释“元、亨、利、贞”，与穆姜所言仅有一二字之差，便认为合于孔子“述而不作”之旨，疑非孔子之言。殊不知这个“不爽”之差，正是《文言传》为孔子之言之明证。

今按《左传·襄公九年》，穆姜的话是：“元，体之长也；亨，嘉之会也；利，义之和也；贞，事之干也。体仁足以长人，嘉德足以合礼，利物足以和义，贞固足以干事。”李氏所言之《文言传》“首章八句”，与穆姜此言相较，所差有两个字：一为“体之长”，《文言传》作“善之长”；一为“嘉德足以合礼”，《文言传》作“嘉会”。“嘉德”与“嘉会”在含义上并无不同，因穆姜已言“亨，嘉之会也”，故差别在于“体之长”与“善之长”。记得在本书前面第二章易为赞颂生命的哲学一节中，笔者已提出此一问题，穆姜之释“元”为“体之长”，乃就元字之本义为“首”而言。首为人体之最上，以此比喻乾卦之为六十四卦之首。《文言传》不言“体之长”而言“善之长”，“善”字在易学中乃指阴阳化生之德，《系辞传》所谓：“一阴一阳之谓道，继之者善也。”故易“体”字为“善”字，乃将乾卦之由普通之“为六十四卦之首”的含义。转变成“为六十四卦化生之始”的含义。也就是说，“体之长”之“元”，不具“生”之义，而“善之长”之“元”，则特明“生”之含义。《文言传》对元字如此解释，始与孔子《彖传》“大哉乾元，万物资始”之言一义贯通，与“生生之谓易”的大易哲学的主旨相符。

孔子为了特重“生”之义，且把“元、亨、利、贞”的“元”字，与“乾”字合为一词，称为“乾元”，而释作万物之始之生元，其不取穆姜之“体之长”而取“善之长”，岂一般斤斤计较文字而不明哲学思想之学者可知？孔子岂是一味株守前人字句而不顾思想之一贯的人？那么，“圣之时者”的称呼，其义何在？是知《文言传》中此一字之更改，正证明了《彖传》与《文言传》思想之密合无间。如谓《彖传》为孔子所作，则《文言传》之言也必出于孔子无疑。所不同者，《彖传》为孔子手著，《文言传》则为孔子之言为弟子所记。所以李心传“疑非孔子之言”之疑，实为“多疑”，学术界有所谓只见文字，不见思想之学者，如是。

《文言传》总共不及千字，乾文言对卦辞解释一次，对《彖传》解释一次，对六爻之辞反复从不同方面作解释四次。坤文言则对卦爻辞之解释仅一次。是知孔子于六十四卦中虽重视乾、坤二卦，然于乾卦尤特加重视，故反复陈述其义。

读《文言传》给人的感受，是直下扣紧一个“德”字，文中明象之言少，明德之言多，且文义发挥锲入人事之常行常规，兹仅举对乾、坤二卦初、二爻之文言如下，以见一斑：

> 初九曰：潜龙勿用。何谓也？子曰：龙德而隐者也，不易乎世，不成乎名，遁世无闷，不见是而无闷，乐则行之，忧则违之，确乎其不可拔，潜龙也。

九二曰：见龙在田，利见大人。何谓也？子曰：龙德而正中者也，庸言之信，庸行之谨，闲邪存其诚，善世而不伐，德溥[1]而化，易曰：见龙在田，利见大人。君德也。(《乾卦·文言》)

积善之家，必有余庆；积不善之家，必有余殃。臣弑其君，子弑其父，非一朝一夕之故，其所由来者渐矣，由辩之不早辩也。易曰：履霜坚冰至。盖言顺也。

直其正也，方其义也，君子敬以直内，义以方外，敬义立而德不孤。直方大，不习无不利，则不疑其所行也。(《坤卦·文言》)

然而，《文言传》中两千余年来为中国人所乐道，也是视为道德人格的目标的，是孔子在乾文言中言“大人之德”的一段话：

夫大人者，与天地合其德，与日月合其明，与四时合其序，与鬼神合其吉凶，先天而天弗违，后天而奉天时，天且弗违，而况于人乎？况于鬼神乎？

---

① 溥：或作“博”。

这段话是大易哲学的最后归趋，孔子在讲述乾卦之始标立出来，正是勉人奔赴的用心。而这段话也不禁使人想到孔子“七十而从心所欲，不逾矩”的境界。

五、《说卦传》

《说卦传》，在十翼中是问题最多的一翼，由于它有过一段特殊的遭遇以及内容复杂，惹起后人争议也最多。但它对后来汉宋易学都有着极大的影响。

根据《史记·孔子世家》：“孔子晚而喜易，序彖、系、象、说卦、文言。”史公是站在学术思想上立言，将这些“传”归于孔子名下，虽然这些文字非尽出孔子之手，但此处既明揭“说卦”之名，且与《彖传》《象传》《系辞传》《文言传》同列，可知为先秦之作无疑。汉志未明言“说卦”之名，仅云：“孔氏为之彖、象、系辞、文言、序卦之属十篇。”虽不言说卦，却言“十篇”，可知说卦已包括在内，不然何来十篇？《易纬》言孔子“五十究易，作十翼”，也证明《说卦传》之产生于先秦。《说卦传》问题的发生，出于后来王充《论衡·正说篇》的一段记载：

> 至孝宣皇帝之时，河内女子发老屋，得逸《易》《礼》《尚书》各一篇，奏之皇帝，下示博士，然后

《易》《礼》《尚书》各益一篇。

还有更后来《隋唐经籍志》的记载：

及秦焚书，《周易》独以卜筮得存，惟失说卦三篇，后河内女子得之。

王充《论衡》中的话，当然不是捏造，但既言“逸易一篇”，可知是原有的易一篇失而复得，却未说明此一篇易为何篇。《隋唐经籍志》言“河内女子得之”，与《论衡》同，当知二书所言为一事，由《经籍志》知《论衡》所说的“逸易”为《说卦传》。但不同的是：《论衡》言“一篇”，《经籍志》说是“三篇”。

因为《史记》《汉志》《论衡》《隋志》四书的记载不一致，于是后人议论纷起。韩康伯以为《隋志》之“三篇”，乃包括《说卦》《序卦》《杂卦》而言（俞琬《周易集说》引），由于《史记》不见序卦及杂卦之名，故韩氏之说颇为后人所信。从而产生《隋志》之“三篇”即为《论衡》之“一篇”，即《说卦传》《序卦传》《杂卦传》同出于宣帝时。此说到了清末民初，更在疑古的风气下变本加厉，直以《说卦传》《序卦传》《杂卦传》为宣帝时汉人之伪作，不信为先秦作品之复现。然而又置《史记·孔子世家》之“说卦”

一名于何地呢？于是又说《世家》中之“说卦”二字非《史记》原文，“殆为后人所掺入”（刘百闵《周易事理通义·说卦传》）。

笔者无意于此费甚多篇幅以讨论此等执着文字以争的问题，唯对上述之诸家见解颇不以为然。以《隋志》之“三篇”同于《论衡》之“一篇”，已觉不妥，更借口删去《史记·孔子世家》之“说卦”一名，以求合于《隋志》，不仅削足以适履，且为削前人之足以适后人之履，天下乌有是理？就笔者的意见：《史记·孔子世家》中之“说卦”二字，乃《史记》之原文，非“后人所掺入”；《论衡》的“逸易一篇”，也是无误的；而《隋志》的“说卦三篇”，也是对的。错误的是韩康伯以《隋志》之“说卦三篇”为《说卦传》《序卦传》《杂卦传》三者。今读《说卦传》之文，很明显地其内容为三部分所组成：

第一部分：自开始“昔者圣人之作易也”至“故易六位而成章”。（朱熹《周易》本第一、二章）

第二部分：自“天地定位”至“既成万物也”。（朱熹《周易》本第三、四、五、六章）

第三部分：自“乾，健也”至“为妾，为羊”。（朱熹《周易》本第七、八、九、十、十一章）

此三部分文字之内容性质，截然不同；而且各自成段落，其间没有必然的联系。所以笔者疑心《隋志》的“说卦三篇”，为此三部分之“分”，而《论衡》之“一篇”是指三部分之“合”。果如此，则《说卦传》的问题便不需有什么争议了，可以断为:《说卦传》作于先秦，因失于秦火，故史公未之见，但史公确知有此一篇，故载其名于《孔子世家》中。至孝宣帝时,《说卦传》始为河内女子发老屋而发现。(关于秦火中《易》的遭遇问题，请阅《两汉易学史》第一章，史载“易为卜筮之书故不禁”，乃指上下经，非指传文，十翼为传，当在被焚之列。)

以上为笔者对《说卦传》问题的看法，认为是先秦的作品无疑，现在再来看它的内容，从而再推断其产生于先秦之大约时期。先依照上言三部分讨论其内容:

《说卦传》第一部分，即第一、二两章，是据筮术以言易道，发挥天人贯通之义，其为文之理路，与《系辞传》一致。我们固不能随便疑惑此一部分为《系辞传》之文错入《说卦传》中,但此第一部分的写作时期,当与《系辞传》作成时期相近。

《说卦传》第二部分与第一部分完全不同，第三、四两章是一个单元，记载一种八卦排列方式；第五、六两章又是一个单元，记载着另一种八卦排列方式。而主要的是第三、第五两章，第四、六章则分别为第三、五两章的附论。

第三章“天地定位……”为记载古代的一种八卦排列

方式，就其文字本身来看，应为直图排列，后世邵雍乃因之而作成圆图，名之为“先天伏羲氏八卦方位图”以造新说。关于此章之卦图，本书前第三章第五节中已叙述过，故不再赘述，读者可翻阅前文。

第五章之文为：

帝出乎震，齐乎巽，相见乎离，致役乎坤，说言乎兑，战乎乾，劳乎坎，成言乎艮。万物出乎震，震，东方也。齐乎巽，巽，东南也；齐也者，言万物之洁齐也。离也者，明也，万物皆相见，南方之卦也；圣人南面而听天下，向明而治，盖取诸此也。坤也者，地也，万物皆致养焉，故曰：致役乎坤。兑，正秋也，万物之所说也，故曰：说言乎兑。战乎乾，乾，西北之卦也，言阴阳相薄也。坎者，水也，正北方之卦也，劳卦也，万物之所归也，故曰：劳乎坎。艮，东北之卦也，万物之所成终而所成始也，故曰：成言乎艮。

此一章文字乃言另一种八卦之排列方式，以八卦配八方，同时以震、离、兑、坎四卦配春、夏、秋、冬四时（汉人称此四卦为“四正卦”）。此一卦图为圆图，依其方位绘出如下：

图 5-1　八卦配八方、四卦配四时圆图

此一卦图的排列方式，在易学史上为一革命性的创制。它不只是第一个圆形卦图的出现，尤其是八卦位置的安排与☰象天在上、☷象地在下的观念全不相当，并且也无法以伏羲氏“太极生两仪”的思想与孔子《彖传》的哲学思想体系解释。所以可确定此一卦图非孔子以上的易学思想，《说卦传》中这一章文字必作于孔子之后。今细察这一个卦图的八卦位置安排，实乃依照五行相生之序：

“帝出乎震”，震卦排在东方，于五行东方为木，言草木于春而生。

“齐乎巽”，巽卦象为木（《说卦传》第十一章），故次震卦而排于东南方，言草木之渐长大而洁齐于春夏之交。

“相见乎离”，离卦象为日、为火，位在南方，于五行南方为火，于四时为夏，草木此时茂盛著明。

“致役乎坤”，坤为地，本无安排在西南一隅的理由，但依五行之相生次第，东方及东南方之震巽木生南方之火，火则生土，故必须以象土之卦次离。于是置坤卦于西南方，言夏末秋初，草木将叶落归根而致养于大地。

“说言乎兑”，兑卦象为说（悦），秋实成熟，人们喜悦，故排其卦于西方，于五行西方为金。

“战乎乾”，乾卦排在西北一隅，也是在五行相生下不得不然的安排，因乾性刚健，于物为金，故与兑卦一起排于坤土之后。于时为秋深冬初，阳气退而阴气升，故阴阳相薄而战，草木最受折损之时。

“劳乎坎”，坎为水，五行金生水，故排在北方，于时为冬。此时草木退藏于密，劳乎坎的“劳”作“慰”解。

“成言乎艮”，艮卦是最难安排的一卦，因为照卦象而言，艮象为山，山自地起，也是土，不能次坎卦而排列，以水不生土之故。但艮卦也不能代兑卦排于西方，与坤土一起，因为艮卦无“悦”之象，且兑卦排在坎卦之后同样无道理。于是《说卦传》作者乃从卦辞上得到灵感，坤卦卦辞有“西南得朋，东西丧朋”之言，蹇卦卦辞也有“利西南，不利东北”之言，艮之山与坤之地同为土，而艮卦又为止，如此乃置艮卦次坎，言一年四时之循环到此而止，所以说“成言乎艮”。同时，就史实而言，文王开国于西南，以务农兴土宜立国，排坤地于西南、艮卦于东北，反而有了出乎寻常的道理。

由上述，可知《说卦传》这个卦图实在是五行思想下的产物。将八卦配入五行中，依照“木生火，火生土，土生金，金生水”的次第，再合以八方四时而成。那么，由此我们可以推断《说卦传》这一段话必然作成于五行思想盛行之时。（读者请参阅《两汉易学史》五行与易一节）

但也不容易在时间上作更确切的指定，因为五行思想之脱离金、木、火、水、土之实物观念，而进入抽象观念，并在彼此间发生相胜、相生的关系，是无法得知确起于何时的。就古籍记载看，《墨子·经下》已有“五行毋常胜，说在宜”的话，可见在战国前期已有“五行相胜”的思想。再下来，《荀子·非十二子篇》曾批评子思、孟子“案往旧造说，谓之五行”（按后儒虽言此“五行”为“五常”，终不能肯定非为五行家之“五行”），则儒门学者在战国中期也已为五行思想所影响。邹衍后于孟子，他之被专称为五行家，并非是由于始创“五行相胜”之说，乃是由于将“五行相胜”之说，用于讲五德转移，所以五行思想乃为战国时代普遍流行的思想。然此处《说卦传》中的五行思想，并非五行相胜，乃是五行相生，清末民初诸易家多有以五行相生说始见于汉而推断《说卦传》此章为汉人伪作者，是又不然。因为五行之相胜与相生，在思想上并无太大之差距，人们能够发现五行相胜之理，对相生之理自也能见及。相胜之说之盛行于先秦，也只是由于其说之被邹衍所采用，而相生之说未被采用罢了。

今按《说卦传》此章首句为“帝出乎震”，此一“帝”字便是与邹衍五德转移之指“帝德”相通处；再《吕氏春秋·十二纪》中《春三纪》言“其希太皞”，与“帝出乎震”之思想相同。故知《说卦传》这章文字必为先秦之作，产生时期当在战国中叶五行思想最盛行之时。当时儒门学者受了时代思想的冲击，乃合八卦于五行而言易。何以八卦排列以“相生”为序而不以“相胜”为序？因易哲学以“生”为天地之大德故。这是极自然应理的事。所以《说卦传》这一章虽是以八卦合人五行，不得谓为五行家之说，乃儒门学者之作，收入儒门十翼之中也正由此故。这也是笔者前面所说，《说卦传》此章的卦图排列为一革命性的创制的原因，因为它吸引了五行思想的新血，而为先秦唯一的“五行相生”说的遗迹。尤其重要的，由此导演出汉象数易卦气之说，汉象数易发起人孟喜的卦气，便是脱胎于此。宋邵雍更名此图为后天文王八卦方位图。《说卦传》这一章真算是影响深远了。

现在说到《说卦传》第三部分，即最后第七、八、九、十、十一章，完全是记载八卦的象。这五章取象，一向易学家都作为一例看待，未注意到它们产生先后的问题。但我们今从易学思想的演变上着眼看这些象，便发现它们虽是单纯的象的记录，其中仍可表现出易学思想变迁之迹。第一个值得注意之点是：前四章（第七、八、九、十章）

所载之象，各成类别；第七章以卦性为象；第八章以动物为象；第九章以人体为象，第十章以父母子女为象；最后第十一章所载之象，则无条理类别，为所有象之杂辑。第二个值得注意之点是：第七章为最前一章，所载之象以卦性为言，而乾健、坤顺……之卦性，正是伏羲氏画卦之始的思想渊源（已见前第三章）；第八章以马、牛、龙等动物为象，也合于伏羲氏当时的社会状态；第九章以人体各部分首、腹、足等为象，自也是古人想得到的思想；第十章以父母子女言象，似是产生在家庭组织形成之后，但也一定产生在第一期符号易时期，因为乾天象父，坤地象母，是极易联想到的思想，由父母思及子女，是自然的事；而最后第十一章的象，则显然在时代上为后起，如坤之为吝啬、为文、为均，震之为玄黄、为大涂、其究为健，巽之为进退、为不果、为近利市三倍等。这些象都非由思想之直接索得，乃思想之间接引申，而尤其十一章之象，类多而用广，遍及社会生活面。由以上两个值得注意之点推断，笔者认为《说卦传》这最后五章所载之象，为《说卦传》作者辑录八卦自伏羲氏以来相沿传说中的所有取象，第七、八、九、十章所录为西周以前之象，第十一章所录为自西周初年筮术兴起后新衍生之象，因筮术之用及于广大社会生活面，故象也繁衍孳生。由此而言，《说卦传》中第七、八、九、十四章之象，也可说代表着易学自伏羲氏至周文王约三千五百年间的演变。我们虽无法指出这些象产生的确定时代，但由八卦之卦性到象动物，到象人体，到象父母子女，到第十一章的复杂而繁多的深入社会生活面的众象，整个看来，由天道自然思想向人道思想上降落的迹象是明显的。再由第十一章的象向下发展，便是汉易中虞翻的“逸象”，其种类更繁多，引申义更远。这一脉“象的演变”，从侧面表现出易学史的演变，也颇值得玩味哩！

象的演变是易学中重要的一环，不容忽视，为了明晰起见，下面兹列为一表，以八卦初象为第一栏，《说卦传》第七、八、九、十章所载象为第二栏，《说卦传》第十一章所载象为第三栏；虞翻逸象将述于《两汉易学史》虞翻易说中，故于此处不附入。图表如下：

八卦	八卦初象（伏羲氏时）	八卦衍生象（伏羲氏至文王间）	八卦衍生象（周文王演易以后至《说卦传》时）
☰	天	健、马、首、父。	天、圜、君、父、玉、金、寒、冰、大赤、良马、老马、瘠马、驳马、木马。
☷	地	顺、牛、腹、母。	地、母、布、釜、齐啬、均、子母牛、大舆、文、众柄、于地为黑。

图 5-1　先秦八卦取象发展表

八卦	八卦初象（伏羲氏时）	八卦衍生象（伏羲氏至文王间）	八卦衍生象（周文王演易以后至《说卦传》时）
☳	雷	动、龙、足、长男。	雷、龙、玄黄、旉、大涂、长子、决躁、苍筤竹、萑苇、于马为善鸣、异足、作足、的颡、于稼为反生、其究为健、蕃鲜。
☴	风	入、鸡、股、长女。	木、风、长女、绳直、工、白、长、高、进退、不果、臭、于人为寡发、广颡、多白眼、近利市三倍、其究为躁卦。
☵	水	陷、豕、耳、中男。	水、沟渎、隐伏、矫輮、弓轮、于人为加忧、心病、耳痛、血卦、赤、于马为美脊、亟心、下首、薄蹄、曳、于舆为多眚、通、月、盗、于木为坚多心。
☲	火	丽、雉、目、中女。	火、目、电、中女、甲胄、戈兵、于人为大腹、乾卦、鳖、蟹、蠃、蚌、龙、于木为科上槁。
☶	山	止、狗、手、少男。	山、径路、小石、门阙、果蓏、阍寺、指、狗、鼠、黔喙之属、于本为坚处节。
☱	泽	说、羊、口、少女。	泽、少女、巫、口舌、毁折、附决、于地为刚卤、妾、羊。

图 5-1　先秦八卦取象发展表（续）

以上写《说卦传》，所费篇幅较多，以其内容复杂故。总之，笔者的意见是《说卦传》成于战国中叶，其中有创作部分，也有辑录部分，有辑录古代的八卦排列方式及遗象，也有采集当代者；内容诚然复杂，但对易学研究而言却非常重要，尤其是卦图排列及象之衍生两方面。

六、《序卦传》

“序卦”之名，不见于《史记》，《孔子世家》言：“孔子晚而喜易，序彖、系、象、说卦、文言。”文中“序”字为动词，非指《序卦传》而言。至《汉志》，乃言：“孔氏为之《彖》《象》《系辞》《文言》《序卦》之属十篇。”根据此《史记》之无、《汉书》之有，近代有些易学家遂认为《序卦传》成于“西汉昭、宣之后”（李镜池《易传探源》，文载《古史辨》）。但这是疑古过甚的推断，无法使人信服，因为《序卦传》如为昭、宣之后的作品，下距汉志之时代非远，以班固之史家眼光，必不致误言为“孔氏为之”，此其一。《易纬》之成书，或在《汉志》之前，已言孔子“五十究易，作十翼”。十翼自有《序卦传》在内，此其二。汉昭、宣之后，为象数易蓬勃兴起之际，此时易学潮流，一窝风向卦气、变占、纳甲、五行、干支上趋，《序卦传》如作于此时，必不免受此等时代思潮之影响，今观《序卦传》则无，此其三。且就《序卦传》思想内容来看，虽然义不若《彖传》《象传》《系辞传》之深远，然其思想之主要指向为儒门易生生之德、天人之应、剥复否泰之道，要不离儒门易之正统思想，有先秦易之朴质而无汉易之奇巧，此其四。由此四者而言，可知《史记·孔子世家》中未言及《序卦传》《杂卦传》，可能史公已疑及此二传非出于孔子手著，故未列；或因此二传受秦火之厄，当时尚未现世，史公未之见。总之，不能以《孔子世家》中未见《序卦传》之名，便断为昭、宣以后之作品，那是过于武断的见解。与上述意见相反，有些易学家又认为《序卦传》为孔子所作，如孔颖达《周易正义》云："序卦者，文王既繇六十四卦分为上下二篇，其先后之次，其理不见。故孔子就上下二经，各序其相次之义，故谓之序卦焉。"是又过言《序卦传》早出，因为从《序卦传》内容而言，其思想已普遍而深入地表现在《彖传》《象传》《文言传》《系辞传》中，孔子实不必作此流水账式的解释；而且《序卦传》对六十四卦如是连贯，虽是使文王之卦序有了整体的含义，但也由此局限了卦义于一定轨之下，孔子当不为此。所以，笔者的意见是：《序卦传》必为先秦作品，其作者为孔子以后之儒门学者，其创作之动机当是由于感到文王六十四卦之卦序，未言何以如是排列之理由，故站在哲学思想的立场依次连属之，使成一整体概念，故《序卦传》等于是一篇儒门某学者的"读易心得"。

同时，《序卦传》之所以产生，自也有它的时代背景，因为文王六十四卦，其用在于筮术占断，重在个别卦之功用，不重整体之意义，故文王只列卦序，不言其所以然之理由；降至儒门易以后，变筮术易为言哲理，六十四卦需要有整体哲学思想解说，《序卦传》由此而产生。

文王六十四卦序，上经始乾、坤，次屯、蒙，下经始咸、恒，终既济、未济，这中间已明显地示人，在卦序排列中有天人相应、本末终始之义，只是卦与卦间道理未指出人。《序卦传》的用心，乃在指出各卦贯串之故，以填补此一缺陷。但《序卦传》所言之贯串六十四卦之理由，固不可视为文王之本意，只能视为《序卦传》作者之见。下节将述及《杂卦传》，则为另一儒门学者由于不同意《序卦传》之解说而作之另一篇《读易心得》。

古人对《序卦传》已多有解析，例如孔颖达《周易正义》曾引有周氏之说，云："其周氏就序卦以六门主摄：第一天道门，第二人事门，第三相因门，第四相反门，第五相须门，第六相病门。如乾之次坤、泰之次否等，是天道运数门也；如讼必有师，师必有比等，是人事门也；如因小畜生履、因履故通等，是相因门也；如遁极反壮、动竟归止等，是相反门也；如大有须谦、蒙稚待养等，是相须门也；如贲尽致剥、进极致伤等，是相病门也。"本书兹就其整个思想内容上着眼，其主要思想可以下面三方面言之。

第一，表现“生生”之义。

六十四卦序起于乾、坤、屯、蒙，原已明显兆示了卦序相生之义；孔子作《彖传》首立“乾元”“坤元”之名，揭举“资始”“资生”之道；《系辞传》言“生生之谓易”、言“天地之大德曰生”，均重视生为易学之基本思想。《序卦传》即把握此一义，一路将六十四卦连缀起来。从第一句话“有天地，然后万物生焉”开始，接下去连环相生。其相生的类别，有时候前一卦为后一卦的必然因，有时候后一卦为前一卦的自然发展趋向，有时候后一卦又为前一卦的必然需求条件，或为前一卦的最大可能果。总之，以必然相生为索环作连贯，所以在文字上一连串的“故受之以”。今且以前面几卦为例：

有天地，然后万物生焉。（天地为万物的必然因。）

盈天地之间唯万物，故受之以屯；屯者，盈也；屯者，物之始生也。（天地既生万物，则万物必经历始生之阶段，故屯为万物自然发展之趋势。）

物生必蒙，故受之以蒙；蒙者，物之稚也。（蒙又为物生后自然发展之趋势。）

物稚不可不养也，故受之以需；需者，饮食之道也。（需为蒙之必然需求条件。）

饮食必有讼，故受之以讼。（讼为需之最大可能果，当然是就古代“民以食为天”的时代而言。）

《序卦传》便是用此等“连环相生法”连贯整个六十四卦，上经三十卦，除开始乾、坤二卦以天地言外，其他二十八卦有二十八个“故受之以”；下经三十四卦，除开始之咸卦以男女言外，其他三十三卦有三十三个“故受之以”。当然，这些连贯义不一定为文王当初排列卦序时之本义，故其中难免有牵强求通者，但就其表现“生生”之义而论，也是花费了相当心思的。

第二，表现“天人”之应。

天人之应原也是文王卦序的原意，由上经始乾、坤，下经始咸、恒可见；经《序卦传》的一番解说后，更明显易察。凡易道之在自然界事物者，如屯、蒙之生养，泰、否之反类，剥、复之往返，均在上经；而男女、家庭、国家、事业等人事，均在下经。尤其是《序卦传》作者在下经开始，用了一段话来贯串天人，云：

有天地，然后有万物；有万物，然后有男女；有男女，然后有夫妇；有夫妇，然后有父子；有父子，然后有君臣；有君臣，然后有上下；有上下，然后礼义有所错。

将天地之道，一路引到儒家思想的伦常上，言浅而义明，道出了“人法天”之义。

第三，表现易道“往复”“盈虚”之义。

《序卦传》中另一值得注意之处，是六十四卦在发展历程中一盈一虚、穷而复通的现象。今就其整个历程看，可分为七个反复起落，如波浪之滚翻，起伏前进。

第一起落：自屯，历蒙、需、讼、师、比、小畜、履、泰，至否。

第二起落：自同人，历大有、谦、豫、随、蛊、临、观、噬嗑、贲，至剥。

第三起落：自复，历无妄、大畜、颐、大过、坎，至离。

第四起落：自咸，历恒、遁、大壮、晋、明夷、家人、睽，至蹇。

第五起落：自解，历损、益、夬、姤、萃、升、困，至井。

第六起落：自革，历鼎、震、艮、渐、归妹、丰，至旅。

第七起落：自巽，历兑、涣、节、中孚、小过、既济，至未济。

上述区分，或不精当，但在已确定之卦序之情况下，《序卦传》作者之卦义解释，显然是有心为此，以表现天道盈虚、人事成败之现象。

七、《杂卦传》

杂卦之名，忖其意为对序卦而言。《序卦传》依六十四卦次序贯通其义，故言“序”；今杂糅六十四卦，不求其贯通义，故曰“杂”。由此可知《杂卦传》当产生于《序卦传》之后，然如谓为汉人所伪作，是又不然，以其训释卦义之间毫无汉象数易气息，故笔者认为《杂卦传》也必为先秦之作品。大约是在《序卦传》成后，某一儒门学者因不赞同《序卦传》之以贯通为义，故有意地将卦序前后杂糅，以示对《序卦传》之不满。而其训释卦义则本于卦之“反对”及“相对”为则，仍为师承文王。按文王六十四卦之排列，原可从两方面看：从始乾、坤、屯、蒙，终既济、未济一方面看，六十四卦有其一体连贯之义；如以乾与坤、屯与蒙、需与讼两两卦看，则卦序之排列为以反对及相对为义。《序卦传》以前者为立场，而《杂卦传》则以后者为立场。所以《杂卦传》与《序卦传》是十翼中很有趣的两篇儒门学者的“读易心得”。《序卦传》通过贯通六十四卦表现出易学的几个主要思想；《杂卦传》则从卦象之两两相对或相反，作解训。这两篇文字是孔子以后，先秦儒门易学发展史上两篇互相映照的资料，为研究《周易》的重要参考。

《杂卦传》因以反对及相对立义，故其解释多不与《序卦传》同，而其中有些训释的确颇为可取，如：

“临、观之义，或与或求。”以上临下，其必对下有所与；大观在上，为下所仰望，也必为下所求。

“大畜，时也；无妄，灾也。”时言“得其时”，犹今日言“有好日子过”，有大畜则日子好过，有天灾则日子不好过。（按刘百闵《周易事理通义》以“待”训“时”，反而迂曲失义。）

“噬嗑，食也；贲，五色也。”（按刘书以“无”为古文“其”字“亓”，误为“无”，食与色对，其说是。）

“兑，见；而巽伏也。”《杂卦传》此训兑之义最切当，兑为泽，取义于天光倒映入水，人见而悦；（或见为“现”，义为泽现天光。）巽为风，风行则草木偃伏。（按刘书未得其义）

“随，无故也；蛊，则饬也。”按《序卦传》言：“以喜随人者必有事，故受之以蛊；蛊者，事也。”今《杂卦传》以随为“无故”，无故即无事，乃取随于人则已无事，其义更觉顺理。蛊训饬，饬即整治，蛊须整治，为有事。随、蛊二义相对。（刘说是）

“井，通，而困相遇也。”井因通故，养而不穷；困之相遇，犹相遭遇、相抵触而不通，二义相反。（刘书以“刚柔相遇，而刚为柔所掩，此其所以为困也”，非是。）

“丰，多；故亲寡，旅也。”按此句读法不一，《周易集解》引虞注：“丰，大，故多；旅，无容，故亲寡。”韩康伯

注：“亲寡，故寄旅。”是虞、韩均以上面为断句。荀爽则断为“丰多故亲，寡旅也”。就意义言，也通。然就文势而论，卦名旅置于句末，似应有上面之“故”字做语气词以为领导，是以笔者认为虞、韩之断句较佳。

《杂卦传》最后七卦，可能是由于错简之故，失其相对或反对之规则，原文为：

> 大过，颠也。姤，遇也，柔遇刚也。渐，女归待男行也。颐，养正也。既济，定也。归妹，女之终也。未济，男之穷也。夬，决也，刚决柔也，君子道长，小人道忧也。

刘百闵《周易事理通义》引蔡渊《周易训解》之改正，次序为：大过、颐、既济、未济、归妹、渐、姤、夬。虽合于相对或反对之原则，但揆诸《杂卦传》之开始以乾、坤为首，其终似也当不背文王卦序之既济、未济终，方为应理。故笔者认为当改为：

> 大过，颠也；颐，养正也。姤，遇也，柔遇刚也；夬，决也，刚决柔也，君子道长，小人道忧也，渐，女归待男行也；归妹，女之终也。既济，定也；未济，男之穷也。

第四节 易有三义

儒门易变筮术易之占断吉凶为讲述哲理，换句话说，也就是变易学借神道以设教之用为推理论以行教化。在筮术易时代，人们信仰易，是相信它的“行变化而成鬼神”，“感而遂通天下之故”，是相信它能“通天下之志，定天下之业，断天下之疑”。到了儒门易时期，神道思想破产，人智发皇，人们便要问：易“能行变化而成鬼神”，为什么？能“感而遂通天下之故”，为什么？为什么易能“通天下之志，定天下之业，断天下之疑”？在这个“为什么”的不甘心盲目信仰的理念的引导下，乃把注意力转移到对根本的易道的探索上。“易有三义”之说便是由此而生。以今日的话说，“易有三义”就是易道有三种本然之性，是先秦易学发展到最后，人们所认识的易道的真面目。

最早道出“易有三义”这句话的，是《易纬·乾凿度》，见于孔颖达《周易正义》卷一“易之三名”中所引：

> 《易纬·乾凿度》云：易一名而含三义，所谓易也，变易也，不易也。

同文，也引有郑玄之说，郑说与《易纬》稍有不同，《正义》云：

> 郑玄依此义作易赞及易论，云：易一名而含三义：易简一也，变易二也，不易三也。

郑玄时代在后，他曾注《易纬》，可知他不尽同意《易纬》之说而加以修正。今考郑玄之所以修正《易纬》第一义之“易”为“易简”，是有道理的，因为“三义”之言虽发自《易纬》，而实际上“三义”之思想，却来自《系辞传》。《系辞传》首章即为易道三义之揭发，而《易纬》对三义之分别解释也是本于《系辞传》首章。郑玄虽然深通《易纬》（《后汉书·郑玄传》），注《易纬》，但他本人是儒门学者，不是数术家，他发现《易纬》之言“三义”乃本于《系辞传》，而变更了《系辞传》之“易简”为“易”，于是他以儒门学者的立场，将之恢复本来面目。而且，“易简”二字在《系辞传》中，其含义各有指向，不应轻易将“简”字抹去，所以郑玄的修正是应该的。于是自郑玄以后，易简、变易、不易之三义也就成了定论。

可是，有一点仍须指出的，郑玄虽修正了《易纬》的“易”为“易简”，仍与《系辞传》不尽合。因为《系辞传》言三义的次序是首先“不易”，其次“变易”，最后才言“易简”。郑玄也一定会注意及此，其所以仍《易纬》之旧而不改正者，乃另有原因。这一点要在下文说明“易简”的含义之后，才容易解说，今且依郑玄“易简一也，变易二也，不易三也”的次序，分别讨论如下。

一、易　简

《系辞传》第一章：

> 乾知大始，坤作成物。乾以易知，坤以简能。易则易知，简则易从。易知则有亲，易从则有功。有亲则可久，有功则可大。可久则贤人之德，可大则贤人之业。易简而天下之理得矣。

上面这段话在《系辞传》首章述不易、变易之义之后，在这段话前，述乾坤二作用之摩荡变化，于是由变化而起“用”，“易简”之义便是在乾坤之变化起用上立。上所引，主要者只有四句：“乾知大始，坤作成物。乾以易知，坤以简能。”自此而下则从“易”与“简”之义出发，一路引申推展到人事德业上去。

朱熹注“乾知大始”的“知”云：“知，犹主也，乾主始物。”以“知”为“主”，未妥。此“知”字，应即为“觉知”的“知”。“乾知大始”谓乾在变化起用之际，有觉知其最先发动之性，它自然知道率先发动。以下“坤作成物”，谓坤有继起承乾而生成万物之能力，它能够承乾功而生成物。前一句话将乾的作用收在“知大始”的“知”上，后一句将坤的作用收在“作成物”的“能”上，于是下面提出“易”“简”二字，谓“乾以易知，坤以简能”。乾以易知的“知”，即是上面“知大始”的“知”；坤以简能的“能”，即是上面“作成物”的“能”。一知一能相对成义，如依朱注以“知”为“主”，反觉生涩了。

由此，我们第一步知道了“易简”二字乃分别言乾坤二作用，虽是一个复合词，却有各别的指向；也知道了不可把“易简”误作通常的“简易”解释，那是俗见。下面进一步来看这两个字的含义，这是一件相当不容易说明白的事，在易学中，“易简”是属于最难解说的名词之一，故以下拟引录几家前人的注文，参互以见义，冀有助于读者兴思。第一，是首先叫出“三义”口号的《易纬·乾凿度》，《乾凿度》不言“易简”，只言“易”，其说如下：

易者，其德也。光明四通，简易立节，天以烂明，日月星辰，布设张列。通精无门，藏神无穴，不烦不扰，澹泊不失。此其易也。(《周易正义》引)

《乾凿度》省“易简”为“易”，当然是已将“简”括于“易”中。观其文“光明四通”以下五句言天之德，“通精无门”以下四句言地之德，可知是以一“易”字括天地之德。

第二，李鼎祚《周易集解》引虞翻注：

> 阳见称易，阴藏为简。简，阅也，乾息昭物，天下文明，故以易知；坤阅藏物，故以简能矣。

虞氏训“简”为“阅”，见《左传·桓公六年》：“大阅简车马也。”而阅字有“容”义（如《诗·邶风》：“我躬不阅，遑恤我后。”），坤阴藏而能容，故以阴藏为简。虞氏以“阳见”与“阴藏”相对以释“易简”。

第三，《十三经注疏·周易本》韩康伯注：

> “天地之道，不为而善始，不劳而善成，故曰易简。”
>
> 孔颖达疏：“乾以易知者，易谓易略，无所造为，以此为知，故曰乾以易知也。坤以简能者，简谓简省凝静，不须繁劳，以此为能，故曰坤以简能也。”

韩氏以“不为”与“不劳”，孔氏以“易略”与“简省凝静”，分别释“易”与“简”。

第四，朱熹《易经集注》：

乾健而动，即其所知，便能使物，而无有所难，故为以易而知大始。坤顺而静，凡其所能，皆从乎阳而不自作，故为以简而能成物。

朱子乃就乾健坤顺上立义作解。按朱子此注，以坤“从乎阳而不自作”释“简”，甚为得义，然以“即其所知，便能使物”释乾之“易”，则未当。因为“乾以易知”之言，乃就乾作用之始动处言，此时连坤之顺承尚未生，何来“物”？既未有物，何来“便能使物”？究其原因，仍由于将“乾知大始”之“知”字，训为“主”之误（已见上文）。

综观以上所引诸家注文，可知“易简”之义，并非是不能意会，而是不易在文字上表达得周全。笔者认为清代李道平《周易集解纂疏》中引《乐记》之文以证知“易简”之义，倒是说得颇为可取：

《乐记》曰：大乐必易，大礼必简。文曰：乐著大始，而礼居成物。又曰：乐由天作，礼以地制。盖乐出乎自然，故象乾之易知，而曰必易；礼起于微渺，故象坤之简能，而曰必简。易，故著乎乾知大始之初；简，故居乎坤化成物之位。《记》又曰：圣人作乐以应天，制礼以配地，礼乐明备，天地官矣。故观乎礼乐，而乾坤之易简思过半矣。

《乐记》以“易”与“简”言乐与礼，自是由《系辞传》来。李氏以“乐出乎自然，故象乾之易知”，“礼起于微渺，故象坤之简能”，此言甚当。自然者，不知其然而然，乾之始动为不知其然而然，不假他力，也不自用力；微渺者，言其卑小逊顺，坤顺承乾，自居微渺而成乾功。由此知“易”“简”之义，即乾“—”与坤“--”本来之性，所谓“易道成乎自然”之谓。然不论如何，从融会上述诸家之解释中，读者当体会出“易”与“简”之含义。实际上诸家之说都是共通的，《乾凿度》的“不烦不扰，淡泊不失”，也就是韩康伯的“不为”“不劳”，也就是孔颖达的“易略，无所造作”与“简省凝静，不须繁劳”，也就是朱熹的“无有所难”与“不自作”，也就是李道平的“自然”与“微渺”义。

那么，现在我们可以一窥为什么《易纬》要改变《系辞传》的“易简”为“易”？为什么要颠倒《系辞传》的次序，将“易”置于“变易”“不易”之前？以及为什么郑玄只改正了“易”为“易简”，而不改正前后次序的问题了。要知道《系辞传》之所以先言“不易”，意在先立天地之位，天地之位是不易的。有了天地之位，然后乃起变化，是以次言“变易”。由变化起用而化生万物，而降落到人，故以乾始动、坤顺承之化生之性“易简”置于最后，目的是要从乾坤之功能上引出人道之男女，引出人事上的德业。由上引《系辞传》之文，自“易简”开始，一路落入人事，已表现得极明白。同时由《系辞传》中他处文字，也屡发现此一观念，如“天地设位而易行乎其中矣”，“天地絪组，万物化醇，男女构精，万物化生”，都是先立不易之位，次及变化而生。所以《系辞传》先言“不易”，次言“变易”，末言“易简”的主要原因，是利于向人事上归趋，这正是儒门易的精神。

《易纬》则不然，《易纬》之书为道家易与数术之学的结果，道家易与儒门易的趋向适相反，不向人道上落而向天道上探，于是《系辞传》的置天地之位于前，《易纬》便要问：天地何来？很自然地将问题引到“始生”上，而“易简”之义在始生，《易纬》将“易简”置于变易、不易之前，也就不足怪了。虽然，将“易简”置于第一位仍与道家易之旨不合，因为“易简”二字是分别言乾坤二作用，道家易之言天地之生于道、生于自然，乃生于“一”（参阅《老子》书）。如以《系辞传》“易简”之义言天地之生，则为二元论哲学，仍未达究竟。由是，《易纬》作者乃省“易简”为“易”，以“易”括“简”之义，如是则合自然一元论之道家易哲学。所以细究这件事的缘由，乃由于《易纬》与《系辞传》学术立场不同所致，《系辞传》以儒门易思想为立场，而《易纬》以道家易思想为立场，可见学术上之任何主张，均非无因。然而《系辞传》先不易、次变易、后易简的次序，也并非是一定不可改变的，从整个儒门易思想体系而言，置“易简”于最后，是为了利于由天道向人道上贯通，如离开了天人体系而仅言易道之三性，则毋宁将“易简”置于最前更为合理，因为乾坤始生之性现，才有变化之可言，才有天地之象之位；“易有三义”之说，是为易道下定义，并非陈述整个儒门易哲学思想体系，因而郑玄只改正了《易纬》的“易”为“易简”，而对于前后次序也就不予修正；不但不修正，反而更肯定地指明“易简一也，变易二也，不易三也”，古人治学之深思明辨处，于此可见。

关于“易简”之义，除了最主要的上引《系辞传》首章以外，尚有如：

> 阴阳之义配日月，易简之义配至德。
>
> 夫乾，确然示人易矣；夫坤，隤然示人简矣。
>
> 夫乾，天下之至健也，德行恒易以知险；夫坤，天下之至顺也，德行恒简以知阻。

这些字句中，均有助于“易简”之义之体会，相互发明，熟思细味，读者当能会通之。

二、变　易

《系辞传》第一章：

> 是故刚柔相摩，八卦相荡，鼓之以雷霆，润之以风雨，日月运行，一寒一暑。乾道成男，坤道成女。

《系辞传》第一章在言天地之位后，述及乾刚坤柔之变，《易纬》为这段话定名曰“变易”。易道即变道，所谓乾与坤二大作用，原无形迹可见，以其变才证知其存在。如何成其变？在于乾坤二作用的往复运动上。上文我们已述乾坤易简之性，乃就乾坤二作用之始动处言。然既动之后，如二作用非做往复之运动，或二作用各动其动，不相交错，则仍无变易可言，故变易之义特指明往复交错之运动，此《系辞传》之文中所以言“相摩”“相荡”，所以言“日月运行、一寒一暑”之故。复卦卦辞“反复其道”，泰卦九三“无平不陂，无往不复”，《蛊卦·彖传》“终而有始”，《系辞传》“一阴一阳之谓道”等，都是言此。

变易之义可从两面体会：一是就万物之化生方面，“天地细组，万物化醇”。如果天地不交，乾坤不相往复，则根本无变动，无万物之生，所谓“独阴不生，独阳不长”。一是就万物之存在方面，以今日科学知识而言，眼不借光波之动，山立于前不能见；耳不借音波之动，雷鸣于侧不能闻。所以如无易道之变动之性，虽有存在也同于不存在，因为彼此不相交，不相觉知，也根本无有彼或此。

一个最重要而根本的认识是易之有三义，并非另有易道之体在，并非由一客观存在之易道之体，表现其三种特性，乃易道即“易简”、即“变易”、即“不易”。在“易简”而言，“易简”即易道；在“变易”而言，“变易”即易道；在“不易”而言，“不易”即易道。《系辞传》言“变易”之即易道云：

> （易）为道也屡迁，变动不居，周流六虚，上下无常，刚柔相易，不可为典要，唯变所适。

《说卦传》也说：

> 数往者顺，知来者逆，是故易，逆数也。

由思想上论乾坤之往复，再由乾坤之往复向上推，推到坤元之顺承、乾元之始动，那是思想上的推理过程，然而究竟乾元在哪里？坤元又在哪里？就在眼前变动不居的万事万物中，即说即是。这一义，最是认识易道的关键所在。庄子回答东郭子说，道“无所不在”“在蝼蚁”“在稊稗”“在瓦甓”“在屎溺”（《庄子·知北游》），尚是由说教而言易道，其实就在两人嘴巴的开阖上，就在两人脑际的活动中。

卦爻象之利用种种关系，如反对、相对、消长、往来、乘、承、比、应等，无非在比况易道的流转变化。所以卦爻象虽有一定的形象，决不可视之为呆板的符号，它们都是寓有“变易”之义的有生命的东西。一画阳爻，有老阳、少阳之不同，老阳固及于变，少阳也同时在变，只不过老阳之变为阳盛之极，变而之阴；少阳之变为变向盛阳之境罢了。阴爻理同。爻象如此，卦象也如此，所以解释卦爻象，决不能忽略了“变易”之义。《系辞传》中有“易穷则变，变则通”的话，时常被人引用，也时常被人误解，认为“穷则变”，那么“不穷”则“不变”，这便是未领会到易道之变。“穷则变”是指老阳之变，老阳已臻穷尽之时，唯变而之阴乃通，至如未穷尽之时，也同样在变，那是少阳之变。何以穷也变、不穷也变？实在因为“变易”是易道本然之性，宇宙万物欲不变而不能。体会此“变易”之义，用于人事，使变而合于易道，便叫作“君子而时中”，便叫做“与时偕行”，便叫作“时乘六龙以御天”，也当然“自天佑之，吉无不利”了。

“变易”之在卦爻象上因时、位、中、应等的种种变化，本书前文已叙述多多，故不复赘。至于倡“三义”之说的《易纬·乾凿度》对变易的解释，则为：

> 变易者，其气也。天地不变，不能通气，五行迭终，四时更废，君臣取象，变节相移，能消者息，必专者败。此其变易也。

道家易自老子以后，其形上学逐渐向“气化”的路上趋，后来又与五行之说结合，《乾凿度》此处即以后来的道家易解释变易，然其言天道人事变易之理，则与《系辞传》无别（关于道家易，见本书第六章）。

犹当一提者，“变易”一义，由于近代科学之进展，越见真切。今日人类知识由于科学仪器之协助，远至无垠星际，细入电子、质子，所发现者无非是一“动”象，欲求一不动之体，渺不可得。此“动”何由而来？千古大谜，无由索知，于此不得不佩服中国古代圣人靠肉眼观察而立此“变易”之义之卓绝见地了。

三、不　易

《系辞传》第一章：

天尊地卑，乾坤定矣。卑高以陈，贵贱位矣。动静有常，刚柔断矣。方以类聚，物以群分，吉凶生矣。在天成象，在地成形，变化见矣。

这一段文字是《系辞传》落笔第一节，述“不易”之义。《系辞传》之言“不易”，是由易道之“位”与“德性”上立言，天地卑高是言位，动静刚柔是言德性。然而，不管位也好，德性也好，都是“象”上的表现，这便是易道不离象的说明。

《易纬·乾凿度》为“不易”所作解释甚简略，仅取《系辞传》之言“位”之一端，云：

不易者，其位也。天在上，地在下；君南面，臣北面；父坐，子伏。此其不易也。

这是因为《乾凿度》之言“不易”，在“易”“变易”之后，在“变易”中已言二气相通成变，故此处只言变生万物以后，取天地、君臣、父子之位明“不易”之义。

“不易”一名为对“变易”而立，“变易”言乾坤阴阳往复交错而变化，“不易”则言在往复交错之变化中不失乾坤阴阳之常性。故“不易”之义，不可误会为易道有其“不变之体”，或乾坤各有其“不变之体”；此“不易”，乃言“变易”中有“不易”，即“变”中之“常”。易道无“体”，更无“不变之体”。“变”即是它的“体”，即“变”而言“体”，有其常位、常性，是谓“不易”。也正因为变中有其常性，故万变不离其宗，错综复杂中理路常在。是以“变易”之与“不易”，乃相因而生，因“不易”之常而生变，由“变易”之中而见常，此之谓易道。

国人论学，每常以“体”“用”立言。对易学来说，分体分用之论，并非不可，却要有相当的认识分辨，否则很容易落入误见。何以言之？因易道本无“体”，立下一个“体”字以论易道，很容易在观念中形成一个易道之“体”，但也可以以“体”论，那便是要深会“无体”之义（《系辞传》：“易无体。”），以“无体”为“体”，且不丝毫执着于此“无体之体”。请看下面《系辞传》中这句话：

> 夫易广矣大矣，以言乎远则不御，以言乎迩则静而正，以言乎天地之间则备矣。

何处是易之体？远在天边，近在眼前，俯仰之间，即是易道之体，故有体也是无体。虽然，“无体”的易道并非是寂灭的“无”，它可以使人觉察到它的“远则不御”，“迩则静而正”，它可以使人觉察到它有乾坤二作用的分别，“夫乾，其静也专，其动也直”；“夫坤，其静也翕，其动也辟”（上所引下文）。那么，如果一定要说易道之“体”的话，我们可以认识易道之“体”何在了：它的“体”与它的“用”是一回事，即其“用”而见其“体”，无其“用”则“体”也无。“佛法相因”之义与易道此义正相同。

于是，读者当可明白“不易”之义何所指了，它实指乾坤之能够为人所觉察的常性。此常性表现在自然界的象上，为天地、为刚柔、为消长、为往复；表现在人事上，为男女、为君臣、为父子、为贵贱。自然界因有此常性在，故不失自然之序，人事上因有此常性在，故人类得以相安生活，此“不易”实为维系宇宙人世存在之主要因素，故《系辞传》置此义于首。后来，儒门学者更努力发扬此一义，“中和”之论即由此唱出：

> 喜怒哀乐之未发谓之中，发而皆中节谓之和。中者，天下之大本也，和者，天下之达道也。致中和，天地位焉，万物育焉。（《中庸》）

情感是盲目的，人能以理智控制盲目的情感，使其发而中节，合于易道之常性，即变中不失其常，如此则天地位、万物育，一切归于自然而有秩序了。

第五节　孔子与先秦易学思想体系之完成

易历三圣，伏羲、文王与孔子各主一个时期，如生物之历发生、成长、盛壮三个段落。伏羲首出，开创易学；文王继起，发扬而光大之；孔子后至，总二圣之业，应人道之运，为易学建立起天人思想体系。所以，先秦易学发展到孔子，为一大成。而孔子以不得位之故，得能终生致其思于文化学术，故孔子与易学之关系尤见密切。从易学一方面言，固然得孔子而后臻于大盛；从孔子一方面言，其学养人格之造诣受易学之影响也殊深。孔子为易学建立思想体系，毋宁说是由于孔子受了易学的感召，不得不如是作，二者互相影响，学得而明，人得而圣，诚如佛家所谓之“此一大事因缘”。故本节特就孔子与易学之关系上着笔，而以易学天人思想体系之建立作结束，此亦先秦易学发展之极致。论如下：

一、五十以学易与知天命

笔者在本章第一节孔子略传中已曾说过，孔子的“五十以学易，可以无大过矣”之言，与“五十而知天命”是相关的，“知天命”是“学易”后思想的由人道更进入天道境界，所以孔子的由“学易”而“知天命”，是他一生思想上的大进步。总括孔子一生，就他自己所说的学养进步的历程来看，可分为两大段落：“四十而不惑”以上为人道思想的阶段，在此期间他的思想是礼与仁，外内应合，不脱人道范围；“五十而知天命”以后为天人思想阶段，上下驰骋，往返于天道人道之间。其段落之划分如图表 5–2：

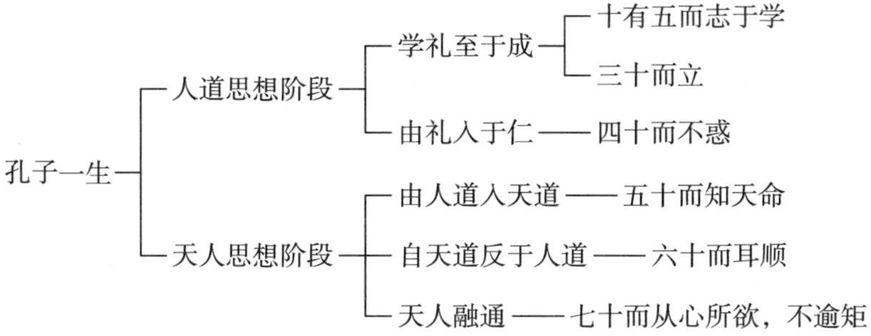

图 5–2　孔子一生学养进步的历程段落之划分

“仁”的揭发，表示着孔子人道思想的饱满成熟，于此时得易学之助，乃面前豁然现出一天道思想的新境界，孔子遂挟其已发展成熟之人道思想，驰入此一新境界，下学而上达，是谓“知天命”。

孔子在“知天命”以前，由礼到仁，是人道范围内思想的平面开展，因为礼是外行，仁是内心。他学礼成熟后，由外而内，在内心中发掘出礼之根源“仁”，体悟此仁，把握、充实而发挥之，自然外行无不应礼。所以仁的揭发，使孔子的人道思想外内通达，臻于饱满成熟状态，而孔子的人道思想也就以此“仁”字为中心，建立起一个平面的系统。这系统就是《论语》中孔子所表示的：“己欲立而立人，己欲达而达人”“己所不欲，勿施于人”“推己及人”等等，而以他的弟子曾子的“忠恕”二字最能把握此一思想。“忠”的含义是尽己，“恕”是推己及人，如用图 5–3 表示孔子此时的“仁道”思想，则如下：

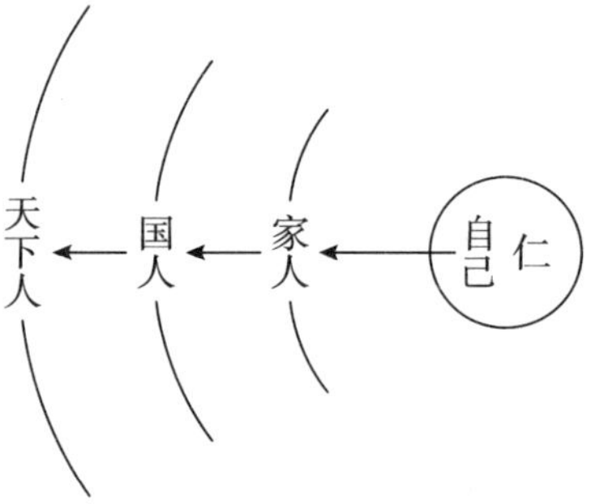

图 5–3　孔子学礼成熟后的“仁道”思想

由己身内心的一点“仁”发动，先充实己身，推及父母、兄弟、家人，推及亲朋、乡里、国人，推及天下人类，于是小我变成大我，爱及全体，重要的在于“推及”二字。可是这个以“仁”为中心，以“推及”为方法的思想系统，如实说来，毕竟不够完善，因为：

第一，只是以“人道”为范围。我们当然也可以在“天下人”以外加上“物”，说“推己及物”。但这话认真讲起来便不通了，因为物无“仁”心，不能由“己”而“推”；而且如“己所不欲，勿施于人”的话，如易“人”字为“物”字，也是不通的。所以就理论而言，这是个只限于“人道”

的平面思想系统。

第二，由“己”向外“推”，从己身而言，即令“仁”心已充实为饱和状态，毫无阻滞地去爱人，但人与己是同在一个平面上的个别存在，由于人与人间关系的复杂，终难能“自然地”使爱心流通，“推”字从手，便有假以力的含义在。

第三，依据于体悟“仁”心去爱人，理由不够明确，圣贤之人可以体悟，一般人不能体悟，以情欲、利害之蒙蔽人心故。对一般人，爱父母是由于生养之情，爱朋友是由于协助之利，爱路人便非浅识所能接受，更何况爱千里万里之外的人？而一个学说如不能使社会上人普遍了解其理，只靠少数圣贤去宣扬奔劳，自然不够完善。

由上三点看，孔子此时以“仁”为中心的思想，虽然成系统，但并不完善。

然而，当孔子的思想一步跨入天道之域后，情形完全有了变化。天生万物，人为万物中之一类，在此情况下，一切人之间固然有了同胞兄弟之情，即人与物间也有了同生之谊，人很容易自觉到不止要爱人，也应当爱物，仁爱的范围自然扩大。人与物既然都本乎天，则人人性中有天，物物性中也有天，后天之遍在于人、物而言，天、人、物成为一体，于是人心中的“仁”也有了明确的依据。人心既有此天之“仁”，发挥此“仁”，效天地之爱人爱物，此爱之发为自然之流露，远胜于“推及”之方。孔子之“知天命”，其要义便在于此了。这一开展是立体的开展，后世所称道的孔子的“仁道”思想，是指这一开展以后而言，宋儒谓“民吾同胞，物吾与也”便是。这个天人一贯、人物同体的“仁”的思想体系，如以图 5–4 表示，则如下：

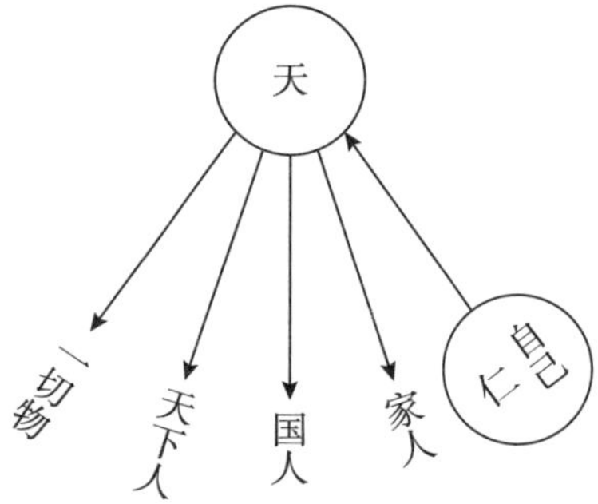

图 5–4　天人一贯、人物同体的“仁”思想体系

由此图与前图相较，可看出此时行仁之途径，不是取人与人间的“推及”，而是以仁合天，由天落于人、物。以仁合天，乃发挥人性中之天；由天落于人、物，乃效天之生养人、物之大仁。自然流露，理论上与实行上都远比“推及”的平面的行仁的思想来得完善，孔子的仁道思想可以说到此才算完备。思想领导人格，孔子乃乘其思想之翼，在学养上更上层楼，“六十而耳顺”，“七十而从心所欲，不逾矩”，终达天人融通的精神境界。

二、论孔子纳易入儒门

经过以上的讨论，知孔子的仁道思想至学易“知天命”

而始完备以后，对现在要讨论的另一个问题——纳易人儒门的问题，也就很容易了然了。

《易》《诗》《书》《礼》《乐》《春秋》，是谓“六艺”。《史记》言孔子弟子三千，身通六艺者七十二人。六艺均为孔子以前已有的六门学术，孔子治此六学，以之教弟子。到了晚年，并赞述删修之，以严正的立场、客观理智的态度，统览民族文化的眼光，使六艺之学脱胎换骨，成为中国文化之宝典，后人也由此称六艺为六经，视为儒门之学。六艺既为孔子之教学科目，又经孔子述修，视为儒门之学原无不可，但对易学这一门，终不免有“屈就”之感，因为：第一，易道大，易学发始于天道思想，下用于人道只是其全体大用之一端；而儒门之学乃以人道为主。第二，《诗》《书》《礼》《乐》《春秋》五学，均为专门学术，各有其本身之学术领域，易学则为全面的学术，无所不包；故以易学与五学并列，若不相称。第三，再就发生上言，五学均为人间之学，因人而立；易学则不然，易之道普于三极，宇宙间即无人类，并不损于易道之存在。由此看来，孔子之纳易入儒门，使成为六学之一，似乎是“引大就小”，将“全面”之用的易学纳入“局部”之用的园地中了。

这件事不止是思想上的感受而已，事实上在当代已引思想界的巨大反应，后世也有学者看出了这种不同。老子的道家思想，我们便有理由相信是看到了易入儒门，不甘心于易学委曲于人道之中而起。至于后来学者看出易入儒门为以大就小的情势的，如史学家班固在《汉书·艺文志》中即曾表示过他的见解：

> 六艺之文，《乐》以和神，仁之表也；《诗》以正言，义之用也；《礼》以明体，明者著见，故无训也；《书》以广听，知之术也；《春秋》以断事，信之符也。五者盖五常之道，相须而备，而《易》为之原。

这也就是后来学者们常说的“易为五经之原”的来由。总之，从思想的本身而言，易道大，自孔子以后归入儒门为六学之一，颇给后人以特别的感受，这该是学术思想上的一件大事。

笔者在前文中曾多次说过，任何历史事件均非无因而生，所以要透视一桩历史事件，决不可忽略历史潮流趋向这一因素。“易入儒门”在后人看来似为单独事件，实际上乃是历史潮流的必然趋向，由于人道思想来临之故。言孔子纳易入儒门，毋宁说是孔子秉时代之命迎之而入儒门，我们可以从两方面来看这事。

第一，以孔子的仁道思想为立场来看。

上节已述孔子的仁道思想由“知天命”而后始臻完善。

在“知天命”之前，他已经建立了以“仁”为中心的思想系统，且已设教授徒，只是这一思想是以人道为领域，不够大。由易学而“知天命”以后，他的仁道思想由人道开展到天道，取易天道的法则下应人事，于是他的仁道思想有了天道上的依据，“仁”的范围立刻扩大，天道与人道相互融通，一起统属于“仁”字之下。此时人之爱人与天之爱人爱物，成了二而一。所以，站在孔子的立场，是取易道入于他已有的仁道思想中，孔子这样做完全是正确的。因为“仁”之发生虽起于人道，但其用赅天赅地，易道生养万物都可纳入此一“仁”字之中。故将易学纳入宣扬“仁”道学说的大本营——儒门之中，乃为自然应理之事。

第二，以易学的发展趋势为立场来看。

易学的发展趋势也就是历史的发展趋势，本书前第二章易学的特色中已经说过，因为易学是因时乘变，与历史潮流偕行的学术。历史潮流的演变为由天道思想，而神道思想，而人道思想，表现在易学上十分清楚：符号易时期，八卦的初象是八种自然现象，纯粹天道思想；到了筮术易时期，六十四卦的名称中便及于人事。此时借鬼神之名，用易道于占断吉凶。到了孔子时代，因为人智大开，鬼神之权势丧失，易道便直落人事中，人们信易是透过理智判断，信它的理论法则，而不是信它有断决吉凶之能。用一个比喻来说明这一段发展过程，易学好像是一个天降麟儿，伏羲氏将他抱下天庭，周文王将他送到人间，而孔子接过来将他安置在人间抚养。由天上到人间，是自然的趋势，伏羲氏、周文王、孔子都不过是执行此一使命罢了。所以易学由天道、神道、向人道上落，不是孔子一人所能左右，孔子只是应运而生，乘运会之至，继天道、神道思想之后，发扬易学的人道思想一面。如认清了这种历史学术演变的大趋势，便知道纳易入儒门并非孔子的私意，乃是整个历史潮流，孔子不如此做，势有不能。后世以孔子为继易学之正统，本书以“儒门易”继“筮术易”而为易学发展的第三时期，理由即在于此。

那么现在，由上两方面看来，关于孔子纳易入儒门这件事的所以然之故已很清楚。对于易学丢去蓍策，不再称凶道吉，而换上十翼的儒门服饰，登上洙泗讲坛去讲说哲理，实是顺时乘势，很自然的事。至于说到由于孔子的纳易入儒门而造成易学的分裂，也只好说是大势所趋下的必然发展。因为人道思想时代之来，人们心智大开，新说竞扬，岂仅易学分裂而已，百学、百工、百事，自春秋而后莫不走入分裂之途。

虽然，易学毕竟道大，洙泗讲习日久，便觉儒家门墙之局促，等到四百年后，时代潮流再变，数术之思想兴（自孔子之卒至西汉昭宣之际，孟喜、焦延寿之象数易兴），易学乃一跃跳出儒门，又度其上天下地的生活，是为象数易时期，其事将述于《两汉易学史》一书中。

三、孔子对筮术易的处理

占断吉凶的筮术易转变为哲理的儒门易，是时代潮流所趋，孔子只是应运而兴，完成此一时代使命。然而这一使命非常艰巨，在这里便看到圣智的非凡了，本节且就此方面看孔子如何处理当时的情势。

孔子对六学的整理工作，《诗》与《书》主要在于“删”，即去芜存精，使之净化；《礼》与《乐》主要在于“定”，即进退应合，使之雅正；四者花费心力尚不算大，费心力最大的是《易》与《春秋》二书。《春秋》虽是因《鲁史》而修，但要借此以明君臣上下之义，判善恶是非之别，一字褒贬，影响后世，为儒家人道思想之主要用心所在，故特费心力。《周易》也是因已有的卦爻象及卦爻辞而述，但要转变其旧时代之思想为新时代之思想，一方面要继承伏羲、文王之哲思，一方面须发明新理新则，以为新兴的人道时代所遵循，此一工作较作《春秋》更为艰辛。今就易学而论，孔子当时对改革筮术易这件事，最重要的应是针对以下三方面：第一，如何处理对鬼神的信仰的问题，这是基本观念的问题。因为筮术易之所以行世，在于人们信鬼神，欲倡行人道思想，必须破除此一对鬼神的信仰。第二，如何处理卦爻辞的问题，卦爻辞为示明吉凶之辞，人智已开，理智判断将取代神示，这些卦爻辞将如何安排？自是一大问题。

第三，如何处理筮术的问题，演蓍得卦的一套方法，在筮术易中是极重要神圣的事，现在应如何处理之？这三项问题在古籍中未见记载，但两千五百余年后，我们回头看孔子当时对筮术易的处理，很分明地对此三项问题各采取了最适宜的不同的处理方法，以下分别论述。

第一，对“鬼神”敬而远之。

欲明了孔子对鬼神的态度，先须明了当时人们信鬼神的情况。本书在前文中曾举《左传》之文证明在孔子以前神道思想已逐渐走向破产，但是要知道那些话都是出于知识分子之口。一个新时代风气之来，知识阶层往往先倡，然后才普遍开展到广大的社会。虽然知识分子口号叫得响亮：“夫民，神之主也。”“圣人先成民，而后致力乎神。”等等，但广大的社会群众间，神道思想仍是根深蒂固；自三代以来千余年的对鬼神的信仰，自有其深厚的根基，不易一朝破除。所以孔子当时所面对的时代思想情势是：一方面旧的神道思想已呈必衰之象，却仍盘踞着广大的社会；另一方面新的人道思想虽蓬勃发生，只是反映在知识阶层间。但孔子一向不主张用断然的手段推行文化思想的革新工作，他要在不激起人心紊乱、不使人民脱离正轨生活的情况下，潜移默化地去转变社会思想，“民可使由之，不可使知之”便是他的原则。而事实上，当时他也不能积极鼓吹推行破除鬼神信仰的事，因为当时新兴的人道思想尚未在人心中建立起足以取代信仰鬼神的理则。他必须一方面从事于建立人道的信仰；另一方面使社会思想逐渐由神道转向人道。基于此种情势，孔子的做法便是不正面的、不断然地否定鬼神的存在，以避免激动社会人心，而采取缓和的态度与转化的方法。他的态度之一是：承认鬼神的存在，而平日不谈鬼神。如：

子不语：怪、力、乱、神。(《论语·述而》)

子路问事鬼神。子曰：未能事人，焉能事鬼？敢问死？曰：未知生，焉知死。(《论语·先进》)

他的态度之二是：承认鬼神的存在，但不承认他们在人事上有直接的助益。如：

子疾病，子路请祷。子曰：有诸？子路对曰：有之，诔曰：祷尔于上下神祇。子曰：丘之祷也久矣。(《论语·述而》)

樊迟问知。子曰：务民之义，敬鬼神而远之，可谓知矣。(《论语·雍也》)

他的转化方法之一是：肯定对鬼神之诚敬，但如果“不与祭”或“非其鬼”时，则可以不必将鬼神放在心上。如：

祭如在，祭神如神在。子曰：吾不与祭，如不祭。(《论语·八佾》)

子曰：非其鬼而祭之，谄也。(《论语·为政》)

他的转化方法之二是：以信仰鬼神之诚去信奉礼，以对礼的信念代替对鬼神的信念。如：

子贡欲去告朔之饩羊。子曰：赐也，尔爱其羊，我爱其礼。(《论语·八佾》)

子曰：禘自既灌而祀者，吾不欲观之矣。(同上)

子曰：生事之以礼，死葬之以礼，祭之以礼。(《论语·为政》)

上所举他的态度和方法，都是极为明显的。《论语》中例证尚多，勿须多列。总之，他的做法是与鬼神保持着一段相当的距离，如此一方面不背社会人心，逐渐淡化人心对鬼神的信仰；另一方面则积极鼓吹人道、建立人道理则。在对鬼神的观念的处理上，孔子可谓用心良苦。

第二，对卦爻辞赋以新义。

卦爻辞的主要目的在示明吉凶悔吝之断，虽是筮术之用，然其所以然之理则来自易道，本书前第四章已叙述过。孔子对这些卦爻辞的处理，仍是本着逐渐转化的原则，他并不取消任何吉凶悔吝的断语，也不批评此等思想已经落伍，他对卦爻辞全部接受，然而却在卦爻辞之外，另作《彖传》与《象传》。在《彖传》《象传》中解说吉凶悔吝之故，一以理智活动为依据。这种做法便是他自己说的“述而不作”。“述而不作”是他的谦虚之辞，实际上是“以述为作”，因为卦爻辞经过《彖传》《象传》解说以后，人们的注意力由吉凶来自神示上，自然转到理论判断上。孔子更借此为易学建立了一个天人哲学思想体系（见下节），从此《周易》一书不再是“卜筮之书”，而成为“哲学宝典”。关于卦爻辞及《彖传》《象传》间的差别，前文已经叙述过，故不复赘述。

第三，对筮术则排除之。

孔子是极重视“时”的人，孟子称他是“圣之时者”，前文我们曾引述过他在《彖传》中极言“时”之重要，《论语》中他主张“行夏之时”“乘殷之辂”“服周之冕”。也就是说，他重视时代价值，合于时代他便取，不合时代他绝不取。他有非常客观而深透的眼光，以观察、以选取。上述他对鬼神信仰的态度和对卦爻辞的做法，实际上都是站在时代价值标准上行事，因为鬼神思想虽已衰微，但仍具安定社会人心的功能，故他仍保留对鬼神的尊敬；卦爻辞则为易道之所寄托，舍此则易道之哲理无由得明，所以他也不摒弃。至于演蓍得卦的一套“术”，“一挂”“二扐”“揲之以四”，以象三才、以象闰、以象四时等附会之论，到了人道思想时代，失其价值，他自然要排除。但孔子对筮术并不攻击反对，相反的，他还极赞筮术之神用，《系辞传》此类言语比比皆是。这是因为他深知筮术之用是当初文王借之以设教，在文王之时，人智未大开，以筮术为桥梁是必要的。所以他赞筮术之神用，乃是赞易道之神用，而不是赞命筮行术之方法。

关于孔子之排除筮术，《论语》中只有《子路篇》一章言及恒卦九三爻辞，下云：“子曰：不占而已。”其他书中有言及孔子故事者，如《孔子家语》中载：

> 孔子尝自筮其卦，得䷕贲，愀然有不平之色。子张进曰：师闻卜者得贲卦吉，而夫子之色不平，何也？孔子曰：以其离也，在《周易》，山下有火谓之贲，非正色之卦也。夫质也，黑白宜正焉，今得贲，非吾之兆也。吾闻丹漆不文，白玉不雕，何也？质有余，不受饰也。

还有《说苑》中载孔子推断周釐王庙焚事。这些文字不一定是记载事实，但文字背后的含义，是在说明孔子的不信筮术而尚理智，我们不斤斤执着于称量字句，则这些记载都是文化思想上值得参考的资料。

四、先秦易学思想体系之完成

现在，我们叙述到了先秦易学的思想体系，是为先秦易学的最后发展形态。这一思想体系是纯粹而精的哲学思想，其结构完整而美，其格局、其精神，成为以后两千余年来中国文化思想的最高指导原则。完成此一思想体系的人，当然是孔子。

本书前文在第三章述伏羲氏画卦之初，已经说明了八卦起源于哲学思考。也就是说，易学的本来面目是哲学思想。只因为那是中国哲学思想的初露头角，当时既无文字，只有孤零零八组卦象，所以只能表现一个粗略情状。而由其初象上，得知当时的哲学思想只限于天道自然一隅。降至周文王，重八卦为六十四卦，借筮术之用以神道设教，将易哲学由天道思想向下开展，及于人事。但由于彼时神道思想笼罩社会人心，易学为神道思想所役用之故，易的哲学性暗而不彰（按西方中古时期曾有“哲学为神学之婢”之说，易学此时的情形正同）。到了孔子，乘人道思想兴起之运，破除神道思想的枷锁，易学的哲学面目乃得再现。由此，我们可以说孔子所完成的易学思想体系，乃是恢复了易学的本来面目，只是后学转精。此时的易哲学，博大精微，自然非当初伏羲氏时的粗略的哲学所可比了。

笔者上言易学思想体系“完整而美”，是因为这个思想体系从形式结构上言，天人往复，始卒若环；从精神方面言，一团仁爱，人物同沐，较诸世界上其他哲学体系，实觉亲切而落实。以下为了叙述上的方便，兹分作两部分来说：由乾元始动到化生人、物，为由形上发展到形下；由人之穷理尽性到上合于天德，为由形下返回到形上。《系辞传》："形而上者谓之道，形而下者谓之器。"故名前者为"由道化生器部分"，后者为"由器返于道部分"，论述如下。

第一，由道化生器部分。

易学思想之由道化生器部分之理论，最主要者为乾、坤二卦《彖传》，本书前文曾约略提到过，此处将作详细剖析。乾、坤二卦为六十四卦之首，易学之根本，故孔子于二卦《彖传》中首揭易学思想体系之纲要。兹先录二卦《彖传》文于下：

> 《乾·彖传》："大哉乾元，万物资始，乃统天。云行雨施，品物流行；大明终始，六位时成。时乘六龙以御天。乾道变化，各正性命。保合太和，乃利贞。首出庶物，万国咸宁。"
>
> 《坤·彖传》："至哉坤元，万物资生，乃顺承天。坤厚。载物，德合无疆，含弘光大，品物咸亨。牝马地类，行地无疆，柔顺利贞，君子攸行。先，迷失道；后顺，得常。西南得朋，乃与类行；东北

丧朋，乃终有庆。安贞之吉，应地无疆。”

按乾卦卦辞为：“乾，元亨利贞。”坤卦卦辞为：“坤，元亨，利牝马之贞。君子有攸往。先迷，后得主，利。西南得朋，东北丧朋。安贞吉。”在乾、坤二卦卦辞中，“元”字为形容词，与“亨”“利”“贞”同为形容乾与坤的德性，并非与“乾”“坤”二字相结合而成词汇。然观上《彖传》文，孔子乃以“乾元”“坤元”作复合名词。孔子作《彖传》，就性质而言，当是为卦辞立传，然立传第一笔即改变了卦辞的文字结构。由此可见孔子一开始作《彖传》，便意在借《彖传》之名，发表一套新的理论了，此其一。再从“元”字的含义上看，乾、坤二卦卦辞中的“元”字，并未明标“始”“生”之义。早于孔子的穆姜曾解释“元”之义，为“元，体之长也”(《左传·襄公九年》，前文已引)。从“体之长”三字看来，“元”字的含义是“首”。孔子在“乾元”下面标出“万物资始”，在“坤元”下面标出“万物资生”，显然将“元”的含义从原来的“首”转变到“始”“生”上。这又可以看出孔子要发表的一套新易学理论是以乾坤之始生万物为义，此其二。乾、坤二卦卦辞中言“元亨利贞”或“元亨，利牝马之贞”，并不含本末始终的一串连续思想活动之义。孔子赋“乾元”“坤元”以“始”“生”之义，则既有始有生，必有后来之发展，所以由此已可测知孔子要在下面发表的一套理论，是有系统的理论，此其三。因而，我们只要细审乾、坤《彖传》首两句之文，已经可以觉察出孔子的思想动向，他是要由此开展出一个新的以生化万物为趋向的有系统的思想理论。

现在且先看《乾卦·彖传》，“大哉乾元，万物资始”是儒门易哲学讲形上部分的源头（道家易则由此向上推，见后章）。孔子由此处开始讲起。天下万物，生于一动，有动乃有变化，有变化乃有生成。而推究动之始，乃始于乾之初发，孔子乃称此乾之初发动为“乾元”。《系辞传》：“天下之动，贞夫一者也。”乾元即此“一”之作用之起用，一动则动动不休，化生万物由此开始，故言“万物资始”。“乃统天”的“统”字，作“合”解，乾元非天，乾元是一种作用、一种动能，是形上的，天是象，是形下的。但乾元之作用借天象以显，故以乾元合天，以乾道合天道。由“乾元”落到“天”，是从抽象的作用降到象上，于是下面“云”“雨”“品物”“大明”“六位”，便都从象上讲。“云行雨施，品物流行”，为乾道之空间变化；“大明终始，六位时成”（按“大明”指日月），为乾道之时间变化。时空之变，均借天道显现，而天道即乾道，故言“乾道变化”。乾道变化，“时”中“位”中（位即空间），亨通无滞碍，故化生“性命”。“时乘六龙以御天”一句，言时与位之皆中，“各正性命”之“正”，即由“时乘六龙以御天”来，中则正。唯中唯正，乃能化生性命；唯中唯正而化生性命，乃见此性命之严肃性与神圣性。上面这一段，是乾道变化的一段过程，万物“性命”的来源，真是一字不苟，文简而义赅，以图表示之，如图 5–5：

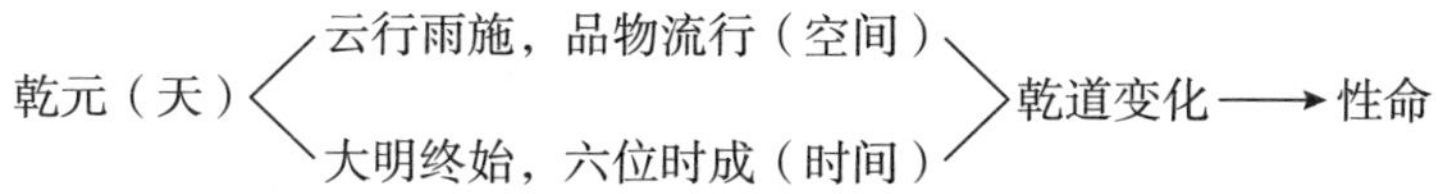

图 5–5　乾道时空之变图

由乾元之始动，到变化而生“性命”，在这里需要更精确说明“性命”二字的意义。先说“性”字，《系辞传》：“一阴一阳之谓道，继之者善也，成之者性也。”一阴一阳之谓道的“道”字，非指上面仅乾道变化的“道”，乃谓乾与坤共变的“道”；乾坤往复，变变不休，故言“继”；由变化而万物以生，故言“善”；成就这种变化，使变化之功用得以彰显的，是“性”。《系辞传》是就乾坤共变、万物之已生而言，上《彖传》是仅就乾道变化，万物尚未生成而言。由此可见根据易哲学，万物生而具有的“性”与“形”两面。其“性”的一面乃来自乾道之变化，坤道变化则承受乾道之变，于“性”之上更益以“形”，而成物之象。故《系辞传》虽然言“性”由乾坤共变而成，实乃自乾道变化来。再看什么是“命”？《说卦传》：“穷理尽性，以至于命。”这话是从人出发，由下向上讲。可见“命”在思想层次上，在“性”之上。《中庸》言“天命之谓性”，也是说“性”为“命”的下一层，实在二者本是一物（非物，此处乃以喻言）。“命”是就天的方面言；“性”是就人的方面言。也就是说由天对人而言是“命”；自人对天而言是“性”。

乾道变化至“性命”而止，以下“保合太和，乃利贞。首出庶物，万国咸宁”乃释卦辞之“利贞”，已不必论。

下再看《坤卦·彖传》：“至哉坤元，万物资生。”乾元言“始”，坤元言“生”，乾道变化而有性命。然仅有性命尚不能成物，必待形体与俱，坤元之言生，即谓生成物象之形。故乾道变化为物生以前之变化，乾坤共变始为物之生成。“乃顺承天”，谓顺承乾道之变化，乾元与坤元，原为一体之两面，相反而相成，分工而合作。乾元始发动，功用在前，坤元继起，承乾功而变化；乾元之功能，借象于天，则坤元之功能，寄象于地。天施地承，故云“乃顺承天”。“坤厚载物，德合无疆。”即以地言坤，地广厚，具承载之性，言此以显明地之堪当“顺承天”之任。“含弘光大，品物咸享。”则言坤道之变化起用，坤顺承乾道之变，含藏之，保任之，更弘扬光大之，于是万物生成。“牝马地类”以下，则为解释坤卦卦辞“利牝马之贞”等句。

以上孔子分言乾、坤之功能。就思想程序而言，乾道变化在先，坤道变化在后，但二者实为一体，缺一不能成物。由乾道变化有性命，由坤道变化益以形体。故后来《子夏易传》云：“坤，承乾也，造形始也，女之道也，专其命而不失其作者也。”又云：“坤，顺也，承于乾而成乾之化也。”

乾元始动，坤元顺承，乃就二者化生万物的功能上言，如就二者变化的性状上言，乾元健而进，坤元柔而反，故乾之变称“往”，坤之变称“来”，乾坤变化，一往一来，万物乃生生不息。《系辞传》曾引孔子 ䷞ 咸卦九四爻辞“憧憧往来，朋从尔思”之言，云：

> 日往则月来，月往则日来，日月相推而明生焉。寒往则暑来，暑往则寒来，寒暑相推而岁成焉。往者屈也，来者信也，屈信相感而利生焉。

日月、寒暑、屈申之往来，即乾坤之往来，一切象上有易道在。今以图示乾元、坤元之变化而生万物如5–6。

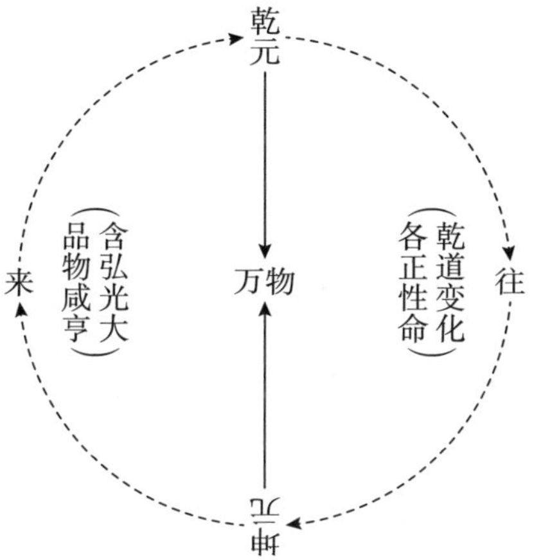

图5–6　乾元、坤元之变化而生万物

从乾元始动，到万物之化生，然后再从万物中提出“人”。人为万物之灵的思想，是远早于孔子以前的思想，《尚书·泰誓篇》周武王已言："惟天地，万物父母；惟人，万物之灵。"而实际上三代以上，中国人已逐渐在塑造以人为中心的文化形式，观《尚书·尧典》《舜典》可知。只是过去没有一个整套的哲学体系，现在孔子以乾坤化生的哲学理论一路开展下来，落到万物、落到人，当然是最自然不过的事。所以《乾·彖传》最后归到"万国咸宁"，而《坤·彖传》则特别标出"君子攸行"。然而，万物与人在生成上是属于一个层次，言万物是广言乾坤化生之功，言人是因为人有充分理由可以代表万物。所以在易学中万物的地位有许多地方也就被人所取代，如《系辞传》之言三极之道，便是："有天道焉，有人道焉，有地道焉。"

《说卦传》也是："立天之道，曰阴与阳；立地之道，曰柔与刚；立人之道，曰仁与义。"

言人之道，也就是言万物之道，因人为万物之灵，代表万物故。由乾元归趋于人，为由道化生器这一段落的完成。

第二，由器返于道部分。

由器返于道，与前述之由道化生器相反。前者为由形上到形下，此为由形下返回形上；前者为由整体之一到个别之多，此为由个别之多返于整体之一；前者为由性命而形体，此为由脱落形体而返性命；前者，由道化生器的一段过程，虽为人所讲的哲学体系，但实际上是自然界本然的律则，人只不过发现而示发了它；今由器返于道，则为人智的创发，人不甘于永久滞沉于重浊的物界，乃自奋自勉，思欲解脱物累，使精神超升，开出这一条道路。这一条由器返乎道的路因为是由个别多数的人出发，向整体的道一上返归，故步调不一致，以人与人有别故。于是孔子在易学中便开出了许多条道路以适应人人，这许多条道路无疑是人类登天的阶梯，每一阶梯都是下贯人、上通天，以备各色人等随时拾级而升。这在六十四卦三百八十四爻爻辞的解说中，处处皆是，而尤其简明易见的是大象之辞，如："天行健，君子以自强不息。""地势坤，君子以厚德载物。"……人人可行，真是极尽圣人爱人之心。但孔子在《系辞传》中告诉我们这一条由器返于道的大路线："成性存存，道义之门。"与《说卦传》中的"穷理尽性，以至于命。""成性存存"，谓人当深切体会自心，由自心中认识由乾坤变化而生成之本性，存养此性，光大此性。"存存"二字，为"存之又存"的意思，中含奋励克己、笃行不懈等功夫。存养日久，则此性明而不失，于是知人性即天性，由此而返归于道，故云"道义之门"。"穷理尽性，以至于命。"说得更清楚些，在"尽性"之前加上"穷理"一层。"性"为人与物之所同受之于天者，只是或彰或隐，而本来却是性性相通的；"理"则为人与物个别所具，理理有差别。人由个别相出发，难以识明白心中与他人他物中共通的性，所以要先认识人、物各自之理，究明其理，则得其性。得性后益以“存存”之道，上达于“命”，达于命即至乎天德，返于道矣。

这一条人复返于道的路，如合前述乾元、坤元之化生，则为图 5-7。

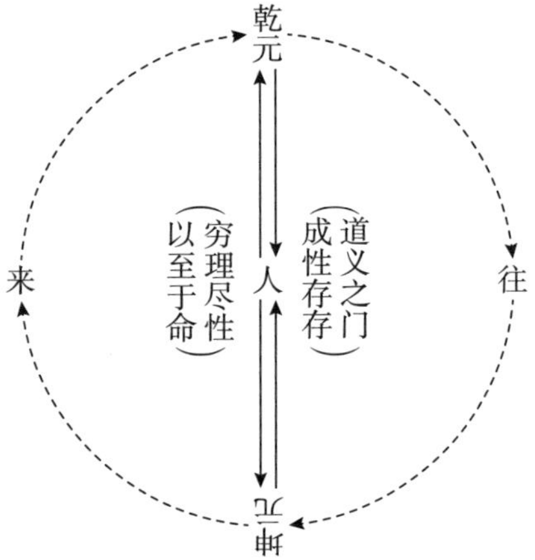

图 5-7 符合乾元、坤元之化生的人返于道

人返于道之后，此时之人性即乾坤未变生万物时之道，也就是天道，于是人性与天道为一。换句话说，人此时已登升天的境界，以天的境界视人视物视己，自有一番新了悟。以此新了悟复返于人世社会，“显诸仁，藏诸用”。表现在言行生活中，此时的人便是“大人”。

> 夫大人者，与天地合其德，与日月合其明，与四时合其序，与鬼神合其吉凶，先天而天弗违，后天而奉天时，天且弗违，而况于人乎？况于鬼神乎？（《乾·文言》）

“大人”的境界为由器返于道这一途程的告终，大人虽仍是人，仍有形体，但此时个别小我的形体已脱落不计，在德性上人天相等，就是所谓的“天人合德”。此一境界我们可以图 5-8 表示。

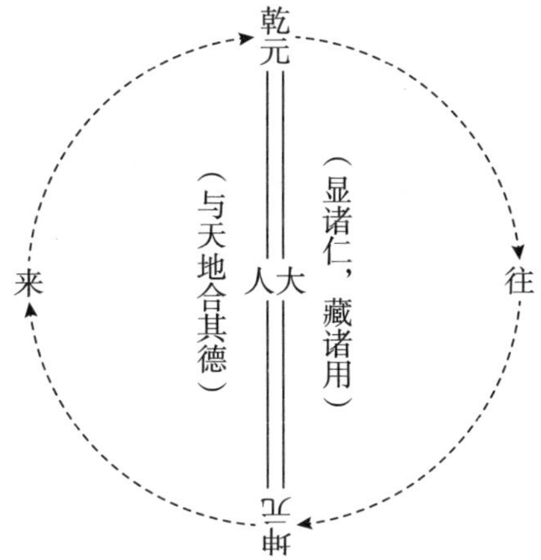

图 5-8 天人合德

易哲学思想体系至此述竟。现在我们来看这个思想体系，发于道，收于道，落于人，复自人，一往一返，正如其基本二作用乾坤之往来，成一“圆道周流”。而流通在这个思想体系中的，实为“人的精神”。人不仅从万物中将自己提拔出来，且自觉自奋，力进于道，中国文化之以“人”为特质的精神，俱见于此。

第六章　道家易

读《庄子·天下篇》的人，大多不会忘记庄周那几声深长的叹息：

> 悲夫！百家往而不反，必不合矣。后世之学者，不幸不见天地之纯，古人之大体，道术将为天下裂！

庄周是一个目统学术全局、关怀文化大体的哲学家。他生当战国中叶，眼见“道术”之分裂，百家诸子“多得一察焉以自好”，担心长此以往，天下学者将来都变成“一曲之士”，造成“譬如耳、目、口、鼻，皆有所明，不能相通”的后果（以上所引，均见《天下篇》），因而发出他的哲学家之叹。因为那时候中国学术还刚刚开始进入分裂阶段，所以他在话中用“将”字，说“道术将为天下裂”。然而，时代进步到道术“已”为天下裂的今天，我们知道庄周的叹息是于事无补的。世界走向繁华，人事走向繁多，学科走向繁杂，从而“道术”之“为天下裂”，是必然的趋势。庄周的几声长叹，也只能回荡在历史的空谷中，添人感兴罢了。

庄周所称的“道术”一名，实际上便是指易学而言，因为自春秋以上，中国学术总于易学一体，由伏羲氏画卦到孔子赞易之时，易学只有前后相因的递变的发展，没有并立的分支分派的情形，故庄周称之为“天地之纯”，称之为“古人之大体”。自孔子赞易以后，易入儒门，形势才变了。于是儒门以内，易学与诗、书、礼、乐、春秋五学并立；儒门以外，百家之学兴。有两支易学，与儒门易并立发展：一为旧势力仍存在的筮术易；另一为老子的道家易。所以自孔子赞易起，中国易学开始分为三支。

老子的道家易主要旨趣在于发挥易学的形上义，其思想指向与儒门易恰相反，故以“道”立名。后世以“道家”称老子，其实老子之思想完全出于易，而且自老子以后，在易学演变中，道家易这一支始终是易学中重要的一个角色。在先秦三支易学而言，主流当然是孔子的儒门易，但老子的道家易，对易学形上方面的创发，确是思想上光辉的一页，老子与孔子二人正是分工合作，一向上开展，一向下开展，合力经营大易这门学术。本书已述筮术易与儒门易于前章，本章乃专论道家易学。

第一节　道家亦易家的老子其人

《史记》中，老庄申韩同传，今摘老子传文如下：

老子者，楚苦县厉乡曲仁里人也。姓李氏，名耳，字伯阳，谥曰聃，周守藏室之史也。孔子适周，将问礼于老子，老子曰：子所言者，其人与骨皆已朽矣，独其言在耳。且君子得其时则驾，不得其时则蓬累而行。吾闻之，良贾深藏若虚，君子盛德容貌若愚。去子之骄气与多欲，态色与淫志，是皆无益于子之身，吾所以告子，若是而已！孔子去，谓弟子曰：鸟，吾知其能飞；鱼，吾知其能游；兽，吾知其能走。走者，可以为罔；游者，可以为纶；飞者，可以为矰；至于龙，吾不能知其乘风云而上天。吾今日见老子，其犹龙邪？老子修道德，其学以自隐无名为务。居周久之，见周之衰，乃遂去，至关，关令尹喜曰：子将隐矣，强为我著书。于是老子乃著书上下篇，言道德之意五千余言而去。莫知其所终。或曰：老莱子亦楚人也，著书十五篇，言道家之用，与孔子同时云。盖老子百有六十余岁，或言二百余岁，以其修道而养寿也。自孔子死之后百二十九年，而史记周太史儋，见秦献公曰：始秦与周合而离，离五百岁而复合，合七十岁而霸王者出焉。或曰儋即老子；或曰非也；世莫知其然否。老子，隐君子也。老子之子名宗，宗为魏将，封于段干，宗子注，注子宫，宫玄孙假，假仕于汉孝文帝，而假之子解为胶西王卬太傅，因家于齐焉。世之学老子者，则绌儒学，儒学亦绌老子，道不同不相为谋，岂谓是邪？李耳无为自化，清静自正。

《庄子·天下篇》论道术，列关尹、老聃为一家，其文曰：

以本为精，以物为粗，以有积为不足，澹然独与神明居。古之道术有在于是者，关尹、老聃闻其风而说之。建之以常无有，主之以大一，以濡弱谦下为表，以空虚不毁万物为实。……老聃曰：知其雄，守其雌，为天下溪。知其白，守其辱，为天下谷。人皆取先，己独取后，曰：受天下之垢。人皆取实，己独取虚，无藏也，故有余，岿然而有余。其行身也，徐而不费，无为也而笑巧。人皆求福，己独曲全，曰：苟免于咎。以深为根，以约为纪，曰：坚则毁矣。锐则挫矣，常宽容于物，不削于人，可谓至极。关尹、老聃乎，古之博大真人哉！

老子何如人？是中国学术史上迄今解不开的谜语之一。自《史记·老子传》起，司马迁已公开承认他不能肯定此一谜语的确切答案，千古以下，后来人更无新史料以佐助于求解答。近世自清代以来，考据风盛，研究老子的学者更多，也只见有更多的不同意见而已。所以，今日任何人提出有关老子其人的问题，都被视为是一种主观的假设，不能服众。本书以写易学史而及老子，非为研究老学的专书，故不拟涉及对老子的生平、时代、地点等考证。本书所言者，只是站在易学的立场，论世所传的五千言的《老子》书与作此书的那一位老子的思想。上面引录《史记·老子传》全文，用意即在于此。读者可从中看到司马迁笔下的老子，是如何一个将信将疑的形象。至于引《庄子·天下篇》的一段文字，是因为在这段文字中，庄子所引述老聃之言论思想，均与五千言的《老子》书相合，可知此一老聃即为《老子》书的作者，那么庄子所论及的老聃的道术，自然也是指五千言作者那位老子的主张了。《史记》除《老子传》外，尚有《孔子世家》中载孔子适周见老子一段记载，《庄子》除《天下篇》外，尚有《天运篇》孔子之沛见老聃一节相当长篇幅的记载，此外《礼·小戴记·曾子问篇》有孔子闻礼于老聃的几条记载，以及《韩非子》等书中的零星记载。

《老子》一书与易学思想关系之密切，可从前人以“易老”并称而知，然这还只是就二者思想相近而言。如果研究易学的发展史，从易史的观点再来看《老子》这部书，那便不只发现二者的思想相近，且可了然于二者血缘相承的关系，所有《老子》书中的思想乃是根据于易学思想而创发。毫无疑问，以老子思想为本的道家乃易学发展中的一支，《老子》书为易家书，而老子其人为易学家。

要证明老子其人为易学家，最主要的当然是从五千言的《老子》书中看其思想内容，这一部分需要说的话很多，将留在后面数节中讨论。本节只拟先从上面所引录《史记》文中老子之言与《庄子》文中对老子道术的评论，先来一看老子的思想与易学的关系。

第一，上引《史记》载老子告孔子之言，谓：“君子得其时则驾，不得其时则蓬累而行；吾闻之，良贾深藏若虚，君子盛德，容貌若愚。去子之骄气与多欲，态色与淫志，是皆无益于子之身。”

“君子得其时则驾，不得其时则蓬累而行”二句，一望而知是乾卦群龙之义，后一句无异于乾初爻之“潜龙，勿用”，而前一句同于乾九二之“见龙在田，利见大人”。乘时为易学之根本义之一，乾卦用九特明此义，其言曰：“见群龙无首，吉。”（见前文第四章内筮术易中四个基本观念

"时"一节）孔子明此义，谓"时乘六龙以御天""君子而时中""与时偕行"等。老子之言，与孔子同为发易学"乘时"之义。

"吾闻之，良贾深藏若虚……"一节，则取坤卦容藏逊退之德，老子之道家易为由乾元之始动向上推展，建立另一尚坤德之玄学思想体系（见后文第四节）。故人生观也以坤德为法，讲求挫锐、解纷、和光、同尘、不争先、不逞强、不炫耀、戒贪欲。此一节文字，正与《老子》书中之思想相一致。

第二，上引庄子论老子道术之旨，谓："以本为精，以物为粗，以有积为不足，澹然独与神明居。""建之以常无有，主之以大一。以濡弱谦下为表，以空虚不毁万物为实。"

"以本为精……"四句，言居于道本，不受物累。老子精研易之形上学，故其五千言总论一"道"（《易·系辞传》：形而上者谓之道）。道为本，物为末，守本不逐末，为老子决不动摇的原则。

"建之以常无有，主之以大一"，也是守道不失之谓。"大一"即易之"太极"。

"以濡弱谦下为表，以空虚不毁万物为实"，言法坤德之逊顺卑下，能含容生物。

从上面的几节文字中，已可充分看出老子的思想实紧扣易学而发，所不同者，易以乾德为首，而老子以坤德为首，此乃由于老子玄学思想体系所自然形成，下文即将论及。前引《庄子·天下篇》文中尚有一些老子之言论，因都见于五千言书中，故后文再论。

就有关老子的记载及《老子》一书中的思想来看，老子是一个深沉达观的大思想家，他的人生形式和孔子不同。孔子的一生，一方面废寝忘食地去追求，一方面乃乃遑遑表现他对世人的热爱；老子则是不动如山岳，居身世外，静静地观察，深深地思考。从表面看来，似乎孔子重济世之“行”，老子重“自养”，实际上老子也是重“行”，其所重为“思想之行”；其思想活动如不经过甚深思考功夫，不可能发为其书中如许深透之见解。孔、老二人之差别，我们当然归因于他们天性上的不同，从而导致二人学术立场的不同：孔子之学重形而下，故表现为仁民爱物的行为；老子之学重形而上，故表现为凝静玄远的思想。在中国历史上，大圣大哲大贤，其学术思想也就是他的人生写照，孔子与老子二人，其学术思想与实际人生之一致，尤其表现得鲜明。孔子发扬以乾德为首之儒门易哲学，下用于人世，于是他的一生是“天行健，君子以自强不息”的写照；老子发扬以坤德为首之道家易哲学，上探道本，推有入无，因而他的一生无昭昭之行、赫赫之功，正所谓“牝马之贞”，而他的心量也正如坤之“厚德载物”。所以我们也可以说孔子的一生表现了乾之“健”；老子的一生表现了坤之“顺”。如此说来，老子虽然在关尹勉强下留下他的五千言书，然而神龙一现，复归于寂然无闻中，后人终解不开他为“何如人”之谜，岂非正是他的本来面目？

第二节　道家书亦易书的《老子》其书

《老子》一书，又称《道德经》，以其上篇以“道”始，下篇以“德”始之故。按之历史，《老子》书称“经”，起自西汉景帝时。《三国志·吴书》阚泽对孙权曰：“汉景帝以《黄帝》《老子》义体尤深，改子为经，始立道学，敕令朝野悉讽诵之。”可见汉景以前，只称《老子》，不以“经”称。复按之《史记》：“老子乃著上下篇，言道德之意五千言。”则《老子》之分上下篇，自汉以上已然，因为如自景帝时始分篇，司马迁为当代人，岂有不知之理？所以我们可视上下篇为《老子》书的原面目。

《老子》书分上下篇，从其思想之来源于易而言，似有仿效《周易》上下经之意。《周易》分上下，故儒门十翼之《彖传》《象传》《系辞传》均依之而分上下。今《老子》书上篇始于“道”，下篇始于“德”，隐约间若有以“道”合《周易》上经之始乾、坤，以“德”应《周易》下经之始咸、恒之意。这当然是笔者的忖测，却未尝不可能。果如此，则易学之下开孔、老两家，不只是思想上，即学术形式上也保留着传承之迹了。

由易学发展史上看孔、老两家之分头弘扬大易哲学，是极为有趣的事。孔子自乾元之始动，向下展开，历乾坤往复化生万物，而归趋于人；再由人回升，返乎天德，成一圆道天人哲学思想体系。老子则自乾元之始动，向上推展，推有入无，由有无入自然，探源道始，复由自然而下，说明宇宙之生成，建立一往一返的玄学思想体系。二人一上一下，分工合作，将大易哲学发挥得光辉灿烂。老子的玄学思想体系如就其学说本身而言，实已越出了伏羲、文王以卦象阐明易道的范围，不得谓为伏、文易学的直承，然老子之学毕竟仍是脱胎于易，与易学血缘相通，密不可分。从玄学之大而言，整个易学括入玄学之“有”，则玄学为大；从易学之大而言，全部玄学括入易学形上之“道”，则易学为大。然而按之老子玄学之立论基础及其精神流通，终为易学之一脉：“谷神”“玄牝”，无非“坤”之异名；“负阴抱阳”，即为卦中一象；“祸福相倚”“奇正相复”，实泰否、剥复之义；“生也柔弱”“死也坚强”，乃少阳、老阳之变……不必尽举。后世之所以视道家为易学之别派，而道家者流恒自谓出于易者，以此。

关于《老子》一书之思想内容，后节将系统讨论，本节只拟举出《老子》书中部分章句，以见其与易学密不可分的关系。质言之，全部《老子》书均与易学息息相通，以下兹摘要举列数方面义：

第一，言及万物化生之义者：

四十二章："道生一，一生二，二生三，三生万物。万物负阴而抱阳，冲气以为和。"

[按老子之"道生一，一生二"，乃就其玄学体系上言，不同于儒门易学之"太极生两仪"（详见下节），前人多误解其义（如十三经周易系辞传："是故易有太极，是生两仪"下，韩康伯注及孔颖达疏）。然老子言万物负阴抱阳而化生之程序，则与儒门易同。]

五章："天地之间，其犹橐籥乎？虚而不屈，动而愈出。"

四十章："天下万物生于有，有生于无。"

第二，言及反复之义者：

十六章："致虚极，守静笃，万物并作，吾以观复。夫物芸芸，各复归其根，归根曰静，是谓复命，复命曰常。知常曰明；不知常，妄作，凶。"

二十五章："吾不知其名，字之曰道，强为之名曰大，大曰逝，逝曰远，远曰反。”

四十章：“反者道之动。”

五十八章：“祸兮福之所倚，福兮祸之所伏，孰知其极？其无正。正复为奇，善复为妖。”

第三，言及亢龙之义者：

二十四章：“企者不立，跨者不行，自见者不明，自是者不彰，自伐者无功，自矜者不长。其在道也，曰：余食赘行。物或恶之，故有道者不处。”

十五章：“古之善为士者，微妙玄通，深不可识。夫唯不可识，故强为之容，豫焉若冬涉川，犹兮若畏四邻，俨兮其若容，涣兮若冰之将释，敦兮其若朴，旷兮其若谷，混兮其若浊。孰能浊以静之徐清？孰能安以久，动之徐生？保此道者不欲盈，夫唯不盈，故能蔽不新成。”

二十九章：“是以圣人去甚、去奢、去泰。”

三十九章：“故贵以贱为本，高以下为基。是以侯王自谓孤寡不毂，此非以贱为本邪？非乎？故致数舆无舆，不欲碌碌如玉，珞珞如石。”

四十四章：“是故甚爱必大费，多藏必厚亡，知足不辱，知止不殆，可以长久。”

四十五章：“大成若缺，其用不弊；大盈若冲，其用不穷；大直若屈；大巧若拙；大辩若讷。”

四十六章：“祸莫大于不知足，咎莫大于欲得，故知足之足常足矣。”

第四，言及物壮则老之义者：

三十章：“以道佐人主者，不以兵强天下，其事好还。师之所处，荆棘生焉，大军之后，必有凶年。善有果而已，不敢以取强。果而勿矜，果而勿伐，果而勿骄，果而不得已，果而勿强，物壮则老，是谓不道，不道早已。”

七十三章：“勇于敢则杀，勇于不敢则活。此两者或利或害，天之所恶，孰知其故。是以圣人犹难之。天之道，不争而善胜，不言而善应，不召而自来，繟然而善谋。天网恢恢，疏而不漏。”

七十六章：“人之生也柔弱，其死也坚强。万物草木之生也柔脆，其死也枯槁。故坚强者，死之徒；柔弱者，生之徒。是以兵强则不胜，木强则兵，强大处下，柔弱处上。”

第五，言及圣人应持守易道之全德，以生养万物为心者：

二章:“是以圣人处无为之事，行不言之教，万物作焉而不辞，生而不有，为而不恃，功成而弗居，夫唯弗居，是以不去。”

（按本章老子所言之“圣人”，同于孔子所言之“圣人”“大人”“后”“王”等在位治民之人，《乾卦·文言传》言大人之“与天地合其德”，《坤卦·象传》言君子之“厚德载物”，《泰卦·象传》言后之“财成天地之道，辅相天地之宜，以左右民”，《观卦·象传》之言“中正以观天下”等都是。）

五章:“天地不仁，以万物为刍狗，圣人不仁，以百姓为刍狗。”

四十九章:“圣人无常心，以百姓心为心。善者吾善之，不善者吾亦善之，德善；信者吾信之，不信者吾亦信之，德信。圣人在天下，歙歙为天下浑其心，圣人皆孩之。”

五十一章:“道生之，德畜之，物形之，势成之，是以万物莫不尊道而贵德。道之尊，德之贵，夫莫之命而常自然。故道生之，德畜之，长之，育之，亭之，毒之，养之，覆之，生而不有，为而不恃，长而不宰，是为玄德。”

第六，言及抱一、守本之义者：

二十六章:“重为轻根,静为躁君,是以圣人终日行,不离辎重;虽有荣观,燕处超然。奈何万乘之主,而以身轻天下?轻则失本,躁则失君。”

二十二章:“是以圣人抱一,为天下式。”

(按老子学贵形上,故极倡“抱一”“守本”。孔子因用易道于人事,故借“得位”“乘时”“得中”以守道之正。二人一简一繁,以一贵形上、一贵形下之学故。)

十章:“载营魄抱一,能无离乎?专气致柔,能婴儿乎?涤除玄览,能无疵乎?爱民治国,能无知乎?天门开阖,能为雌乎?明白四达,能无为乎?”

十九章:“见素,抱朴,少私,寡欲。”

二十章:“我独异于人而贵食母。”

三十二章:“道常无名。朴虽小,天下莫能臣也,侯王若能守之,万物将自负。”

三十九章:“昔之得一者,天得一以清,地得一以宁,神得一以灵,谷得一以盈,万物得一以生,侯王得一以为天下贞。”

五十三章:“使我介然有知:行于大道,唯施是畏。大道甚夷,而我好径。朝甚除,田甚芜,仓甚虚,服文采,带利剑,厌饮食,财货有余,是谓盗夸。非道也哉!”

观以上所引录，谓易、老为一门学术，当不会有人惑疑了。然而这些例子还只是文义之明白表现与易学密切相关者，其他细味之，则整本《老子》，可说是无一处不从易学中来。读者如先会得易学，再治老，当知我言不虚。

复次，也许有人会提出一个问题：老子的思想既是从易学来，何以其书中只言“道”而不言“易”？孔子承继易学，不改“易”名，老子书中则似是避而不谈“易”名，何故？这一问题对研究易学史的人来说，是不成问题的，但对于未究易学史的读者，却颇为重要，有必要作一解说。

今按《老子》书中，除几处与易学无关的“易”字，如“难易相成”“吾言甚易知、甚易行”，“图难于易”等之外，确未曾涉及易学之“易”。但读者当回顾本书前第四章易名称之缘起一节中，所述“易”字之含义。“易”字入易学，始于西周初年筮术之兴，它入易学后之初义是称呼连山、归藏、周易三种筮术，名“三易”，它本来是指筮术而言。但因筮术之用，一方面是“术”，一方面是术所依据的“道”，所以“易”的内容在当时也就包含着“道”与“术”两大部分。“道”指术所依据的理则，是形上的；“术”则指演蓍得卦、据卦论占的一套方法，是形下的（见图 6-1）：

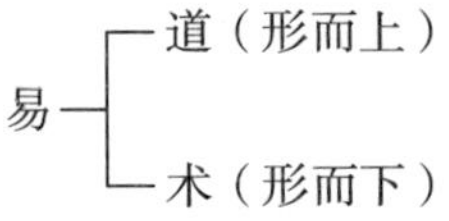

图 6-1　筮术易的内容

老子之学，是发挥易学之形而上部分，完全摒弃形而下的“术”，所以理应只言“道”，言“道”也就是言“易”。至于孔子也同样摒弃“术”的部分，却不改“易”之名称，那是因为：第一，孔子以“述而不作”为原则，继承伏羲、文王之哲学旧制而发扬；第二，孔子发挥易道，非专发挥道之形上义，乃引易道入人事，为形下之用。所以从继承易思想上言，孔、老二人都是继承易之“道”而摒弃易之“术”，所不同者，孔子引易道入形下之人事，老子则推论易道之形上义。更以图 6–2 表示，则为：

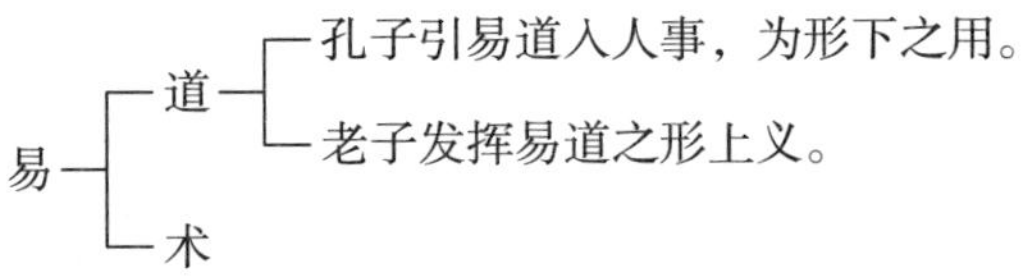

图 6-2　孔子、老子对易“道”之的继承

孔子引易道入人事之形下，自不能以形上义之“道”称名其易学，故袭用“易”名；老子专致力于易形上学之发挥，故以“道”为称，是自然顺理之事。明乎此，则知孔、老二氏的思想源流了。一言以蔽之：同为易学之流注。而自汉景以后，立“道学”，日久，后人遂多不知道学之即为易学了。

于是由上所述，我们也可以知道《庄子·天下篇》所言“道术”二字的来历了。此二字实来自易学，已不必烦言。

第三节　道家易之玄学思想

“玄”字，《说文》：“远也，黑而有赤色者为玄，象幽，而入覆之也。”近代文字学家高鸿缙以“玄”即“绳”之初文，云：“玄，即绳之初文，象形。籀文复体作𢆶，见石鼓文。用为弓弦字。玄之为绳，牵字从之得意可证也。自玄借为幽玄、为玄黑、为玄妙，于是乃另造绳字。”（《中国字例》）高氏之见甚是，唯仅言及字形，今就含义推论，“绳”之用在于牵连系引而不断，“玄”字即具有此义，老子称“有”与“无”两者，“同出而异名，同谓之玄，玄之又玄，众妙之门”。句中“玄”字，意谓引绎探索而入于远渺幽微，即“绳”之义。后人也因此名老子之学为“玄学”。

老子之玄学，也就是易之形上学，其所探析索求者为“道”。但易学之论“道”，自伏羲、文王所传承下来的，是立“象”以见义，立“⚊”之象以象太极，立“⚊”与“⚋”之象以象两仪。以下相因而生，而有“四象”及“八卦”之象。所以整个易学，自伏羲、文王到孔子三圣所传的，是“象的哲学”；也就是说，易学的基础是建立在“象”上。“象的哲学”的易学，自伏羲氏以下，有一个大趋向，即由天道向人道上落，历文王以迄孔子，易学一步步被导入人世。由于易学落入人世之用之故，“象”对易的哲学思想活动而言，并无丝毫滞碍，反有变通之利。因为人世本为“象界”，以象明象，正得易象之大用；此孔门十翼中处处赞扬“象”之神用之真正原因。然而，遇到了老子这一位兴趣专注于形上方面的大思想家，感受就不同了。他认为易之形上学，既云“形而上”，就不当著“象”。“象”的本身便是“形而下”、是“著形迹的”，所以真正的“形而上”，应入“无象之域”；如易学之以“—”象形上的太极，以“—”与“--”象形上的两仪，实不妥当。于是他将易学的“象的哲学”括入一“有”，由“有”推“无”，展开他的一套玄学思想大论。

老子的这种思想，完全是正确的；不只正确，而且十足表现出他的大思想家的智慧。虽然，我们不能说易学三圣伏羲、文王、孔子未见及此，要知道当初伏羲氏画卦之时，文字尚未发明，伏羲氏在理智活动中意识到了太极、两仪之作用，他不能用文字表达他的哲学思想，乃不得已借符号——“象”来表示；以有形迹的“象”表示形而上的“道”，原出于不得已。及至八卦画成，一系列的“象”排了出来以后，借“象”以言哲学思想，在理智活动中总算有了把捉（《系辞传》：“八卦以象告。”）然而时代思潮自伏羲氏以后，一路向人道上趋落，文王以八卦之不足，更益以六十四。孔子以卦象之不明，更益以十翼文字。文王与孔子并非不知“形而上之道”不应落在“著形迹的象”上，但因为他们都是顺时代思潮而发扬易学，将易学向形下之“象界”中开展唯觉象之不足用，哪里还感到“象”的滞碍呢？（八卦之“象”衍生越繁，即为明证，《说卦传》。）所以，我们说老子的思想主要是时代使然，一方面因为此时有了文字，可借文字表达以描述，不必再依于符号的“象”；另一方面是由于他的哲学是向形上开展之故。总而言之，时代不同，因而导致思想形态之不同。但我们后世人，对此当有正确的认识，所谓前圣后圣，东圣西圣，圣心原相通，只是因时因地做法不同罢了。老子不言符号之“众”而借文字以描述“道”，却深恐复遭后人落入文字之“象”之讥，故五千言一开始，即急急声明“道可道，非常道；名可名，非常名”。这些话从易学史上看，是非常自然地说出来的，毫无一点故弄玄妙的意味。

我们来看老子的玄学思想。

老子的玄学思想总纲，在《老子》书第一章，其文如下：

道可道，非常道；名可名，非常名。无，名天地之始；有，名万物之母。故常无，欲以观其妙；

常有，欲以观其徼。此两者，同出而异名，同谓之玄，玄之又玄，众妙之门。

此章中应注意之点有三：第一，“道”“无”“有”三名，均为不可名之名，即二十一章所谓“强为之名”者。第二，“道”是大概念名，“有”“无”“天地”“万物”均在其涵摄中。第三，“无，名天地之始；有，名万物之母”句为全章思想之重心，实际上只要弄清楚了这两句思想上的层次，对老子的玄学已得其体系之要。因此，以下先来析论“无，名天地之始；有，名万物之母”两句。

“无”与“有”是两个概念名，这两个概念在上句中，一“名天地之始”，一“名万物之母”，各有所指，若不相关，其实则不然，是有关系的；关系在于“天地”与“万物”上，因为“万物”为“天地”之所生。“天地”生“万物”，今“无”为“天地之始”，则在思想上比“万物之母”的“有”，高了一层；同时再证诸《老子》后文第四十章之”天下万物生于有，有生于无”。于是许多人都将“无”和“有”的关系，视为先后上下概念的思想形式：

无→有

这种思想形式，看起来似乎是正确的，然而细究起来，这并不是老子的“无”与“有”的关系，如执着于这个思想形式，对老子的玄学思想便误入歧途了。何以故？因为老子明明在上两句话的下文又说：“此两者，同出而异名。”“此两者”，自然是指“无”与“有”而言；“同出而异名”，则明白地说两者是同时并立的关系，并非先后上下的关系。那么，在思想上究竟应该如何安排这“无”“有”“天地”“万物”四个名称呢？还得先从辨明“有”与“天地”两名开始，因为这两个名称的界限必须弄清楚。

先言“天地”。在上两句中，“天地”不同于“有”，因为如果“天地”同于“有”的话，老子可径以“无→有→万物”或“无→天地→万物”而言，不必将“有”与“天地”分列为两名；今两名分立，可知两者不尽相同。于是我们便不得不回顾易学中“天地”的含义了。在易学中，“天地”的含义是双重的：一义为形而下的天与地之象，与万物之象并立；另一义代表形而上的乾坤二作用，也就是阳与阴二作用。“天地”就其本身言，是形而下的象，但可以表现形而上的乾坤二作用，所以孔子在乾坤二卦《彖传》中以乾元统天，以坤元合地，乾道变化借“云行雨施，品物流行，大明终始，六位时成”以显，坤道变化借“厚载物，德合无疆，含弘光大，品物咸亨”以显，老子这里言“天地”，实指乾坤二作用，非指天之象与地之象。同于《系辞传》中“天地絪缊，万物化醇”及《序卦传》中“有天地，然后万物生焉”的“天地”，乃是“乾坤”的代称。

再说到“有”，那就要从《老子》的另外一章中看：

> 第六章：“谷神不死，是谓玄牝；玄牝之门，是谓天地根。绵绵若存，用之不勤。”

“谷”以虚而能容为义，言“神”、言“不死”，则明此“谷”不是寂灭之虚无。“牝”以能生为义，称“玄牝”，义谓虚无渺冥中含有生机，是老子“无”的境界。从含义上可知“谷神”与“玄牝”都是从易学的坤而来。因为坤为地、为母，能容、能生。“玄牝”既以能生为义，则“玄牝之门”即为“生机之门”，此“玄牝之门”无疑的是“玄牝”本身已具备了的。换句话说，它是与“玄牝”同生并立的，只是就“玄牝”之生处而言。然而，“玄牝之门”所生者何？于是下言“是为天地根”。“天地”即乾坤，“天地根”即乾坤之所出，也就是说老子将易学乾坤往复化生的作用，括在他的“玄牝之门”中，从此义乃名“天地根”。到此，老子的思想已经渐渐明朗化，他第一义先标出“谷神”，或“玄牝”，从而引出“玄牝之门”，再引出乾坤往复的化生作用。于是“有”的含义便现出来了，根据第一章“有，为万物之母”及第四十章“天下万物生于有”，可知这个“玄牝之门”便是“有”，因为万物都出自“玄牝之门”中的乾坤化生作用。

由此，我们要寻求的几个名词的含义都有了：“无”即“谷神”或“玄牝”；“有”即“玄牝之门”或“天地根”；“天地”指乾坤二作用；“万物”指乾坤之所化生。于是我们明白了老子的“有”与“无”的关系，实在不是先后上下概念，而是同时并立的、相包容的概念，应该是如左图6–3甲，更详细一点，则如图6–3乙。

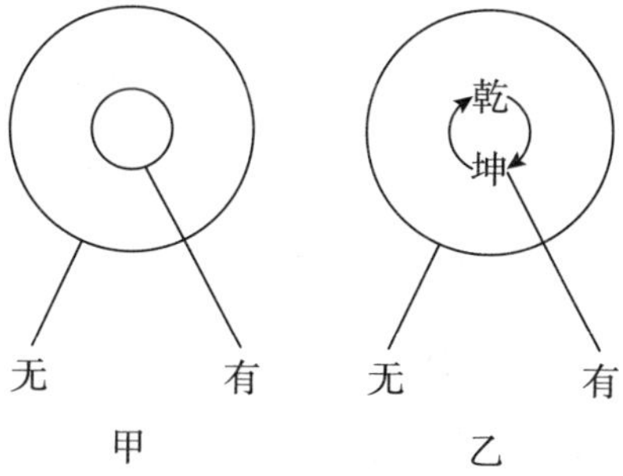

图6–3　老子“有”与“无”关系图

“有”中之乾坤往复，化生万物，即上章儒门易学思想体系中所述者，已不需重言。老子即以这种关系，立下他的“有生于无”及“此两者同出而异名”的看似矛盾而实际并不矛盾的理论。

那么，我们也可以知道为什么老子在上引第六章中立下那么多不同的名称的缘故了。因为“无”包含着“有”，有谷的包容性，故称“谷神”；所包之“有”，含能生之机，故又称“玄牝”；“有”中含乾坤往复化生之作用，故称“天地根”；万物从“有”而生成，故又称“玄牝之门”。这些名词，看来含义近似，其实各有所指，不可混为一谈。老子最喜用“玄”字形容奥妙难知之境界或作用。“无”之生“有”及“有”之生“万物”，为奥妙难知之道之作用，故称“玄牝”。第一章言“有”与“无”同谓之“玄”，意即二者同为奥妙难知之境界。《老子》书中除此之外，尚有“玄德”（第五十一章）、“玄同”（第五十章）、“玄览”（第十章）之名。“玄德”是说具有如道之德，“玄同”是说以道览万物，万物莫不同，“玄览”是说如道之通观作用。

于是，从上述我们看到了老子如何以原来易学“乾坤化生”的思想理论为基础的情形，他以一“有”括整个以“象”立说的易学，然后向“有”之外，即“无象之域”推进。如此上推是不难的，因为“有”之外便是“无”，所以思想之舟很自然地驶入“无”的大洋中，而“有”与“无”的关系也就此成立。这一新义的创发，足见老子智慧之高，然而终是依据于易学而创发，所以我们把它归于“对易学的大贡献”；易学的形上学部分也像它的形下部分之得孔子而大扩展一样，从此开展出一个新的玄学境界。老子并不想离开易学，即以他的创见统纳入易学之“道”，后人乃由此称他为“道家”之祖。

然后再看老子抛开“无”与“有”的概念，采用白描的笔法，直接描绘这个“道”的状态：

> 第二十一章：“道之为物，惟恍惟惚。惚兮恍兮，其中有象，恍兮惚兮，其中有物。窈兮冥兮，其中有精。其精甚真，其中有信。”

“惟恍惟惚”究竟是怎么样的状态呢？这要看他的第十四章：

> 第十四章：“视而不见名曰夷，听而不闻名曰希，博而不得名曰微，此三者不可致诘，故混而为一。其上不徼，其下不昧，绳绳不可名，复归于无物。是谓无状之状，无物之象，是谓恍惚。”

由此知“恍惚”是“无状之状，无物之象”，是“视而不见”“听而不闻”“博而不得”的。就在这种“恍惚”“窈冥”的状态中，“其中有物”“其中有精”。此处之“物”与“精”便是“有”，便是前述第六章所说的含生机的“玄牝之门”或“天地根”。因为“有”为乾坤往复化生万物之所在，故言“其精甚真，其中有信”。极言这个“有”是确然含“真”之“有”，确然有“信”之“有”，“真”与“信”二字乃肯定其能生化万物之不虚。前第一章与第六章所述，为由“无”“有”“谷神”“玄牝”“玄牝之门”“天地根”等概念解析“道”之内容；此第二十一章所述，为由“恍惚”“窈冥”“有物”“有精”“甚真”“有信”等景象描绘“道”之状态，两种笔法表现，完全一致，若合符节。

由是，我们再来看《老子》书中其他各章论及形上义者：

> 第四十二章：“道生一，一生二，二生三，三生万

物。万物负阴而抱阳，冲气以为和。”

“道生一”的“一”，即是那个包含着“有”的“无”，亦即“谷神”“玄牝”，以“有”在“无”中，而此时“有”“无”尚浑然未分，故为一。“一生二”，乃分“无”与“有”而言。“二生三”，乃因“有”为“天地根”，其中有乾阳坤阴之往复，分乾分坤，与“无”成三。“三生万物”则言乾坤之化生万物。“万物负阴而抱阳，冲气以为和。”正是言乾阳坤阴之往复化生作用。这一章是老子玄学思想体系的宇宙论，以图 6-4 表示，最为明白。

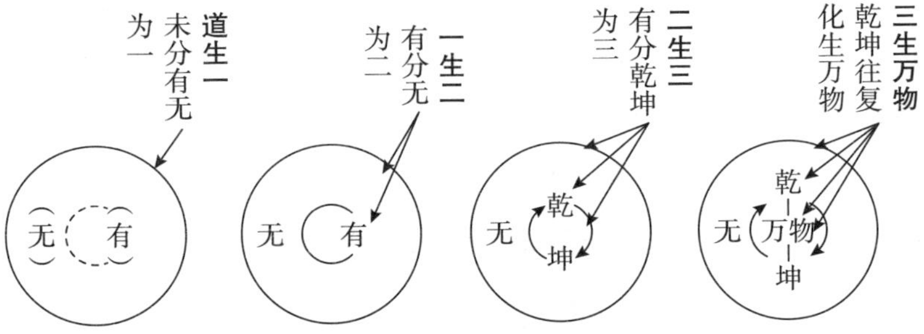

图 6-4　老子玄学思想体系的宇宙论

又如第三十七章：“常道无为，而无不为。”

“无为”指“无”，其状虚而静（十六章：“致虚极，守静笃”。），“无不为”言“无”中含“有”，能生化万物。

又如第四章："道，冲而用之，或不盈，渊兮似万物之宗。挫其锐，解其纷，和其光，同其尘，湛兮似或存。吾不知谁之子，象帝之先。"

"冲而用之，或不盈"与四十二章之"冲气以为和"同，均言"无"中有往复动生之作用。挫锐、解纷、和光、同尘，极言"道"之即物而常在、即物而遍在。"象帝之先"之"象"字最实在，乃统言物象，老子之用此字实自易象而来，言"道"乃超乎"象"而存在者，古来解老者均未得此字之来历。

到此处为止，对于老子的"道"的叙述，已经够多，读者当已得其概念。然而老子的形上学，尚不就此停止，他更向上推，追求这个达于"无"之境的"道"，何所自来。但这就难以设想了，"无"的境域是由"有"推出，是可以的，而由"无"更上推，在理论上只有两途：一为"无"生于"有"；一为"无"生于"无"。前者于理不通，而后者则为不变，此外再无第三途。所以在这里老子便转变了推理的方向，舍弃"何所生"的方向，而改由"道"之存在上立言。第一步他强调"道"是无始无终的常在，破除了"何所生"的思想，然后乃提出这个"常在的道"（即常道）是"自然的"常在，把"道"的来源归到"自然"二字上，这要看第二十五章之文：

第二十五章："有物混成，先天地生，寂兮寥兮，独立不改，周行而不殆，可以为天下母；吾不知其名，字之曰道。强为之名曰大，大曰逝，逝曰远，远曰反。故道大、天大、地大、王亦大，域中有四大，而王居其一焉。人法地，地法天，天法道，道法自然。"

这一章等于为"道"下了各方面的定义："先天地生"形容道之无始，"寂兮寥兮"形容道之虚静，"独立"形容道之为一而绝待，"不改""不殆"形容道之常在，"周行"形容道之动转流行，"为天下母"形容道之化生之性，"大""逝""远""反"均为形容道之德性情状。然后从"大"上立言，谓道、天、地、王四者均备有"大"之德性，王为"人"中之大，应法"地"之大，地应法"天"之大，天应法"道"之大，道为自然如是，故言"法自然"。何谓"自然"？就是不知其然而然，就是本来如是。这是在"道"无法更上推的情况下，就其存在上所立之义，是为老子形上思想之极致。老子紧紧把握住他这个最高的思想境界，用之于做人处世，于是我们看他书中时常出现"抱一""抱朴""贵食母""得一""不离辎重"等名词，来源便在这里了。

以上是为老子玄学思想之概述。扼要地说，是在原易学乾坤之上，又建立了一级玄学乾坤，以“有”为乾，以“无”为坤。但这个新建的玄乾与玄坤的形态是坤包着乾，虽然二者“同出而异名”，坤是全体，乾是部分，在思想上玄乾出于玄坤，故玄坤成为第一义，玄乾落到第二义。而老子一生讲“容藏”、讲“无为”、讲“柔弱”、讲“不敢为天下先”等等，均尚第一义之坤德，理由也在此，兹论于下节。

第四节　道家易之尚坤德

《老子》书中不见“乾”“坤”二字，但由上节所述我们可知他不用“乾”“坤”二字，正如他不用“易”字一样，是有道理的。因为易学中原来的乾坤二作用，统包含在他的“有”中，他的“无”虽是坤的德性，却不是原来易学中的坤。以德性而论，他的“有”“玄牝之门”“天地根”便是乾，他的“无”“谷神”“玄牝”便是坤。而由于“有生于无”及“无”包含着“有”之故，他以坤之德性为第一义，我所以称他是“尚坤德”。

但老子这一“尚坤德”的玄学思想，却不可视为与原来易学之“首乾”之义相悖。他只是在原来易学思想体系之上，又张起一顶玄学大幕，至于原来易学之“太极→两仪→四象→八卦”之系统，在他的“有”之中，生气活泼如故。正由于这原因，笔者在前文才说孔、老二人是一上一下，分工合作，发挥扩大了大易哲学。

以下我们且做一比较，举出易学中坤之德性，与《老子》书中之言对照，以明老子“尚坤德”之情形。试看下面的对比：

第一，坤顺。坤卦辞：“先迷，后得。”《彖传》：“乃顺承天。”《说卦传》：“坤，顺也。”

《老子》：“圣人处无为之事。”“为者败之，执者失之。”“不敢为天下先。”

第二，坤柔。《坤·彖传》：“柔顺利贞。”《系辞传》：“乾坤刚柔。”《杂卦传》：“坤柔。”

《老子》：“柔弱者，生之徒。”“柔弱胜刚强。”“专气致柔，能婴儿乎？”

第三，坤顺而健、柔而刚：坤卦辞：“利牝马之贞。”《象传》：“牝马地类，行地无疆。”《文言传》：“坤至柔而动也刚。”

《老子》：“无为而无不为”，“取天下常以无事”，“善为士者不武，善战者不怒，善胜敌者不与”。“天下之至柔，驰骋天下之至坚。”

第四，坤下。《坤·彖传》：“乃顺承天。”《系辞传》：“天尊地卑，乾坤定矣。”“崇效天，卑法地。”

《老子》："贵以贱为本，高以下为基。""知其雄，守其雌，为天下溪。""江海所以能为百谷王者，以其善下之。""大国者下流。"

第五，坤静。《坤·文言》："至静而德方。"《系辞传》："刚柔生于动静。"

《老子》："致虚极，守静笃。""重为轻根，静为躁君。""我无为而民自化，我好静而民自正，我无事而民自富。"

第六，坤虚而藏。《坤·彖传》："含弘光大，品物咸亨。"《文言》："阴虽有美含之，以从王事，弗敢成也。"《说卦传》："坤以藏之。"

《老子》："道冲而用之，或不盈，渊兮似万物之宗。""是以圣人为腹不为目。""知常，容，容乃公。""上德不德，是以有德。"

第七，坤厚载物。《坤·彖传》："坤厚载物，德合无疆。"《象传》："地势坤，君子以厚德载物。"

《老子》："大制不割。""生而不有，为而不恃，长而不宰，是为玄德。"

第八，坤生。《坤·彖传》："至哉坤元，万物资生。"《系辞传》："乾知大始，坤作成物。"《说卦传》："坤，地也，故称乎母。"

《老子》："谷神不死，是谓玄牝；玄牝之门，是谓天地根。”“天下万物生于有，有生于无。”

第九，坤反。泰卦九三：“无平不陂，无往不复。”《系辞传》：“日月运行，一寒一暑，乾道成男，坤道成女。”《说卦传》：“数往者顺，知来者逆，是故易，逆数也。”

《老子》：“反者道之动。”“夫物芸芸，各复归其根。”“大曰逝，逝曰远，远曰反。”“失道而后德，失德而后仁，失仁而后义，失义而后礼，夫礼者，忠信之薄而乱之首。”

以上已全部列举易学中坤之重要德性，无一不为《老子》书中所尚。但笔者为上述之比照，并非在于指陈老子“有意”取法于易之坤德。事实上老子的尚坤德是他的玄学思想的归趋，是自然形成的，不是从效法易之坤德而来。在老子，只是立于他的第一义的“无”；而对我们研究老子的人，乃感到“无”之性若“坤”之性，说他是“尚坤德”罢了。

（本章所论老子之玄学思想甚简略，将于《易经哲学精神》一书中详述。笔者又及。）

第七章　孔、老以后的先秦易学

先秦易学发展到孔子和老子，为一大成阶段。此所谓“一大成阶段”，可从两方面来看：

第一，从内容方面看，象、数、术的创建与哲理的发挥，均达到一个理圆论足的段落，为后世易学的更发展立下了十分稳固的基础。先秦以下的汉、宋易学，虽然也都盛极一时，各有新说，但无不是构筑在先秦易学的基础上。卦象图推陈出新，无非八卦、六十四卦的搬来搬去；数演干支五行、先天后天，总以七九八六、阴阳奇偶为用；术变金钱、灵棋，不脱筮术之大轨；尤以哲理方面，左说右说，归宗于孔、老两家。

第二，从形态方面看，儒门易、道家易及筮术易三支，自先秦以下齐头发展，互相竞逐。整个易学天下，至于今日，不外这三支势力的相缠斗、相争胜；活如三条游龙，翻腾飞跃，此隐彼现。更无第四个势力兴起。

所以，从整个中国易学史上看，先秦易学与后世易学显然是两个阶段：前者是易学的“创发阶段”；后者则为易学的“因变阶段”。易学的真精神在于先秦。

先秦易学自孔、老以后，即盛极而衰，其终止符号是“秦火”，即所谓秦始皇焚书。该事件发生于公元前213年，上距孔子之死为二百六十六年，易学在这段时间内极少有新创。儒门易十翼中的《说卦传》《序卦传》与《杂卦传》三篇，是此期间的作品。有新创思想者实只有《说卦传》中“帝出乎震”一章，道家易与筮术易在此期间均默不作声，恍如进入冬眠状态。如果我们回顾一下孔、老二人当时发扬光大易学思想之盛况，再看这二百余年间易学的沉寂情形，真有如从插云高峰之顶一下子降落平原盆地之感。《说卦传》中的一点点小表现，也不过是平原上的小丘起伏而已。然而，我们知道这是古今学术演变中盛衰交替的常则，也是易道“穷则变”的律则；孔、老二人以其卓绝的圣智发挥易学哲理至于盛极而“穷”，易学乃不得不求“变”。孔、老以后这二百余年的易学衰季，实际上是在默默地酝酿求变。

“秦火”对中国学术而言，是一场浩劫。春秋战国数百年间蓬勃发生的新学术思想，有不少为这场灾害所扼杀，泯灭于后世。然而如从学术思想史的演变来看，这一场劫火有百害，却也有一利，那便是：刺激了易学的复兴。刚才笔者说过，“秦火”是先秦易学的终止符号，那是由先秦易学而言。因为自孔、老以后，易学长久衰微，至“秦火”，儒门经典尽被焚毁（儒门十翼不免于“秦火”，请参阅笔者《两汉易学史》第一章），所以“秦火”是最适当的一个终止点。可是，如从先秦以后的汉易的立场看“秦火”，则它却是两汉易学盛世的开始点。它焚去了儒门十翼，宣告先秦易学的告终，但因为“卜筮之书不焚”之故，《周易》上下经仍流通如故。这样一来，直接地助长了自孔、老以后已失势的筮术易的复盛，间接地也刺激了儒门易的再复活。所以汉兴以后，易学是学术之林中第一个劫后复兴者。先是儒门易在西汉前半期盛了一阵子，终因“求变”要求之切（即上文孔、老以后易学之求变），紧接着象数易大兴，展开另一易学盛世。

实质上，自孔、老以后至“秦火”这一段易学衰季中，实无可称述。《说卦传》《序卦传》《杂卦传》三篇此期间之作品，前已述于儒门易十翼概说一节中。刚才笔者说过这一时期的易学是在默默求变，以下只能从些许迹象上以及从“秦火”以后汉易兴起的情势上，对三支易学的默默“求变”做概略的趋势上的说明。

第一节　儒门易以守经义为务

论到孔子以后儒门易的演变，不得不概要一述儒门学术的传授情形。根据史载，孔子以《易》《诗》《书》《礼》《乐》《春秋》六学教弟子。我们当然不能想象如今日的专科教育一样，某些弟子学某一科，某些弟子学另一科。孔子曾言有德行、言语、政事、文学四科之别(《论语·先进篇》)，却未说到六学之分科，分立六经博士是汉代才有的事。即使说孔子的弟子们因性向不同而各有所好，或好《诗》，或好《书》，或好《乐》，孔子也必不会仅授某些弟子某一科，授某些弟子另一科，这是想象中的事。尤其易学，不像其他五学样是专于一面之学；易乃是全面之学，为儒门精神之所寄。儒门仁道思想天人一贯之理论在于易，儒门弟子如不学易，岂不是一个虚有其名的儒者？所以我们可以肯定易学一科为每个儒门弟子之所必学，因为它是儒门的心法。现在我们不妨看一看孔子死后儒门学术的继承。根据《史记·仲尼弟子列传》中记载，孔子传易于商瞿，这是难以使人相信的，因为不但《论语》中无商瞿之名，即商瞿以下的几代传人均名不见经传；商瞿其人前不列名于弟子之群，后不见对儒学有一丝干涉，孔子难道会将儒门心法的易学传给这样一个人吗？所以笔者在《两汉易学史》中推断商瞿为鲁国一筮术家，非儒门学者。司马迁由其父司马谈的一系易学传授，循“秦火”中不禁的筮术易系统向上推，推到鲁国的商瞿，也就根据传说系商瞿于孔子名下。事实上，商瞿善筮术，古人已透露了消息，《易纬·乾凿度》载：“孔子生不知易本，偶筮其命，得䷷旅，请益于商瞿氏……”云云。所以孔子传易于商瞿一事是后世误传。孔子对儒门思想理论所寄的易学，也许希望有理想的传人，然而这不是一件容易的事。没有气吞天人的大器识的人，无法发扬光大易学。从孔子晚年的情形看，他竟没有将易学特别传授于某一弟子。宋朱熹以曾子继孔子之道统，是甚有见解的。曾子虽是一个做人老成、思想迟钝的弟子（《论语》：“参也鲁。”），但肯下功夫，他以“忠恕”二字解释孔子之“道”，便十分得体。朱熹断以《礼记·大学篇》为曾子所述，大学之三纲领（明明德、亲民、止于至善）、八条目（格物、致知、诚意、正心、修身、齐家、治国、平天下），便与易思想契合。子思为曾子弟子，《史记·孔子世家》言：“子思困于宋，作中庸。”（按《孔丛子》亦云）今按《中庸》之思想，实依据于易学思想而发挥，开端言“天命之谓性”，即从《乾卦·彖传》“乾道变化，各正性命”上来，以下言“中和”、言“天地位”、言“君子而时中”，都是易思想。又如“遁世不见知而不悔”“庸德之行，庸言之谨”“居上不骄”等句，几全同于《文言传》“博厚配地，高明配天，悠久无疆”，为易中天地之德；“君子之道费而隐，夫妇之愚可以与知，及其至也，虽圣人亦有所不知焉。”为《系辞传》中言易道之义。故子思之潜心于易学是无疑问的。由子思而下，到了孟子。孟子才气洋溢，器识远大，其发言立论虽表面上不见与易相关，实际思想之本都是从易学来。例如《公孙丑篇》之言“浩然之气”——“其为气也，至大至刚，以直养而无害，则塞于天地之间。其为气也，配义与道，无是，馁也”一节，实紧扣《系辞传》“成性存存，道义之门”而言。《尽心篇》言“尽其心者，知其性也，知其性则知天矣”“莫非命也，顺受其正”“万物皆备于我矣，反身而诚，乐莫大焉”，等等，也都是循“乾道变化，各正性命”的易思想而立言。但孟子因生时值儒学之不振，愤于当时的学术思想界为杨、墨二家所把持，故倾全力于社会、政治的实用之学上，然细究其思想之本源，则出于易。所以从孔子以后的实际情形看，易学的传承，仍在曾子、子思、孟子这一系。实以易学为儒门学术精神之所寄，必在儒门传承的正统一脉。

上所述乃由孔子死后儒门学术之正统看易学的情况，比较起来，子思的《中庸》与易学最切近。但是我们说，《中庸》也不过是守《彖传》《象传》《文言传》《系辞传》之义，除了向心性深处——如“中和”“诚”等——稍有发挥外，对易学理论并无新创。

回头来我们再看一下儒门的“十翼”。十翼中《彖传》上下、《象传》上下四翼乃出于孔子之手，《系辞传》上下及《文言传》三翼为孔子之弟子或再传弟子所成（已见前第五章第三节），所以上七翼均应系于孔子名下，不应说是孔子以后人之作品。孔子以后人之作品，是《说卦传》《序卦传》《杂卦传》三翼。《序卦传》《杂卦传》系以不同立场解释卦名义，笔者曾推断为战国时儒门某二学者的“读易心得”，论其思想均为文王卦序所固有，无新创。至于《说卦传》，乃一篇杂辑而成的文字，但中间“帝出乎震”一章却是新创思想，该章记载一个八卦圆图，显然是在五行思想影响下产生的。对整个前此的易学而言，这一八卦圆图的出现是革命性的，我们说孔子以后儒门易学的新发展仅此而已。

由以上两方面——承继儒门正统的曾子、子思、孟子的学说中及十翼中晚出的《说卦传》《序卦传》《杂卦传》中的思想看来，我们得到一个结论，那便是先秦儒门易学在孔子以后的二百余年，是在“守经义”之下发展的。除《说卦传》中的一点新意外，不见新创。那么，为什么会形成这种“守经义”的学风呢？最主要的原因当然是孔子的成就太高了。孔子以至圣之雄，发挥易学哲理精微圆通，日下灯火，以致儒门后学黯然无光，不得不“守经义”；岂止易学一科？儒门学术哪一科不是如此？

虽然，我们也不能完全归因于圣智之高，时代的因素也是重要的。孔子立于人智方兴，哲理时代来临之前景，自他以后时代思潮未大变革，故后之儒门学者仰承于他。如果时代有变，此种“守经义”之风也就会自然改变，《说卦传》“帝出乎震”一章的新思想，即为受了五行思想的冲击而生。然后到了汉兴，昭、宣以上的易学风气仍是“守经义”。我们看自汉初田何起，到周王孙、丁宽、王同，到施雠、孟喜、梁丘贺三家，易学家人物不能说不众，然而当时的易学重在“秦火”后的复古，经义第一，所以人物虽多而学说不彰。《汉志》载西汉儒门易学者多有著述，然这些著述，后世一无流传。我们固然不能肯定他们著述的佚失都由于缺乏新创义，但由马国翰《玉函山房辑佚书》易类中看，他们留下来的一点零星麟爪，知除却“守经义”外，别无异见。可是，紧接着一件发人深省的事发生了：原为儒门易家的孟喜从一位不知名的隐士那里得到一本《易家候阴阳灾变书》，他的思想一变，马上创立了“卦气”的新说；同时的焦延寿，也由隐士处得“变占”之说。时代学术思潮一变，马上风起云涌，京房、高相等一时兴起，儒门易即为新兴的象数易所取代。由此看来，孔子在易学上的大成就固然是后来学者“守经义”的主因，但时代思潮的因素也不能轻易忽略。

第二节　道家易旁观以待变

有一种不明确，但在感觉上总是有差别的划分，便是老子以后一部分道家者流是道家易人物，一部分则只可说是道家，而非易家。我们说老子为易家，乃因为他的思想出于易学之迹，昭昭然可以指数。但老子之学毕竟非伏羲、文王、孔子之正统易学思想，他乃是以易学为基石，自辟一新玄学境地。而且自孔子纳易入儒门之后，儒门易挂起了正统的易学招牌，老子只言“道”而不言“易”的道家易。对上而言，被视为易学的别派，对下而言，则被视为一门独立学术，成为“道家”。由此，自老子以后道家思想的继承者，一部分是以道家的姿态出现，而另有一部分则是道家兼易家的姿态。这二者的分界不明确，却是事实。所谓“道家兼易家”，意指道家人物而又玩索卦象、兼研究易学的人。如依此划分，则庄周应为道家，而战国时的一批忽隐忽现的隐士，则为道家易人物。

说老子以后，继承其道家思想的人中有一批“隐士”为道家易人物，这是不确定的说法，难以使人信服，但我们不妨先看一看先秦以下的情形。《汉志·易十三家》中列有《淮南道训》二篇，颜师古注云：“淮南王安聘明易者九人，号九师法。”则道训为道家易之作品无疑。淮南王安是武帝时人，至宣帝时，儒门易学家孟喜从不透露姓名的人处得到一本《易家候阴阳灾变书》，与此同时，焦延寿从隐士处学得了六十四卦变占之术。孟、焦二人遂首倡，开展出象数易时代，则知二人所从受之隐士为道家易人物。紧接着，社会上出现了《易纬》之书，易纬思想乃合道家、易家、数术家于一炉之作品。下逮后汉中叶，魏伯阳是道家易中一位突出人物，他用易学于丹道修炼。再后，从魏晋人伪作的《列子》中，也可证明道家易思想的一脉（今本判《子》为魏晋人伪作，见蒋伯潜《诸子通考》等书，学者大多同意）。至于后来宋易之兴，周敦颐太极图、邵雍先天后天卦图均传说出于华山道士陈抟。宋元间，道家隐居山林潜心易学者多多,《道藏》中列有其作品及许多卦图。总之，自先秦以下，中国易学领域中有此道家易一脉，是不虚的，而实际上汉易与宋易两大易学盛世都是道家人物开出来的，但无法明确指称其人，因为他们是道隐无名的隐士。那么，由此看来，汉以上至老子间，这一脉人物也必有。《庄子·天下篇》举“关尹、老聃”并称，关尹当不后于老子，可不计，但至少有一个人应该算是道家易中人，就是鬼谷子。今传鬼谷子之书是伪作，世有鬼谷子为苏秦、张仪之师之故事也不必相信，但战国时期有鬼谷子其人却是可信的。《史记·太史公自序》中曾引“圣人不朽，时变是守”之言，索隐谓：“此出鬼谷子。”“守时变”为易中要义，易学之重“时”尚“变”，本书前文已屡屡道及，自毋庸再烦言，但儒门易家之言“时变”与道家易之言“时变”略有不同。儒门易言“时变”，主要在于教人日常生活中应用；道家因远世隐居、不牵世务之故，其言“时变”

则为修己之道，守时以待变，得时则用世，不得时则隐居终身。我们看历史上许多隐士是如此，时机之来则神龙一现，功成之后复飘然身退，这是他们的本色。说到这里，也不妨一提隐士们的观察能力。凡是隐士们都有锐敏、透彻的观察能力，这乃是道家的思想加上清静的隐居生活所形成。他们提升自己的精神到“自然”“无为”的境地，然后以“有”“无不为”的态度注视当前的时代，于是时代潮流之变在他们眼下非常清楚。到了该“现身”的时候，他们就应运而来，画龙点睛地在时代潮流的枢机上轻轻一拨或针对时代的症候投下一颗灵丹。这便是鬼谷子说的“时变是守”。所以，我们了解了道家思想所陶冶出来的人物的特性后，再来论鬼谷子，便会觉得这个人是不虚了。其实，我们也不需斤斤计较于鬼谷子其人的有或无，《史记》既然引了“时变是守”这句话，则说这句话的人一定是道家易人物，即此一点线索已足以说明老子以后有道家易一脉的流传了。

综上所述，笔者认为老子以后的战国时期，有一批道家思想的人，一方面也在兼治易学。战国是一个杀伐终日，混乱之极的时代，这一批人看到时代在剧烈变动，乃侧身时代一隅，默默地陈爻布卦，玩索研究，希望易学能融合时代精神而有新创；终于我们看到了他们的成果，西汉象数易的问世便是。

第三节　筮术易得“秦火”而复兴

《汉书·艺文志》列蓍龟十五家四百一卷于数术家中（《汉志》数术家包括大文、历谱、五行、蓍龟、杂占、形法六家），其中除龟五家外，蓍十家如下：

《蓍书》二十八卷

《周易》三十八卷

《周易明堂》二十六卷

《周易随曲射匿》五十卷

《大筮衍易》二十八卷

《大次杂易》三十卷

《鼠序卜黄》二十五卷

《于陵钦易吉凶》二十三卷

《任良易旗》七十一卷

《易卦》八具

这些书自然都是筮术之书，笔者曾疑惑这些书之不列入“易家”是否确当。因为从易学史的观点来看，筮术为易学自西周初年至孔子五百余年间的学术主流，彼时所谓易学，就是筮术。筮术固然是“术”，但术只不过是躯壳，支持这个躯壳的是哲学思想的易道，故庄子笔下以“道术”一词言学术思想；易学之“术”，实在不当以一般之“技艺”义解释，它是哲学思想之化身。今考《汉志》之易家所列十三家二百九十四篇，著有作者姓名的占十分之九，均为汉代易家。未著明作者姓名的少数作品也必为汉人之作，可知班固之言易家，仅取汉人，先秦易学根本未计入。而其不把先秦易学计入的原因，我们可推想而知：一是因为《周易》上下经及孔门十翼，均已备具于汉易家之注释本中，此外孔门无其他易书；一是上列那些蓍十家书均为无名氏之作，列入易家，恐失于杂。后一原因我们可从班固叙数术之文中看到：

> 数术者，皆明堂、羲和、史卜之职也。史官之废久矣，其书既不能具，虽有其书，而无其人。易曰：苟非其人，道不虚行。春秋时，鲁有梓慎、郑有裨灶、晋有卜偃、宋有子韦，六国时，楚有甘公、魏有石申夫，汉有唐都，庶得麁粗。盖有因而成易，无因而成难，故因旧书以序数术为六种。

这段文字乃是统言数术六家之书，上列那些蓍书自然在其中，可知班固不列上述那些蓍书入易家之一因，是因为那些书既失去了作者，又失去其术之传人之故。然而，站在易学史的立场而论，那些书是应当列入“易家”中的。

上面是说《汉志》中所载蓍书应列入易家，但那些书究为先秦之作，抑或汉人之作？连班固当时已不可知。但由上引文中“虽有其书，而无其人”“因旧书以序数术”之句看来，那些书中至少有一部分是先秦传下来的，很可能全部是先秦之作，因为《汉志》已将汉人占灾异的书列入易家中（孟喜、京房之书）。果是这样的话，我们便可以视这些蓍书为先秦筮术易的遗迹，先秦筮术易的天下自为儒、道二家所夺之后，失势之余，终战国之世，不见有何表现，这些无名作品正可填补那个时代的空白。

于此，读者中也许会有人提出异议：筮术易在时代思想的演进下，其哲学思想已入于儒、道二家，那么以后论筮术之书及行筮术之人，理应从易学界排出。《汉志》将其书列人数术家，或后世一般人称之为“术家”，均无不可，何以必应列之于易学之中？此言固有道理，但违背了事实。筮术之必当列入易学中，不只是由于筮术易曾为易学发展史中一重要阶段，也在于先秦以下之无法与易学分得开。西汉象数易，根本上便是孟喜、焦延寿、京房等人的几套占验灾异之术，以之注经为东汉变格之用，非象数易之正用。东汉末年，名易学家虞翻以象数注经，同时也善筮，其筮关羽之败亡，见于史书（《三国志·吴书·虞翻传》）。管辂之以术论易，更是名震魏国朝野。下逮唐宋，火株林、梅花数等，都是筮术易一脉。宋邵雍之易学，尤与筮术易关系密切。所以在易学中，筮术一脉是无法抽出而分离开的，它在易学发展中所担任的角色，与儒门易、道家易同等重要。只是因为它在社会上散布面广而用杂，为各类数术之学所牵附，以至于它在一般人观念中，“术”的成分多而“学”的成分少，但中国易学中经常活耀着它这一角色却是事实。本书之所以必以筮术易为先秦孔、老而后的一支，与儒门易、道家易三支并列的原因，以此。

论到先秦孔、老以后的一段期间中筮术易的沉寂情形，较前述之儒门易、道家易两支尤甚。纵贯战国之世，无一则筮例流传。然而，却有铁的证据，证明当时筮术之仍在流通，那便是李斯建议秦始皇焚书的奏书中有言：“所不去者，医药、卜筮、种树之书。”秦不禁卜筮之书，自是有卜筮之书，也自是卜筮之术仍在流行。另一证据是《史记·仲尼弟子列传》中的那一个易学传承系谱，文曰：

> 商瞿，鲁人，字子木，少孔子二十九岁。孔子传易于瞿，瞿传歼臂子弘，弘传江东人矫子庸疵，疵传燕人周子家竖，竖传淳于人光子乘羽，羽传齐人田子庄何，何传……

田何以下已入汉世，故不必多录。这一系谱中人物陌生，而且不绝于秦火之厄，从各方面推测均为筮术的传承，而非儒门易学的传承（《两汉易学史》）。所以我们可以说先秦自孔、老以后，筮术易的学术主流地位虽为儒门易所取代，但并未因失势而消灭，止于“势衰”而已，仍然在流通。然后，到了秦始皇焚书时，它一般意外地获得秦廷的青睐，在天下书籍俱被焚禁声中，竟能大摇大摆地通行无阻。这一意外，不仅增长了它在天下学术之前的志气，无疑地也肯定了它仍然未落伍的时代价值。于是汉兴以后，它积极地密谋东山再起，争取易学天下，暗中结合杂家思想，与道家易联手，到了宣、元之世，突然发难，果然又把易学天下从儒门易手中夺回来。筮术易真该感谢“秦火”这一番对它不禁的恩惠。

虽然，言筮术易得“秦火”而复兴，只不过是从表面上秦不焚卜筮之书而言，实际上筮术易之流通不绝，自有其掌握人类心理弱点及其他方面的原因。说起来，人类终是能力有限的，对外界事物虽时而表现得灵通强劲，对自己内心中许多弱点却不能征服，例如：不满现状，企求更安适更幸福的心理；突然受到噩运或打击后，希望得到鼓励安慰的心理；遇到疑惧交关时，希望有一客观的意见作参考的心理等。加上人事物界之复杂奥秘，有许许多多事物确为人智所不及；或暧昧朦胧过甚，不能一时窥见端倪。对于这一些，筮术易虽不一定能提供实际有效的方法，起码可以暂时迎合人心，收到鼓舞抚慰的效果，筮术易之主要根基实在于此。而这一根基非常稳固深厚，人类只要一天不摆脱心有疑难，筮术易即有其用武之地。我们试看今日，已是科学高度发达的时代，然而诸如京房易占、管辂神算、火株林、铁板数等占术，仍流行于民间。登门问占的人，不只是民众，高级知识分子甚或科学家也在其间，筮术易势力之强固可见了。同时，我们还可以就筮术之是否迷信这一问题上，做进一步的讨论。今日一般人多喜欢说信筮术是“迷信”，这也要看以何角度为观点而言。如果着眼于几十支蓍草的数来数去，或几枚铜钱的一抛再抛，当然是迷信，但是依据卦爻象，道理绝对不妄。每个求筮问占的人，遭遇各有不同。占断之下，筮术易提供出一条客观途径。此一途径是依据于完全可以信服的易道而来，以易道之普遍性与广涵性，问占人心中的疑难，或多或少都会涉及，以此引起问占人对自己内心疑难的研判决定。如果占断结果与问占人心中疑难之事距离太远，问占人可以不信筮而无憾；如果占断结果与其心中疑难近而合，则依理当如此，可增加问占人行事之信心。依此而言，则筮术易实非迷信，不失为解决人生问题的有效方法。筮术易的不废，岂云无故？由历史记载，卜官的设置至汉犹存（《史记·龟策列传》），不能就表示汉人迷信。且举一则历史上有名的筮例来看，朱熹的筮例，常为后人传称。朱熹当庆元时，草奏章，极陈权奸蔽主之害，门人恐罹祸，更迭以谏，朱熹不许。最后请以蓍决，得䷠遁之䷌同人，其辞曰：“遁尾，厉，勿用有攸往。”朱子遂默然焚去奏章，号“遁翁”者由此。朱子此筮，卦情与事情密合，我们可以说是巧合，但在当时情况下，一方面是上奏章后十九得祸，且眼前即为众人反对；一方面对权奸没有除去的把握。必上奏章，则为明知得祸而故往，失于不知变通；不上奏章，则于心不安。如此而诉于筮术，便不可以得失论朱子。但是，如《三国志·魏书》载牛辅之信筮术，便是迷信了。《魏书》云：“牛辅恇怯失守，不能自安。见客，先使相者相之，知有反气与否；又筮知吉凶，然后乃见之。中郎将董越来就辅，辅使筮之，得☱兑下☲离上，筮者曰：火胜金，外谋内之卦也。即时杀越献帝。”这种信筮，基本上是无知，不知易学以神道设教之意。故筮术之为“迷信”与否，应是在于人而不在术。

第四节　三支易学之瞩目于数术

《先秦易学史》写至上一节之终，本已可以止笔，唯尚有一端须提出者，即三支易学在孔、老以后，表现出一共同趋势。此一趋势虽不甚明显，但隐然已露征象，那就是：它们都有意向数术之学接近。

读史我们知道，在战国中叶稍后，正当天下汹汹之际，学术上崛起一位新角色，这位新秀非出自儒、道二大家门弟，它家世寒微，却突然发迹，高视阔步，一时天下学术为之侧目，就是阴阳五行家之说（按战国阴阳家之阴阳，为易学中阴阳之流变）。当时阴阳五行之论弥漫朝野，由《史记·驺衍传》载驺衍声势之雄可见。阴阳五行说下降蔓延到秦时，即是所谓杂家之学说，《吕氏春秋》十二纪中可见其大概。杂家之学虽未融成一个整体独立的学说，但其撮天文、星象、节候、干支、五行、音律、古帝王、味、色、人体腑脏等于一炉，已开汉代数术家之先声。由于资料短缺，我们固无法详述三支易学与数术之学之前身——阴阳五行家及杂家相结合的经过，但它们结合的趋势是可察见的。儒门易与五行思想的结合，已明白表现于《说卦传》“帝出乎震”一章中。道家易自老子后，其形上学向“气化”上发展，弥漫在“有”“无”之间者为若有若无的“气”。《吕氏春秋》中阴阳之气、五行之气已成很通行的观念。筮术易因战国期间不见筮例，不得究竟，但其牵附阴阳五行之说，较儒、道二支更容易更积极，则为必然的事，汉象数易之占断灾异便是其结果。三支易学的这一总趋势，到先秦以下乃由隐而显：透过董仲舒的《春秋繁露》，儒门易的趋势明朗化；透过《淮南子》，道家易的趋势明朗化；透过占断灾异之学，筮术易的趋势明朗化。而最后，三支易学汇于象数易与《易纬》一书。象数易与易纬实为一路之学，其学一方面尊伏羲、文王、孔子之易学道统，一方面发道家易之论，一方面又采筮术易之术，真是非儒、非道、非筮，亦儒、亦道、亦筮，是为三支易学的混血儿。这个混血儿诞生于西汉后期，孕怀于西汉前期，而珠胎暗结实在先秦。

于是，最恰当的，在这先秦易学史终笔之时，我们还是以易学本身为例来做譬：易六十四卦大成于䷾既济之后，更继以䷿未济而终，孔、老两家易学譬如既济之大成，终而复始，由三支易学与阴阳五行、杂家之学之结合下开未济之新运，汉象数易乃为下一运会之来。

本书主要参考书目

书　名	作　者
《周易》十三经本	王弼注　孔颖达疏
《周易集解》	李鼎祚
《周易集解纂疏》	李道平
《周易传》	程　颐
《易经集注》	朱　熹
《易纬》	郑康成注
《河洛精蕴》	江慎修
《周易事理通义》	刘百闵
《玉函山房辑佚书》易类	马国翰
《周易古筮考》	尚秉和
《先秦汉魏易例述评》	屈万里
《论语》	
《孟子》	
《老子》	

书　名	作　者
《庄子》	
《周礼》	
《礼记》	
《尚书》	
《诗经》	
《荀子》	
《吕氏春秋》	
《淮南子》	
《左传》	
《国语》	
《史记》	
《说文解字》	许　慎
《诸子通考》	蒋伯潜
《中华五千年史》	张其昀
《古史辨》	顾颉刚等